Benjamin R. Barber
Imperium der Angst

Benjamin R. Barber

Imperium der Angst

Die USA und die
Neuordnung der Welt

Aus dem Englischen von
Karl Heinz Siber

Verlag C. H. Beck

Die amerikanische Originalausgabe erscheint unter dem Titel
Fear's Empire. Terrorism, War and Democracy im
Verlag W. W. Norton, New York, © 2003 W. W. Norton

© für die deutsche Ausgabe Verlag C. H. Beck, München 2003
Satz: Fotosatz Janß, Pfungstadt
Druck und Bindung: Friedrich Pustet KG, Regensburg
Gedruckt auf säurefreiem, alterungsbeständigem Papier
(hergestellt aus chlorfrei gebleichtem Zellstoff)
Printed in Germany
ISBN 3 406 50954 1

www.beck.de

Für Willson Barber

Bruder, Freund, Künstler, Bürger

Inhalt

Danksagung 11
Einleitung 13

Erster Teil
Pax Americana oder Präventivkrieg

1 Adler und Eulen 33
2 Der Mythos der Unabhängigkeit 47
3 Der Krieg aller gegen alle 69
4 Die «neue» Doktrin des präventiven
   Krieges 83
5 Die «alte» Doktrin der Abschreckung 111

Zweiter Teil
Lex Humana oder präventive Demokratie

6 Präventive Demokratie 159
7 Man kann nicht McWorld exportieren und es
   Demokratie nennen 171
8 Man kann nicht Amerika exportieren und es
   Freiheit nennen 188
9 CivWorld 228

Schlussbetrachtung 245

Anmerkungen 253

«Man darf nie, nie, nie glauben, ein Krieg werde glatt und leicht vonstatten gehen oder irgend jemand, der sich auf diese Reise ins Unbekannte begibt, könne die Gezeiten und Hurrikane, denen er begegnen wird, vorausberechnen. Der Staatsmann, der sich vom Kriegsfieber anstecken lässt, muss wissen, dass er, sobald der Startschuss gefallen ist, nicht mehr Herr der Politik ist, sondern Sklave unvorhersehbarer und unkontrollierbarer Ereignisse.»

Winston Churchill

«Weh denen, die weise sind in ihren eigenen Augen und halten sich selbst für klug! ... so will auch ich Lust daran haben, dass ich ihnen wehe tue, und ich will über sie kommen lassen, wovor ihnen graut.» *Jesaja 5, 21; 66, 4*

Danksagung

Dieses Buch ist im Laufe eines ganzen Lebens geschrieben worden – und in großer Eile. Mit nationaler Sicherheitspolitik beschäftigte ich mich schon als Student in den frühen 1960er Jahren, und während meiner ganzen Laufbahn als Politologe hörte ich nie auf, die Entwicklung der internationalen Angelegenheiten zu studieren; vieles von dem, was ich mir in dieser Zeit angeeignet habe, findet sich in diesem Buch wieder. Als nach dem 11. September 2001 in Washington die Weichen auf eine neue Präventivkriegsstrategie umgestellt wurden, die in Kriege gegen Afghanistan und den Irak mündete, und sich die Möglichkeit andeutete, dass eine US-Regierung, die offenbar darauf aus war, «Schock und Einschüchterung» zu verbreiten, für die nahe Zukunft weitere Präventivschläge gegen den Iran, Nordkorea und andere «feindliche» Länder plante, fühlte ich mich gezwungen, mir im Herbst 2002 einen Expressfahrplan für das Erstellen dieses Manuskripts zu verordnen. Gerade wegen der Kürze der Zeit, die mir für die Niederschrift blieb, möchte ich mich ganz besonders für die Hilfe meines persönlichen Rechercheassistenten Josh Karant bedanken, dessen unermüdliche Nachforschungen in Bibliotheken und im Internet empirische, geschichtliche und bibliographische Details von immenser Bedeutung für dieses Projekt lieferten. Darüber hinaus profitierte ich auch von seiner Sachkenntnis. Unschätzbare Dienste leisteten mir auch meine Verwaltungsassistentin Katie Roman und die Mitarbeiter der Democracy Collaborative, insbesondere Jill Samuels, Sondra Myers und Michelle Demers. Zu meinem großen Vergnügen konnte ich die Arbeit an diesem Buch als Direktor der neuen Democracy Collaborative und im Kreis meiner neuen Kollegen an der University of Maryland beenden. Wie schon bei einem früheren Buch, das im Verlag W. W. Norton erschien, hat auch bei diesem Projekt meine Lektorin Alane Mason mit ihrem abgeklärten Urteil und ihrem unbestechlichen Redakteursauge viel zum Gelingen des Projekts beigetragen.

Dieses Buch ist nicht zuletzt der niedergeschriebene Ausdruck eines politischen Bekenntnisses zu Völkerrecht und globaler Demokratie, wie es sich in der Organisation CivWorld verkörpert, einer internationalen Bürgerinitiative für eine globale Demokratie, in der mitzuarbeiten ich als eine Ehre empfinde. Sowohl das Buch als auch die Bestrebungen von CivWorld spiegeln die Hoffnung wider, dass Amerika sein zum Scheitern verurteiltes Bemühen aufgibt, Angst mit Angst zu bekämpfen.

Ich schreibe im Geist von Katharine Lee Bates. Von ihr stammt der Text zu *America the Beautiful*. In dem Gedicht *England to America* findet sich diese prophetische Strophe:

> Und was mit dir, Abe Lincolns Land?
> Welcher Schatten dunkelt über deinem Abendmeer?
> Eingefleischter Vorkämpfer der Freiheit,
> Entflagge deine Kriegskasse, beuge deine Knie,
> Und öffne dich vor Gott.

Einleitung

> «... ist es viel sicherer, gefürchtet als geliebt zu sein, wenn man schon auf eines von beiden verzichten muss.»
> Niccolo Machiavelli, *Il Principe*

Die Vereinigten Staaten von Amerika, lange Jahre ein Liebling des Schicksals, befinden sich auf Kollisionskurs mit der Geschichte. Durch zwei Jahrhunderte einer fast mythischen Unabhängigkeit von der alten Welt getrennt, aber seit kurzem durch ein plötzliches Erlebnis der Verwundbarkeit konsterniert, verschließt Amerika die Augen vor der Erkenntnis, dass die neue Welt des 21. Jahrhunderts notwendigerweise eine Welt der gegenseitigen Abhängigkeit, der Interdependenz sein wird.

Terroristen ohne eigentliche Macht haben sich in die amerikanische Vorstellungswelt hineingebohrt, haben in ihre Nischen und Hohlräume Ängste injiziert. Diese Ängste werden in den nach Farben benannten Sicherheitsalarmstufen – Code gelb, Code orange usw. – reflektiert. Mit der Art und Weise, wie die USA der terroristischen Herausforderung begegnet sind – ob mit ihren kriegerischen Aktionen oder mit ihrer Erhöhung der inneren Sicherheit –, haben sie genau jene Angst heraufbeschworen, welche die wirksamste Waffe des Terrorismus ist. Ihre politischen Führer legen eine rücksichtslose Militanz an den Tag, in dem offenbaren Bestreben, ein amerikanisches Imperium der Angst zu errichten, furchterregender als alles, was Terroristen sich ausdenken können. Mit seiner Drohung, alle seine Widersacher zu entwaffnen, die «Mutter aller Bomben» einzusetzen, den bisher tabuisierten taktischen Einsatz von Nuklearwaffen zu erwägen und seine Feinde, aber auch seine Freunde durch Schock und Einschüchterung unter seine globale Vormundschaft zu zwingen, hat der Staat, der als Leuchtturm der Demokratie von aller Welt bewundert und beneidet wurde, sich urplötzlich zum von aller Welt gefürchteten Kriegsherrn gewandelt.[1]

Manche mögen glauben, das alles diene einer guten Sache. Die Frage lautet für Amerika und die Welt aber nicht nur, ob Amerika neue Präventivkriegsstrategien anwenden und gleichzeitig den sein Selbstverständnis prägenden demokratischen Werten treu bleiben und somit weiterhin freundschaftliche Beziehungen zu seinen globalen Nachbarn pflegen kann. Sie lautet vielmehr auch, ob diese Strategien wirklich einen wirksamen Schutz vor terroristischen Anschlägen bringen können. Man kann von keinem Land verlangen, dass es seine Sicherheit auf dem Altar seiner vornehmeren Ideale opfert. Machiavelli schärfte seinem Fürsten ein, es sei besser, gefürchtet zu werden als geliebt. Die Vereinigten Staaten haben aus dem 11. September 2001 vielleicht genau diese Lehre gezogen. Doch ist die Angst, die zu verbreiten sie zweifellos in der Lage sind, wirklich ihr bester Verbündeter? Sind Afghanistan und der Irak wirklich im Begriff, zum Maßstab für eine erfolgreiche globale Strategie der Sicherheit durch Einschüchterung zu werden?

Nicht in einem Zeitalter der Interdependenz. Nicht in einer Zeit, in der man eigenes Scheitern programmiert, wenn man auf eigene Faust handelt. Nicht nachdem der Terrorismus bewiesen hat, wie löchrig die Schutzhülle der Souveränität und wie obsolet eine einst stolz verkündete Unabhängigkeitserklärung ist. Ebenso wie der 11. September uns eine Lektion über die Wirkmächtigkeit der Angst erteilt hat, haben wir durch ihn auch etwas über die Grenzen und Unzulänglichkeiten militärischer Macht gelernt. Ebenso wie der technisierte Blitzkrieg im Irak uns eine Lektion über die anhaltende Bedeutung militärischer Macht erteilt hat, haben wir dabei auch erkannt, wie begrenzt ihre Möglichkeiten als Instrument der Demokratisierung sind. Die Vereinigten Staaten haben in ihrem Versuch, auf den grenzüberschreitenden Terrorismus zu antworten, auf überholte militärische Strategien zurückgegriffen, die eine nationale Souveränität herkömmlicher Art voraussetzen, wie sie nicht mehr zur Gänze gegeben ist. Auf der Suche nach einer sichereren Welt haben sie unsere kollektive Sicherheit systematisch untergraben. In ihrer Reaktion auf globale Gesetzlosigkeit sind sie hin und her geschwankt zwischen der Anrufung des Völkerrechts und seiner Missachtung, zwischen der Hinwendung zu internationalen Institutionen und deren trotziger Zurückweisung. Sie haben für sich das Recht auf unilaterales Vorgehen, präventive Kriegführung und gewaltsamen Regimewechsel in Anspruch genommen und damit gegen die Grundsätze der internationalen Zusammenarbeit und des Völkerrechts verstoßen, an deren Erarbeitung sie einst federführend beteiligt waren – dabei sind allein diese internationalen Errungenschaften in der Lage, gegen terroristische Anarchie zu obsiegen. Präsident Bushs Krieg gegen den Terrorismus mag gerecht sein oder nicht, mag mit amerikanischen Werten übereinstimmen oder nicht – der wesentliche Punkt ist, dass dieser Krieg in der Art und Weise, wie er geführt wird, ungeachtet seiner militärischen Erfolge, den Terrorismus nicht besiegen kann.

Von der HIV-Epidemie bis zur globalen Klimaerwärmung, von marktbeherrschenden globalen Medienkonzernen bis zu internationalen Verbrechersyndikaten verlangt jedes Problem der im Entstehen begriffenen interdependenten Welt von Amerika, sich nach außen zu orientieren. Stattdessen kneift es die Augen zu und kehrt sich nach innen, die Außenwelt nur noch mit einem Tunnelblick wahrnehmend, der sich hasserfüllt auf «feindliche» Ziele richtet, die mit lässiger Willkür als «Schurkenstaaten» eingestuft werden, Substitute für die eigentlichen Terroristen, deren Auffindung und

Vernichtung sich als zu schwierig erweist. Obwohl die Vereinigten Staaten der Inbegriff der demokratischen Gesellschaft sind, handeln sie außenpolitisch oft mit einer plutokratischen Geringschätzung für die Anforderungen einer gerechten Weltordnung. So postulieren sie etwa eine dubiose «Achse des Bösen», ignorieren jedoch gleichzeitig eine allzu offensichtliche «Achse der Ungleichheit». Sie haben sich für eine nationale Sicherheitsstrategie des Präventivkriegs entschieden angesichts von Bedingungen, die eine Strategie der «präventiven Demokratie» erfordert hätten. Obwohl selbst eine modellhafte multikulturelle Gesellschaft, zeigen die Vereinigten Staaten wenig Verständnis für kulturelle Vielfalt und religiöse Heterogenität, wie überhaupt für alles, was auf den ersten Blick amerikanische Ideale zu bedrohen scheint oder außerhalb der Reichweite amerikanischer Vorstellungskraft liegt. Während sie auf der einen Seite immer noch Diktatoren stützen, solange diese sich als Freunde Amerikas gebärden, bringen sie es gleichzeitig fertig, einem besiegten Gegner mit vorgehaltener Kanone die Demokratie aufzuzwingen. Sie neigen dazu, die Privatisierung der Märkte und eine entfesselte, zügellose Konsumkultur als Etappenziele auf dem Weg zur Demokratie zu betrachten, und glauben allen Ernstes, andere Völker könnten sich gleichsam über Nacht demokratisieren, indem sie amerikanische Institutionen einführen, deren Kultivierung in den Vereinigten Staaten selbst Jahrhunderte brauchte. Die gegenwärtige Außenpolitik Amerikas, ob sie auf Krieg oder auf Frieden aus ist, auf die Beseitigung von Tyrannenherrschaft oder die Errichtung der Demokratie, beruht auf einem mangelnden Verständnis der Interdependenz und ihrer Implikationen wie auch der Wesenszüge der Demokratie. Kurz: Die Angst des Imperiums erzeugt ein Imperium der Angst, das weder Freiheit noch Sicherheit fördert.

Der missionarische Eifer, den Präsident Bush in seinem Krieg gegen den Terror an den Tag legt, versinnbildlicht diese amerikanische Militanz und verschärft sie womöglich noch. Sie drückt sich aus in einer moralischen Selbstgerechtigkeit nach Cowboy-Art, die auch Freunde des Weißen Hauses direkt mit der Neigung des Präsidenten in Verbindung bringen, «ungeduldig und cholerisch, manchmal schnippisch, sogar dogmatisch, wenig wissbegierig und als Folge davon schlecht informiert zu sein».[2] Die amerikanische Antwort auf den Terrorismus ist freilich weit mehr als nur eine Frage des persönlichen Temperaments eines Präsidenten. Die Amerikaner suchen sich häufig Präsidenten aus, welche die Ängste und Bestrebungen verkörpern, von denen sie selbst in einer bestimmten geschichtlichen Situation beherrscht sind. Beide großen Parteien und die führenden Meinungseliten teilen die Vorstellung, Angst lasse sich am besten durch furchterregendes Auftreten bekämpfen. Während die Welt zittert, entledigen sich die Amerikaner ihrer eigenen kalten Angst durch schüttelfrostiges Hurrageschrei für einen militanten Amerikanismus.

Die Außenwelt war für die Amerikaner immer Welten entfernt. Heute, da sie sich an der Türschwelle Amerikas einfindet, versammeln sich die Amerikaner nervös in ihrem Empfangssalon, hoffend und wünschend, sie könnten ihre Sicherheit erhöhen, indem sie ihre Türen abschließen und ihre gefürchteten intelligenten Waffen durch gut geschützte Schießscharten nach draußen richten. Voll von ängstlichem Misstrauen gegen die Andersheit der Welt und seltsam blind gegenüber der Tatsache, dass sie selbst mit der Vielfalt ihrer eigenen Bevölkerung genau diese Andersheit verkörpern, fühlen die Amerikaner sich offenbar am wohlsten, wenn sie ihnen feindlich gesonnene Teile der Weltgemeinschaft mit starker Hand in die Knie zwingen können. Freunde und Verbündete folgen den USA widerwillig, weil an der Tatsache der amerikanischen Übermacht nicht zu deuten ist, auch wenn angesichts der Wirklichkeit der Interdependenz kaum damit zu rechnen ist, dass sie triumphieren wird.

Amerikas Welt ist deswegen zu einem sehr viel gefährlicheren und verwirrenderen Schauplatz geworden, als die Amerikaner sie bislang gekannt haben – zu einer vertrackten neuen Welt des Zweifels und der Gefahr, die sich zwar nominell zu der Demokratie bekennt, für deren Verkörperung die USA sich halten, die aber nicht mehr jederzeit bereit ist, die Vorbildrolle anzuerkennen, die Amerika sich anmaßt. Da die Amerikaner sich von dieser Welt zu wenig geliebt fühlen und fürchten, nicht ihr volles Vertrauen zu genießen, könnten sie sich versucht fühlen, ihrerseits weniger Vertrauen zu ihr zu haben und sie weniger zu lieben und sie stattdessen öfter einmal zu disziplinieren. Die nützlichen Mythen (die einst als Wahrheiten galten und wirkten), mit denen die kostspieligen heißen und kalten Kriege des letzten Jahrhunderts so tapfer geführt und so oft und klar gewonnen wurden – amerikanische Autonomie, amerikanische Tugend, amerikanische Demokratie und amerikanische Unschuld –, werden im Innern mit desto stolzer geschwellter Patriotenbrust beschworen, je hohler und heuchlerischer sie der Außenwelt erscheinen. Amerikas Welt ist nicht mehr Amerikas Welt. Sie läuft Gefahr, zu einer Kolonie der Willigen und zugleich zu einer expandierenden Einflusssphäre des Imperiums der Angst zu werden.

An der Hegemonie der Vereinigten Staaten besteht kein Zweifel. «Die militärische, wirtschaftliche und politische Macht der Vereinigten Staaten lässt den Rest der Welt wie Liliput aussehen», schreibt Tim Wiener.[3] Und Michael Ignatieff erinnert uns daran, dass die USA das einzige Land auf der Welt sind, «das den Globus durch fünf über ihn verteilte militärische Befehlszentren überwacht, in vier Erdteilen über eine Million Männer und Frauen unter Waffen hält, auf allen Weltmeeren kampfbereite Flugzeugträgerverbände patrouillieren lässt, das Überleben von Ländern wie Israel und Südkorea garantiert, die Räder des Welthandels antreibt und mit seinen Träumen und Sehnsüchten die Herzen und Hirne eines ganzen Planeten erfüllt».[4] Walter Russell Mead hat es noch eine Nummer größer: «Die Vereinigten Staaten», schreibt er bewundernd, «sind nicht nur die einzige Weltmacht; ihre Werte sind auch dabei, in einen globalen Konsens einzufließen, und sie dominieren in einem nie da gewesenen Grad die Entstehung der ersten wahrhaft globalen Zivilisation, die unser Planet je erlebt hat.»[5]

Mit einem Militärbudget von derzeit 350 Milliarden Dollar (und steigender Tendenz, die Kosten des Irak-Krieges nicht eingerechnet) – das ist mehr, als die nächsten ca. fünfzehn Staaten aus der Rangliste der rüstungsstarken Nationen zusammen für ihre Verteidigung ausgeben – und mit hochtechnisierten Waffensystemen, denen niemand Paroli bieten kann, sind die USA in der Lage, Länder, die sie als ihre Feinde betrachten, fast nach Belieben zu zerschmettern. Ob sie mit einer ferngesteuerten Rakete, abgefeuert von einem unbemannten Predator-Flugzeug, einen einzelnen Terroristen in einer namenlosen Wüste abschießen, anderswo durch militärische Einschüchterung ein unfreundliches Regime zur Abdankung zwingen oder einen «Präventivkrieg» vom Zaun brechen, ohne selbst angegriffen oder konkret bedroht worden zu sein, die Vereinigten Staaten sind als Gegner allseits gefürchtet. Nachdem es ihnen mit Hilfe ihrer Verbündeten gelungen ist, die Sowjetunion durch ein deren Wirtschaftskraft auf lange Sicht überforderndes Wettrüsten in die Knie zu zwingen, und sie ihre eigenen Waffen schließlich eingesetzt haben, um in Afghanistan und im Irak kriegerisch (sofern die militärische Einseitigkeit der Auseinandersetzungen diese Bezeichnung noch zulässt) über konventionell gerüstete Gegner zu siegen, können sie sicher sein, dass kein Land der Welt mehr mit ihnen mithalten kann, was Produktion, Installierung und Einsatz von Waffensystemen betrifft, einschließlich jener furchterregenden Massenvernichtungswaffen, an deren Entwicklung sie ihre potentiellen Feinde zu hindern entschlossen sind. Kein Wunder, dass Präsident Bush überzeugt ist, Amerika könne notfalls auch ganz allein den Sieg davontragen – als eine Ein-Mann-Koalition der Willigen.

Doch gerade diese beispiellose Macht schwächt die Stellung der USA ebenso, wie sie sie stärkt, denn sie kostet sie die Zuneigung derjenigen, über die sie ihre schützende Hand halten (Südkorea etwa, das den Amerikanern in letzter Zeit nicht sehr viel mehr Freundlichkeit entgegenbringt als das «Schurkenregime» in Nordkorea), macht Verbündete renitent (zum Beispiel die Deutschen, die bei der Parlamentswahl 2002 einen Kandidaten wählten, der seinen Rückstand in den Meinungsumfragen unter anderem dadurch wettmachte, dass er sich kategorisch weigerte, die amerikanische Irak-Politik gutzuheißen) und sorgt dafür, dass sich in die Furcht derer, denen sie mit militärischer Intervention drohen, ein Stück Verachtung mischt (wie bei den militanten Nordkoreanern und den zwiespältigen, bisweilen widerspenstigen Irakern, die den US-Invasoren nicht den Gefallen taten, sie ausnahmslos willkommen zu heißen). Hinter ihrer beispiellosen Macht verbirgt sich eine beispiellose Verwundbarkeit, denn um die Machtpositionen abzusichern, über die sie bereits verfügen, müssen die USA die Reichweite ihrer militärischen Macht immer wieder vergrößern und befinden sich so fast *per definitionem* im Zustand der Überdehnung. «Um mein Revier zu sichern», bemerkte ein mächtiger Grundbesitzer einmal, «brauche ich nur noch den Grund, der an meinen Besitz angrenzt.» Zu ihren Freunden zählen sie alle, die sich nicht offen als ihre Feinde gebärden, was zur Folge hat, dass ihre Verbündeten in den meisten Fällen nicht so sehr echte Freunde sind als Feinde ihrer Feinde. Wer sich gegen die Vereinigten Staaten stellt, gehört gleichsam automatisch wenn nicht zur «Achse des Bösen», dann doch zum Lager der Bösewichte; wer mit den Vereinigten Staaten ist, gehört zu den Guten, auch wenn es sich um autoritäre oder sogar despotische Regime handelt wie im Fall solcher engen Freunde Amerikas wie Ägypten, Saudi-Arabien, Pakistan oder Zimbabwe. Selbst zweitrangige «Schurkenstaaten» wie Libyen, Somalia, Kuba und der Irak, deren Fähigkeit, die USA zu bedrohen, selbst unter den potenzierenden Bedingungen der Interdependenz vernachlässigbar ist, erfreuen sich einer höchst misstrauischen amerikanischen Aufmerksamkeit. Amerika verfügt über die Mittel, Streitkräfte in aller Welt zu stationieren und mehrere Kriege zugleich zu führen, ist aber nicht in der Lage, seine höchste militärische Befehlszentrale, das Pentagon, oder die Kathedralen des Kapitalismus in Manhattan zu schützen, weil die Interdependenz den Schwachen die Chance eröffnet, die Kräfte des Starken gegen diesen selbst zu wenden. Die Angst ist die einzige Waffe des Terrorismus, aber diese Waffe wirkt ungleich stärker auf jene, die in Wohlstand und Zuversicht leben, als auf jene, die in Hoffnungslosigkeit darben und nichts zu verlieren haben.

Weil die nahezu unsichtbaren und überaus beweglichen Kräfte, die den Terrorismus steuern, nicht Staaten sind, sondern sich verflüchtigen und in unterschiedlicher Gestalt an vielen Orten wieder zum Vorschein kommen können, sind sie von der furchterregenden militärischen Macht der USA nicht sehr beeindruckt. Die amerikanische Militärmacht kann ganze Länder ausradieren, aber terroristische Zellen und ihre Führer lassen sich auf diese Weise nicht ausschalten. Sie wissen, dass die Angst ihr Verbündeter ist. Um einen der ersten Selbstmordattentäter zu zitieren, Anwar Aziz, der seine Stunde 1993 im Gaza hatte: «Schlachten für den Islam werden nicht mit Kanonenkugeln gewonnen, sondern indem man Angst in das Herz des Gegners pflanzt.»[6] Zwar mögen auch Terroristen den Tod fürchten, warum sollten sie aber vor einem Gegner Angst haben, der sie nicht kennt und wahrscheinlich nicht finden wird? Selbst Donald Rumsfeld, einer der unbeirrtesten Befürworter des Präventivkriegs, macht sich sorgenvolle Gedanken: «Die Leute, die das gemacht haben, haben nichts zu verlieren», erklärte er. «Sie haben keine höherwertigen Ziele. Sie haben Netzwerke und Fanatismus.»[7] Warum sollen wir dann, könnte man fragen, glauben, dass eine gegen Staaten gerichtete Strategie des Präventivkriegs jemals Wirkung gegen den Terrorismus zeitigen wird, selbst wenn es ihr gelingt, unfreundliche Regime zu bestrafen oder abzusetzen?

Während Amerika versucht, sich gegen den Terrorismus (als eine Form der neuen globalen Anarchie) durch die Gewalt des Souveräns zu wappnen, nivelliert die internationale Marktwirtschaft (als eine andere Form der neuen globalen Anarchie) die Idee der nationalen Souveränität als solcher. Während die Vereinigten Staaten die Welt nach ihrem eigenen Bilde gestaltet haben, tun sie sich schwer damit, die Kontrolle über ihre eigene Wirtschaft zu bewahren, weil die Interdependenz dafür sorgt, dass Kapital, Arbeitsplätze und Investitionen überall hingehen können, ohne sich um die nationale Souveränität der USA scheren zu müssen. Amerika kann eine popkulturelle Zivilisation aus Kinofilmen, TV-Serien, Musik, Software, Fastfood und Informationstechnik über die Welt verbreiten, bis die Welt sich als McWorld neu konstituiert, aber es kann der Gegenreaktion – dem Dschihad – nicht Herr werden, denn die Interdependenz gibt dem Dschihad mit dem globalen Terrorismus ein Mittel für den Kampf gegen McWorld an die Hand, das nicht weniger imposant ist als das Mittel, auf das McWorld in seinem Kampf gegen den Dschihad zurückgreifen kann, die globalen Märkte. Die Mittel gleichen sich insofern, als beide Folge und Ursache der globalen Anarchie zugleich sind.[8]

Es gibt zahlreiche neuralgische Punkte, an denen die amerikanische Hegemonie und die globale Interdependenz kollidieren. Es sind dies das beunruhigende Wohlstandsgefälle zwischen Nord und Süd, die anarchische «Vermarktung» der Weltwirtschaft und die tiefgreifende Vereinheitlichung der

Kulturen als Folge der globalen Ausbreitung von McWorld. Doch kein Kollisionspunkt birgt ein größeres dramatisches Potenzial oder größere Gefahren als der, der sich aus den jüngsten Neuerungen in der strategischen Doktrin der Vereinigten Staaten ergibt.

Die Erfolge des Terrorismus stellen brutale Fragen an die USA und die Welt: Können die Vereinigten Staaten die krankhaften Auswüchse einer globalen Interdependenz, die sie selbst mitgeschaffen haben und die die nationale Souveränität, auf die sich ihr Staatsverständnis gründet, ausgehöhlt haben, wirklich mit den herkömmlichen Strategien des souveränen Nationalstaats ausmerzen, vor allem mit dem Einsatz ihrer formidablen militärischen Übermacht in der angeblich innovativen Form eines Präventivkrieges? Können Gesellschaftsordnungen, die im 18. und 19. Jahrhundert entstanden sind, dem global operierenden Bösen, das zu züchten sie unwillentlich mitgeholfen haben, Einhalt gebieten, ohne «gutartige» Formen der Interdependenz zu schaffen, die eine Rechtsordnung an die Stelle der globalen Anarchie von heute setzen würden? Kann aus den anarchischen Prozessen der Marktwirtschaft und des Krieges ein regierbares internationales Gemeinwesen hervorgehen? Ist Angst durch Angst besiegbar? Kann eine international verstaatlichte Politik (Amerika gegen den Irak, Südkorea gegen Nordkorea, Palästina gegen Israel) mit einer Welt Schritt halten, in der nichtstaatliche Akteure (Shell, Greenpeace, Al Qaida, OPEC, Bertelsmann, Hisbollah) zunehmend die Szene beherrschen?

Präsident Bush kündigte nach dem Angriff einer terroristischen Nichtregierungsorganisation namens Al Qaida auf sein Land Strafaktionen an gegen «Staaten, die Terroristen beherbergen». Damit legte er sich auf eine Strategie fest, die Afghanistan und den Irak zu Zielscheiben kriegerischer Operationen machte (und über kurz oder lang vielleicht Nordkorea, Syrien und den Iran dazu machen wird), obwohl alle terroristischen Gruppen die Möglichkeit hatten, ihre Stützpunkte aus Afghanistan in den Jemen oder in den Sudan zu verlegen, aus den unwirtlichen und unregierbaren Bergprovinzen Afghanistans in den unwirtlichen und unregierbaren Teil Pakistans, aus dem Nahen Osten nach Afrika und Südostasien, nach Indonesien und auf die Philippinen. Während Amerika und Europa Truppen in die Dritte Welt entsandten, um dort Nester des Terrorismus zu bekämpfen, nisteten gleichzeitig Terroristen aus der Dritten Welt in England und Deutschland, in New Jersey, Florida und Neu-England. Streng genommen müssten auch diese Staaten zu denen gezählt werden, die Terroristen beherbergen und denen unnachsichtige Vergeltung droht. (New Jersey und Florida stehen bis heute nicht auf der Sünderliste, auch wenn man den Standpunkt vertreten könnte, nach der Austrocknung der bürgerlichen Freiheitsrechte in den USA durch das neue Ministerium für Heimatschutz und durch den *Patriot* Act gehörten sie de facto zu den Abgestraften.)

Auch wenn der Terrorismus nach außen hin durch spektakuläre, brutale Gewalttaten von sich reden macht, ist seine Strategie letzten Endes eher eine der Furcht, resultierend nicht aus Stärke, sondern aus Schwäche. Donald Rumsfeld zitiert gerne den Ausspruch Al Capones: «Mit einem freundlichen Wort und einem Schießeisen erreicht man mehr als mit einem freundlichen Wort allein.» Im Grunde jedoch folgt er damit den Spielregeln der Terroristen. Weil die Angst die einzige Waffe des Terrorismus ist, bemühen sich Terroristen darum, eine Epidemie der Angst zu verbreiten. Den Rest besorgt das Immunsystem des von der Angst befallenen Organismus, der mit allen Mitteln versucht, die Infektion zu neutralisieren, und dabei notfalls auch die infizierten Systeme des eigenen Körpers angreift. In diesem Sinn glaubte sich die US-Regierung nach dem 11. September 2001 gezwungen, die gesamte kommerzielle Luftfahrt für einige Tage auszusetzen und sie anschließend durch stark behindernde Sicherheitsbestimmungen auf unabsehbare Zeit einzuschränken.⁹ Die Luftfahrtindustrie befindet sich seitdem in einem Schockzustand. Die Flugzeugentführer vom 11. September sorgten für die Schließung der New Yorker Wertpapierbörse nicht nur, indem sie das World Trade Center mit den darin befindlichen Firmen und Infrastrukturen zerstörten, sondern auch, indem sie Angst erzeugten und damit so etwas wie eine spekulative Immunreaktion auslösten, die ihrerseits weitere Schäden anrichtete, und zwar durchschlagender, als Al Qaida es je hätte tun können. Die Aktienmärkte haben sich immer noch nicht erholt. Bevor der Krieg gegen den Irak begann, sperrte die Regierung die am Weißen Haus vorbeiführende Straße für Fußgänger und ließ, ohne sich der darin liegenden Ironie bewusst zu sein, die Freiheitsglocke in Philadelphia ummauern.

Der Terrorismus kann mit seiner Jiu-Jitsu-Strategie nur dann Erfolge erzielen, wenn es ihm gelingt, anderen seine Logik aufzuzwingen und sie zu Reaktionen zu bewegen, deren Eigendynamik sie am Ende in einen Abwärtsstrudel reißt. Die teuflische Intelligenz, die hinter den Attacken auf das World Trade Center und das Pentagon waltete, zeigte sich in der verbrecherischen, aber auf dämonische Weise kreativen Umfunktionierung von Passagierflugzeugen zu tödlichen Feuerbomben durch Männer, die nur mit Teppichmessern bewaffnet waren. Sie zeigt sich noch viel deutlicher ein bis zwei Jahre später in der ängstlichen Fixiertheit vieler Amerikaner auf die farbcodierten Alarmstufen, mit denen die US-Regierung ihnen bekannt gibt, wie sicher sie sich zum jeweiligen Zeitpunkt gerade fühlen dürfen – was in der Praxis zu einem permanenten und tiefen Gefühl der Unsicherheit geführt hat. Man könnte die Frage stellen, ob je ein Terrorist für eine effektivere Verbreitung von Angst gesorgt hat, als es der US-Regierung seit letztem Jahr immer wieder unwillentlich gelingt, indem sie irgendwelche nicht nachprüfbaren Drohungen gegen unspezifizierte Ziele pflichtgemäß bekannt gibt und den Leuten einschärft, mit weiteren Anschlägen sei auf jeden Fall zu rechnen. Als im Frühjahr 2003 nach Terroranschlägen in Riad und Casablanca (die nach dem Sturz Saddam Husseins verübt wurden, den man doch als «Sieg» gegen den Terrorismus gefeiert hatte) wieder einmal die höchste Alarmstufe ausgerufen wurde, meldete sich ein «gut informierter US-Beamter» mit der Mahnung zu Wort, im internationalen Geheimdienstklatsch und in abgehörten und abgefangenen Botschaften fänden sich «einigermaßen haarsträubende Sachen». Halloween im Mai.[10]

Der Terrorismus kann ein Land so weit bringen, dass es sich in eine lähmende Angst hineinsteigert. Diese Paralyse kann den Mächtigen entmachten, indem sie seine Fähigkeit zum Handeln zerstört. Sie macht aus einstmals aktiven Bürgern furchtsame Zuschauer. Nichts fördert die Angst mehr als die Untätigkeit. Erinnern wir uns an die Milzbrandpanik in den USA wenige Wochen nach dem 11. September. Das Pulver, das die Milzbranderreger enthielt, kostete zwar fünf Menschen das Leben, richtete aber kaum Schaden am System an. Wahrscheinlich waren diese Anschläge gar nicht das Werk ausländischer Terroristen, sondern gingen auf das Konto eines verbitterten Mitarbeiters eines US-Labors. Aber weil der Täter mit Briefen arbeitete, d. h. ein flächendeckend arbeitendes Verteilungssystem nutzte, lösten die wenigen Anschläge landesweit eine Panik aus, die das kollektive Sicherheitsgefühl der Nation zusammenbrechen ließ.

Begriffe können die Verbreitung von Angst fördern. Gerade das Wort «Massenvernichtungswaffen» ist glitschig und ungenau, lässt es sich doch fast unmerklich von den einigermaßen handfesten, uns allen «vertrauten» Atomwaffen mit ihrem massiven Zerstörungspotenzial auf biologische und chemische Waffen mit ihren weit weniger berechenbaren Wirkungen übertragen. Der Giftgasanschlag, den die terroristische Gruppe Aum Shrinrikyo 1995 in der Tokioter U-Bahn durchführte, war technisch gesehen ein Angriff mit chemischen Waffen und ließe sich daher als Einsatz einer «Massenvernichtungswaffe» klassifizieren. Obwohl Tausende das Giftgas einatmeten, starben nur zwölf Personen daran, und Fachleute wiesen anschließend darauf hin, dass dieser Anschlag gezeigt habe, wie außerordentlich schwierig es sei, chemische Waffen wirksam zum Einsatz zu bringen, selbst in geschlossenen Systemen wie U-Bahn-Röhren. Von den Anschlägen mit dem Milzbranderreger Anthrax in den Vereinigten Staaten waren Postämter, Rundfunkstudios und Behörden betroffen, und auch hier handelte es sich dem Grundsatz nach um die Anwendung einer «Massenvernichtungswaffe». Doch während die Anschläge im ganzen Land eine enorme Welle der Angst auslösten (vor allem weil die Regierung und die ihr jedes Wort von den Lippen ablesenden Medien die Ängste schürten), war die Zahl der tatsächlichen Opfer sehr gering. Ist es wirklich sinnvoll, in solchen Fällen vom Einsatz von «Massenvernichtungswaffen» zu sprechen (oder auch von «Massenterrorisierungswaffen», wie der stellvertretende US-Verteidigungsminister Paul Wolfowitz vor kurzem vorgeschlagen hat)? Immerhin gibt es «konventionelle» Waffen wie Napalm, Streubomben und Landminen, die in vergangenen Konflikten sehr viel mehr zivile Todesopfer gefordert haben. (Dabei haben die Vereinigten Staaten das internationale Abkommen zum Verbot von Landminen noch nicht einmal unterzeichnet.[11])

Könnte es sein, dass hinter dem Gebrauch des relativ neuen Begriffes «Massenvernichtungswaffen» weniger die Absicht steht, eine kohärente neue militärische Klassifizierung vorzunehmen, als der Versuch, eine verquere Präventivkriegslogik so zurechtzufrisieren, dass man aus ihr einen Krieg gegen souveräne Staaten anstatt gegen terroristische Organisationen herleiten kann – gegen Staaten, die noch nicht über die Nuklearwaffen verfügen, die ein präventives Eingreifen rechtfertigen können? (Zumal der mögliche Besitz solcher Waffen, wie im Falle Nordkoreas,[12] eine militärische Intervention zu einem zu riskanten und kostspieligen Unterfangen machen könnte.¹³) Der Direktor des «Nonproliferation Policy Education Center» in Washington, Henry Sokolski, hat darauf hingewiesen, dass Syrien, Ägypten, die Türkei und Algerien über das Potenzial zur Entwicklung nuklearer Waffen verfügen, desgleichen Taiwan, Südkorea und Japan im asiatischen Raum.¹⁴

Der Ausdruck «Massenvernichtungswaffen» wurde schon 1937 gebraucht, damals um die neuen Techniken des Bombenkriegs, die Deutschland im Spanischen Bürgerkrieg erprobt hatte, zu beschreiben. Nach dem Zweiten Weltkrieg wurde der Terminus in einem engen Bezug zu «Atombomben und ähnlichen Waffen mit massenhafter Zerstörungskraft» benutzt.¹⁵ In den Jahrzehnten des Kalten Krieges bezeichnete man damit das nukleare Arsenal, das aus Atombomben (auf Plutoniumbasis) und thermonuklearen Bomben (Wasserstoffbomben) bestand. Die Gefahr eines Einsatzes chemischer Kampfstoffe wie des Senfgases bestand dagegen schon seit dem Ersten Weltkrieg, und natürlich schließt die Konvention zur Ächtung chemischer und biologischer Waffen solche Kampfstoffe ein. Dieser Konvention stehen die Vereinigten Staaten trotz ihres ständigen Redens über Massenvernichtungswaffen bemerkenswert ambivalent gegenüber – was ihnen namentlich nicht gefällt, sind die darin vorgesehenen Inspektionen, die der amerikanischen Souveränität in ihren Augen zuwiderlaufen. Erst seit dem 11. September 2001 werden mit dem Begriff «Massenvernichtungswaffen» die Unterschiede zwischen den «ursprünglichen» atomaren und thermonuklearen Massenvernichtungswaffen einerseits und biologischen und chemischen Kampfstoffen andererseits – die in der Geschichte nie so viele reale Opfer gefordert haben wie der konventionelle Bombenkrieg (z. B. Streubomben oder Napalm) oder auch nur die Verlegung von Landminen – verwischt. Vor dem 11. September war «der größte Blutzoll, den ein einzelner terroristischer Anschlag forderte, die Explosion eines Jumbojets der Air India vor der Küste Irlands am 23. Juni 1985 mit 329 getöteten Passagieren»,[16] während so genannte Massenvernichtungswaffen, eingesetzt in terroristischen Anschlägen (also nicht im Krieg), in ihren Auswirkungen noch begrenzter waren. So verwundert es kaum, dass die American Dialect Society «Massenvernichtungswaffen» 2002 zum Wort des Jahres kürte, in Anerkennung der Tatsache, dass sich die Bedeutung dieses «Bandwurmwortes» letzten Endes auf das «gequälte Nachdenken einer Nation über einen Krieg gegen den Irak» reduziere.[17]

Saddam Hussein mag den Versuch gemacht haben, sich nukleare Waffen zu verschaffen, wie viele andere Länder es getan haben, darunter Gegner der USA wie Syrien und der Iran; was man weiß, ist, dass er in der Vergangenheit über biologische und chemische Kampfstoffe verfügte und sie auch einsetzte. Diese Kampfstoffe standen im Zentrum des Beweismaterials, das Colin Powell im Februar 2003 dem Sicherheitsrat der Vereinten Nationen vorlegte.[18] Die dabei gebrauchte Bezeichnung «Massenvernichtungswaffen» sollte unterschwellig den Eindruck erwecken, der Besitz und Einsatz biologischer und chemischer Kampfstoffe und der Besitz und Einsatz atomarer Waffen seien letztlich dasselbe. Der Besitz von Laborstämmen des Milzbranderregers (die der Irak zumindest teilweise in den achtziger Jahren aus den USA erhielt, als Saddam noch gegen den Iran Krieg führte und ein «Freund» Amerikas war[19]) unterscheidet sich nach der hemdsärmeligen Logik der «Massenvernichtungswaffen» nicht vom Besitz thermonuklearer Bomben und ballistischer Interkontinentalraketen.[20] In der Tat eine abschüssige Logik, die zu gefährlich ausufernden Folgerungen führen kann.

Wenn die US-Regierung biologische und chemische Kampfstoffe als «Massenvernichtungswaffen» klassifiziert, vielleicht um den Krieg gegen den Irak zu rechtfertigen oder sich für den Fall abzusichern, dass jemand ihr eines Tages vorwerfen könnte, sie habe die Amerikaner nicht ausreichend vor den Gefahren eines Zwischenfalls auf heimischem Boden gewarnt, so vergrößert sie die Gefahr um ein Vielfaches und schürt Angst. Der Terror erzielt seine Erfolge mehr mit dem, was er androht, als mit dem, was er tatsächlich bewerkstelligt, und macht so das Bemühen der Bedrohten, sich vor ihm zu schützen, zu seinem wichtigsten Werkzeug. Lasst uns die Alarmstufen farblich codieren! Lasst uns kleine Gauner festnehmen und sie Terroristen nennen! Lasst uns jede vage Drohung, die eingeht, der Öffentlichkeit verkünden. Lasst uns den Krieg gegen den Terror «nie endend» nennen! Lasst uns Saddam als süchtig nach Massenvernichtungswaffen brandmarken, auch wenn wir keine Waffen finden können! Der Terrorist kann in einer Berghöhle oder in einem Slum in Karatschi sitzen und der von Angst angetriebenen Selbstzerstörung seiner Feinde zusehen, nachdem er einen einzigen Terrorakt begangen oder einem solchen einige wenige klug gewählte Anschlussdrohungen hinterher geschickt hat (die nicht wahr gemacht werden müssen, sich aber auf einem für fünf Dollar produzierten Videoband, das man den willigen Medien zuspielt, über die ganze Welt verbreiten lassen). Eine Bombe auf Bali? Aus ganz Indonesien bleiben die Touristen weg. Eine Explosion in Kenia? Plötzlich fühlen sich Israelis im Ausland ebenso gefährdet wie zu Hause. Ein möglicher Anschlag auf irgendeine amerikanische Schule? Eltern lassen ihre Kinder zu Hause oder müssen damit leben, dass der Schulbesuch unter dem Vorzeichen permanenter Angst erfolgt. Anthraxpulver in einem Fernsehstudio? Die Nachrichtenredakteure übertragen ihr eigenes Gefühl der Bedrohtheit auf eine ganze Nation angstvoller Zuschauer. (Man jage den Meinungsmachern Angst ein, und sie werden den Rest besorgen, nämlich allen anderen Angst einjagen.) Sie zeigen Bilder von für den Irak-Krieg übenden amerikanischen Truppen, die futuristisch wirkende antibakteriologische und gasdichte Anzüge tragen, die anzulegen in Wirklichkeit nie von ihnen verlangt würde, und gegen Pocken und andere tödliche Infektionen, mit denen sie noch nie zu tun hatten, geimpft werden, um ihre Kampfbereitschaft in einer Ära der «Massenvernichtungswaffen» zu erhöhen, in Wirklichkeit aber eher dazu beitragen, ihre Ängste und die des Publikums zu verstärken. Auch das Spiel mit den Kriegsalarmstufen – von Code gelb zu Code orange wenige Wochen vor dem Termin des Einmarsches im Irak, dann zurück auf Code gelb, dann die erneute Verhängung von Code orange, ohne dass die Bevölkerung konkrete Informationen erhielt – hat Folgen: Hysterische Amerikaner verkleideten ihr Einfamilienhaus im Grünen mit Plastikfolie, ein Run auf Klebebänder (fürs Abdichten der Fenster) und auf in Flaschen abgefülltes Wasser setzte ein, und Mütter kauften für ihre zweijährigen Kinder Gasmasken. Solche Maßnahmen können nichts anderes bewirken als die Fortzüchtung genau der Angst, welche die Terroristen verbreiten wollten. Leuten, die eigentlich keine Macht haben, ist es auf diese Weise möglich, die Regierung und die Massenmedien selbst ihres mächtigsten Feindes so zu manipulieren, dass diese einen Großteil ihres Geschäfts für sie besorgen.

In ähnlicher Weise kann ein einziger terroristischer Angriff auf einen Öltanker die Vision einer gigantischen Umweltkatastrophe durch mögliche Anschläge auf Hunderte weiterer Tanker heraufbeschwören, auch wenn diese Anschläge in Wirklichkeit gar nicht stattfinden werden. Die amerikanische Küstenwache hat bereits Hunderte von unter Billigflagge segelnden Frachtschiffen kontrolliert, die vielleicht im Auftrag des Terrorismus unterwegs sein könnten – ein Pluspunkt für die Sicherheit, aber zugleich eine Maßnahme, die zwangsläufig Millionen von Bewohnern der großen Hafenstädte der USA Angst einjagt. Angst ist das Werkzeug und der Katalysator des Terrorismus, indem sie einzelne terroristische Akte zu virtueller Übergröße aufbläst. Terroranschläge sind zwar für die direkt Betroffenen eine Katastrophe, fallen statistisch aber weniger ins Gewicht als zum Beispiel die Todesfälle im Straßenverkehr während eines Jahres oder die Summe der trivialen Alltagstragödien (wie der Sturz von einer Leiter).

Präsident Bush hat dem Terrorismus den Krieg erklärt, und alles, was er seit dem 11. September 2001 getan hat, scheint in enger Verbindung zu den schwerwiegenden Ereignissen jener Tage zu stehen. Doch lauert der Feind nicht im Terrorismus, sondern in der Angst, und letztlich kann Angst nicht mit Angst besiegt werden. Das Imperium der Angst lässt der Demokratie keinen Raum, während die Demokratie keinen Raum für Angst lässt. Eine freie Gesellschaft hat, wie Roosevelt uns einst einschärfte, «nichts zu fürchten als die Furcht». Freie Männer und Frauen, die sich aktiv an der Verwaltung ihres Gemeinwesens beteiligen, sind für Ängste weit weniger anfällig als Zuschauer, die untätig zusehen, wie ihre Regierung andere einzuschüchtern versucht. Es wird dem vorbeugenden Krieg letzten Endes nicht gelingen, dem Terrorismus vorzubeugen; nur die präventive Demokratie ist dazu in der Lage.

ERSTER TEIL

Pax Americana oder Präventivkrieg

I
Adler und Eulen

«Oderint dum metuant» («Sollen sie hassen, solange sie fürchten») Kaiser Caligula

«Der Weg, den diese Nation einschlägt, hängt nicht von den Entscheidungen anderer ab.»
Präsident George W. Bush, 2003[1]

Die Vereinigten Staaten sind heute, im Schatten des Terrorismus, hin und her gerissen zwischen der Versuchung, auf ihr Naturrecht auf Unabhängigkeit (gleich ob diese sich als *splendid isolation* oder als einseitiger Interventionismus äußert) zu pochen, und dem Gebot, neue und experimentelle Formen der internationalen Zusammenarbeit auszuprobieren. Das Verlangen, wieder zur Hegemonialmacht zu werden und sich für unabhängig von der übrigen Welt zu erklären, entspringt einer Hybris, in die sich Angst mischt. Es zielt darauf ab, die Welt zum Schulterschluss mit den USA zu zwingen: «Ihr steht entweder auf unserer Seite oder auf jener der Terroristen!» Nennen wir das Ziel, nach dem dieses Verlangen strebt, eine *Pax Americana,* einen weltweiten Frieden, erzwungen von den Waffen der USA, ein Reich der Furcht, ausgerufen im guten Namen des Rechts, weil es ja, um ein Lieblingsmotto des römischen Kaisers Caligula zu zitieren, gleichgültig ist, ob man uns hasst, solange man uns fürchtet.

Wie die den Frieden erzwingende Hegemonie des Römischen Reiches, die *Pax Romana*, die ihr als Vorbild dient, orientiert sich auch die *Pax Americana* an der Vorstellung eines der Welt durch einseitige Ausübung militärischer Gewalt verordneten Zusammenhalts – mit gerade so viel Zusammenarbeit und völkerrechtlicher Bindung, wie die USA zulassen können, ohne sich in ihrer Entscheidungs- und Handlungsfreiheit beeinträchtigt zu sehen.

Das Postulat, Neues zu wagen und die Kooperation mit anderen Institutionen und Nationen voranzutreiben, mithin eine Alternative zur *Pax Americana* zu suchen, erwächst aus schierem Realismus; es verwirklicht sich in Strategien, die darauf abzielen, die Wiederaufnahme Amerikas in die Weltgemeinschaft zu ermöglichen. Man könnte diese Alternative als *Lex humana* etikettieren, als Orientierung an einem universellen, in der Gleichartigkeit aller Menschen wurzelnden Recht, oder als präventive Demokratie. *Lex humana* arbeitet auf eine globale Gemeinschaft im Rahmen universeller Rechte und Gesetze hin, autorisiert durch eine multilaterale Zusammenarbeit in Politik, Wirtschaft und Kultur – mit nur so viel gemeinschaftlichem militärischen Vorgehen, wie die legitimierten Instanzen der Gemeinschaft es beschließen, sei es im Kongress, in multilateralen Pakten oder durch die Vereinten Nationen.

Während *Pax Americana* die Souveränität der USA behauptet – äußerstenfalls eine Souveränität über den gesamten Planeten –, steht *Lex humana* für den (beispielsweise von Europa angestrebten) Versuch, nationale Souveränitäten nach Maßgabe des Völkerrechts und internationaler Institutionen zusammenzulegen. Ein solcher Versuch gründet in der Einsicht, dass die wachsende Interdependenz die Grenzen einst souveräner Staaten durchlässig gemacht und ihre Machtbefugnisse in zunehmendem Maß ausgehöhlt hat. Nach erfolgreichen Militäraktionen in Afghanistan und im Irak (sowie zuvor in Ex-Jugoslawien) könnte es so aussehen, als sei die *Pax-Americana*-Strategie aufgegangen. Die Geschichte lehrt indes, dass die amerikanische Politik in Zyklen verläuft, und die Interdependenz legt nahe, dass *Lex humana* langfristig die bessere Strategie ist.

Die USA haben in ihrer Geschichte schon beide außenpolitischen Philosophien praktiziert: die Diplomatie zu Pferde (nach dem Muster des «einsamen Reiters», wie ihn am typischsten Theodore Roosevelt verkörperte) und die Mitwirkung im «Konzert der Nationen» unter besonderer Betonung der multilateralen Zusammenarbeit. Spätestens seit dem 11. September 2001 machte die Bush-Administration (ebenso wie die beiden großen Parteien im Kongress und ein beträchtlicher Teil der US-Bevölkerung) den Eindruck, unschlüssig zwischen diesen beiden Ansätzen zu oszillieren. So legte sie zum Beispiel in der Irak-Frage eine schwindelerregende Ambivalenz an den Tag, welche die USA gleichsam montags, mittwochs und freitags als den bösen Aufkündiger des Völkerrechts, des Multilateralismus und der Vereinten Nationen, dagegen dienstags, donnerstags und samstags als deren multilateralistischen Vorkämpfer und Verteidiger erscheinen ließ. Noch wenige Wochen vor Beginn des amerikanischen Krieges gegen den Irak wollten fast zwei Drittel aller Amerikaner einem Krieg nur unter der Bedingung zustimmen, dass er mit Zustimmung der Vereinten Nationen geführt würde. Nach zweiwöchiger Kriegsdauer hielten es zwei Drittel aller Befragten für richtig, den Krieg ohne UN-Mandat zu führen.

Bei all dem missionarischen Eifer, mit dem Präsident Bush seine unilateralistische Linie vertritt, ist nicht zu übersehen, dass das Land, und bis zu einem gewissen Grad auch die Bush-Administration selbst, in zwei antagonistische Lager gespalten ist, die ich nicht als Falken und Tauben charakterisieren möchte, sondern als Adler und Eulen. Der Adler ist ein patriotischer Greifvogel von besonderem Format – in meiner Bildsprache einer, der seine Beute zur Mittagsstunde schlägt, ohne vorher viel zu überlegen. Die Eule ist ebenfalls auf Beute aus, aber sie hat Augen, die auch in einer dämmrigen Schattenwelt noch scharf sehen und selbst bei Nacht weite Räume überblicken können. Wie Hegels berühmte Eule der Minerva fliegt sie in der Abenddämmerung los, wenn sie die Gestalt der Dinge erkennen kann. Zu den Adlern innerhalb der Bush-Administration gehören solche offensichtlichen Vertreter der Kriegspartei wie Vizepräsident Richard Cheney und Verteidigungsminister Donald Rumsfeld, aber auch viele andere, allen voran der stellvertretende Verteidigungsminister Paul Wolfowitz, die graue Eminenz des Pentagon Richard Perle, und der Staatssekretär im Außenministerium John Bolton. Zu den Eulen gehören nicht nur Außenminister Colin Powell, sondern auch die Vereinigten Stabschefs und große Teile des professionellen außenpolitischen Personals, also der Karrierebeamten im Außen- und Wirtschaftsministerium.

Wenn der Präsident auf die zur Vorsicht mahnenden Stimmen der Eulen in seiner Administration hört – wie die von Colin Powell oder solcher «Außen-Eulen» wie General Anthony Zinni oder General Brent Scowcroft –, können sogar die Adler in die Bahn einer multilateralen Zusammenarbeit gezwungen werden. Die Ungeduld liegt ihnen jedoch im Blut. Sie sind fixiert auf das souveräne Recht der unabhängigen Vereinigten Staaten und ihres «auserwählten» Volkes, sich wo immer, wann immer und wie immer gegen Feinde zu verteidigen, die zu definieren und zu identifizieren nur ihm allein zusteht. Weit davon entfernt, sich blind an das Prinzip der Souveränität zu klammern, wissen sie sehr wohl, dass für die Prärogativen der USA die Zeit abläuft, und gerade deshalb versuchen sie, der Welt mit allen ihnen zur Verfügung stehenden Mitteln und in aller Eile die amerikanische Hegemonie aufzuzwingen, unter Einschluss militärischer Drohungen, politischer Morde, vorsorgender und vorbeugender Kriege, zugleich aber auch traditioneller multilateraler Abschreckungs- und Eindämmungstaktiken. Diese Leute wissen, welche Rolle der Faktor Angst in der politischen Öffentlichkeit Amerikas spielen kann, und versuchen, ihn zu einer Waffe für Amerika zu machen.

Der Irak-Krieg ist ein erstrangiges Beispiel für die Militanz der Adler. Ihre neue strategische Doktrin hat jedoch Konsequenzen, die weit über den Fall Irak hinausgehen. Gleich welchen Namen man ihr gibt, die Irak-Strategie war kein einmaliges Abenteuer, kein Ablenkungsmanöver, das die öffentliche Meinung täuschen wollte. Es war keineswegs so, dass wir Saddam von heute auf morgen als unseren Todfeind entdeckten, sei es wegen Erdöl, wegen Israel oder weil unser Präsident seinen Vater hätte rächen wollen oder weil die Republikaner im Hinblick auf die Zwischenwahlen vom Herbst 2002 darauf bauten, dass Säbelrasseln und Krieg die Wähler von der sich verschlechternden Wirtschaftslage ablenken würden. Die Pläne der Regierung Bush in Bezug auf Saddam Hussein (der seine Herrschaft und seine so genannten Massenvernichtungswaffen unter anderem der tatkräftigen Mithilfe früherer US-Regierungen zu verdanken hatte) lagen im Entwurf schon eine ganze Weile vor dem 11. September 2001 vor und erwuchsen aus einer tief wurzelnden und nachhaltigen Neigung, die Welt als einen für Amerika und die Amerikaner gefährlichen Ort wahrzunehmen.[2]

Die neue Strategie kündigt endlose Kriege an: Wo die Einschüchterung (die erste Option der Angst) ihr Ziel verfehlt, kommt es zur Abfolge bewaffneter Interventionen, von Iran und Nordkorea, die zusammen mit Irak zur «Achse des Bösen» erklärt wurden, bis hin zu Ländern, denen zwielichtige Beziehungen zu Terroristen nachgesagt werden, wie Syrien, Somalia, Indonesien und die Philippinen – in letztere entsandten die Vereinigten Staaten im Februar 2003 ein Kontingent von 1000 Mann, darunter 300 kampfbereite Soldaten. Die Strategie sieht vor, dass Gegner der USA unschädlich gemacht werden, wo immer man ihrer habhaft wird, sei es in Ländern mit einer als feindlich empfundenen Regierung oder sei es in befreundeten oder verbündeten Ländern wie Ägypten, Saudi-Arabien oder Pakistan, in denen sich terroristische Vereinigungen aufhalten. Sie sieht Militärschläge – sogar taktische Atomschläge – gegen Atommächte vor, die ein Millionenheer unter Waffen haben, wie Nordkorea.[3] Kurz: Diese perverse Strategie kündigt einen permanenten Krieg an, in dem unwirkliche, aber sichtbare Ziele wie «Schurkenstaaten» an Stelle von wirklichen, aber unsichtbaren terroristischen Feinden bekämpft werden.

Der leidenschaftlichste Befürworter der neuen Doktrin ist weder Vizepräsident Cheney noch Verteidigungsminister Rumsfeld noch irgend einer aus dem rechtesten Flügel der Republikanischen Partei, sondern Präsident Bush selbst, ein Mann, den ein alles andere überstrahlender Glauben daran auszeichnet, dass missionarische Prinzipien und militärische Lösungen wirksame Mittel gegen die Herausforderungen einer globalen Unsicherheit sind. Wie Bush seit dem 11. September 2001 unablässig erklärt hat, definiert sich seine Aufgabe als Präsident fast ausschließlich durch die Notwendigkeit, mit kriegerischen Mitteln die Sicherheit Amerikas in einer gefährlichen Welt zu verteidigen. Er hat diesen «Verteidigungskrieg» als einen Kampf zwischen dem außergewöhnlich tugendhaften Amerika und bösartigen äußeren Feinden beschrieben. Einem unbeteiligten Beobachter mag eine solche Vision und eine solche Sprache selbstgerecht, ja manichäisch erscheinen, innerhalb der Vereinigten Staaten entfaltet sie aber eine erhebliche motivierende Kraft und verleiht Bushs Politik eine kompromisslose Militanz, an der die Weltmeinung wirkungslos abprallt.

In der eine neue Epoche definierenden Rede, die Bush wenige Tage nach dem 11. September in der National Cathedral hielt, sagte er: «Wir sind hier in unserer Trauer vereint. Aber unsere Verantwortung vor der Geschichte ist bereits klar:

Wir haben auf diese Anschläge zu reagieren und die Welt vom Übel zu befreien.» Bob Woodward schildert in seinem halbwegs hagiographischen Büchlein *Bush at War*, wie am Ende der Rede des Präsidenten die Versammelten sich erhoben und die «Battle Hymn of the Republic» absangen. Ob man der Interpretation Woodwards folgt, der Präsident habe «seine Aufgabe und die des Landes in die große Vision von Gottes Gesamtplan» gekleidet[4], oder ob man in seinen Äußerungen lediglich einen neuen Aufguss vertrauter amerikanischer Moralpathetik sehen möchte, Tatsache ist, dass seine religiöse Rhetorik sowohl seine Anhänger als auch seine Gegner elektrisiert hat. Die Formel von der «Achse des Bösen» erwies sich in den Vereinigten Staaten selbst als ebenso produktiv, wie sie im Rest der Welt kontraproduktiv war.[5] Wo andere fürchteten, die USA würden einen unprovozierten Krieg beginnen, sah Präsident Bush eine ganz und gar provozierte, ja zwingend gebotene Kampagne gegen «das Böse», geführt im Namen der Freiheit: «Entweder man glaubt an die Freiheit ... und sorgt sich um die Verfassung der Menschheit, oder man tut es nicht.»[6]

Als CIA-Direktor George Tenet dem Präsidenten erklärte, falls er sich wirklich die Länder vorknöpfen wolle, die Terroristen unterstützten oder beherbergten, stehe er vor einem «Sechzig-Länder-Problem», entgegnete ihm Bush: «Schießen wir sie der Reihe nach ab.»[7] *Pax Americana* schrittweise. Dieser Ansatz ist, wie sich herausgestellt hat, charakteristisch für die Art und Weise, in der die Regierung Bush ihre neue Nationale Sicherheitsdoktrin in die Tat umsetzt; das sollte denen zu denken geben, die glauben, der Irak sei ein besonderer Fall, aus dem sich keine Voraussagen für die nächsten strategischen Schritte der USA ableiten ließen. Tatsächlich lehnte Bush es nur so lange ab, sich in einen neuen Krieg hineinzubegeben, bis der aktuelle Gegner «abgeschossen» war. Obwohl der Irak mit die höchste Priorität genoss, rückte die Obsession, Saddam Hussein stürzen zu müssen, erst ein Jahr nach dem 11. September und eine ganze Weile nach Abschluss des militärischen Kampfes gegen die Taliban an die erste Stelle der Tagesordnung. Während der Irak-Krieg andauerte, wurde das Problem Nordkorea kleingeredet und zur Seite geschoben, selbst um den Preis, dass die amerikanische Politik dadurch einen inkohärenten und heuchlerischen Anstrich bekam. Ungeduldige Adler entwickelten in dieser Phase jedoch bereits Planspiele für Korea und vielleicht auch für Iran und Syrien.[8] Gleichzeitig wurden auch Szenarien für Einsätze an entlegeneren Schauplätzen möglicher Terroristenkriege wie Indonesien oder den Philippinen geschmiedet. «Einen nach dem anderen», war ein Motto, das einer Politik, die auf den ersten Blick wie ein krudes Bündel konkurrierender Initiativen wirken mochte, einen tieferen Zusammenhang verlieh. Es legt die Vermutung nahe, dass der Irak kein Sonderfall war, sondern Teil einer Strategie präventiver Kriege, deren Bezugsrahmen die ganze Welt ist.

Die Adler sind dünkelhafte Unilateralisten, denn ihr selbstgerechter Zorn ist getränkt mit dem Geist eines amerikanischen Ausnahmestatus. Der Glaube an die Einzigartigkeit der Vereinigten Staaten erlaubt es, Aggressivität in Tugend umzudeuten, in der Pose der Unschuld einen rechtschaffenen Krieg zu verkünden und einen strategischen Unilateralismus mit dem souveränen Recht auf Unabhängigkeit zu rationalisieren. Wie Präsident Bush die Welt belehrte: «Entweder man glaubt an die Freiheit ... oder man tut es nicht.»

Die bedächtigeren Eulen, die sich der neuen Interdependenz bewusst sind, beharren demgegenüber darauf, dass heute nicht einmal mehr die mächtigste aller Nationen ihre Sicherheit und ihre Freiheit gewährleisten kann, wenn sie auf eigene Faust vorgeht und sich ausschließlich auf ihre militärische Macht verlässt. Auch die Eulen schätzen den Wert der Souveränität, sind aber überzeugt, dass sie schon lange vor den Attacken des 11. September substanziell ausgehöhlt worden sei. So viel sie von der Anwendung von Gewalt verstehen, so gut wissen sie auch, dass diese im Einklang mit geltendem Recht erfolgen muss, wenn die Ziele, denen sie dient, erreicht werden sollen. Sie erkennen sehr wohl an, welche Macht die Furcht über Menschen ausüben kann, wissen aber, dass diese Macht von terroristischen Kräften ebenso zur Wirkung gebracht werden kann wie von legitimen Regierungen, während der mit demokratischen Mitteln bewerkstelligte Wandel die exklusive Domäne demokratischer Gesellschaften ist. In diesem Sinne setzen sie auf Diplomatie, Zusammenarbeit, Demokratisierung und kollektive Sicherheit nicht aus prinzipieller Friedfertigkeit heraus, sondern weil sie Realisten sind. In den Sitzungen des Kriegskabinetts gebärdete sich Colin Powell nach den Attacken vom 11. September genauso militant wie alle anderen: «Dies ist nicht nur ein Angriff auf Amerika, dies ist ein Angriff auf die Zivilisation», verkündete er. «Dies ist ein langer Krieg, ein Krieg, den wir gewinnen müssen.» Er hatte deswegen jedoch nicht aufgehört, eine Eule zu sein, und setzte eine Mahnung zur Besonnenheit hinzu: «Wir müssen die ganze Welt auf unsere Seite ziehen. Wir müssen erreichen, dass diese Koalition von langer Dauer ist.»[9]

So klug die Eulen zuweilen über die neue Welt der Interdependenz dozieren können, so schwer ist ihre Stimme manchmal zu vernehmen, wenn die patriotischen Adler aus voller Brust das Hohe Lied der souveränen Unabhängigkeit schmettern und einem Regime der Angst, propagiert durch Strategien des «Schockierens und Einschüchterns», das Wort reden. Als Verteidigungsminister Rumsfeld und sein Stellvertreter Paul Wolfowitz für einen Angriff auf den Irak zu trommeln begannen, bevor die militärischen Operationen gegen das Taliban-Regime auch nur die Planungsphase durchlaufen hatten, sagte Powell zum Vorsitzenden der Vereinigten Stabschefs: «Was zum Teufel haben diese Kerle vor? Könnt ihr diese Burschen nicht zurückpfeifen?»[10]

Die den Adlern eigene Ungeduld lässt sie manchmal die Klausel «einen nach dem anderen» ihrer Präventivkriegsdoktrin vergessen. Adler haben scharfe Augen, aber ein begrenztes Gesichtsfeld, und sie lassen sich nicht ohne weiteres von einer Beute ablenken, die sie einmal erspäht haben. Es mag sein, dass auch sie die Interdependenz als Realität anerkennen, doch sehen sie die gegenseitigen Abhängigkeiten mit skeptischen Augen; sie sind nicht mehr jene hart gesottenen Realisten aus den Jahren des Kalten Krieges, denen ein heikles Gleichgewicht des atomaren Schreckens keine andere Wahl ließ, als vorsichtig und geduldig zu sein, eher einzudämmen als zu ächten, lieber Aggressivität durch Abschreckung zu unterbinden, als aggressive Regime zu beseitigen. Sie sind die neuen Idealisten geworden – Idealisten des Unilateralismus, Idealisten des Krieges, durchdrungen von der Überzeugung, die Hegemonie ihres Landes eröffne ihnen die Möglichkeit, rasch und entscheidend zuzuschlagen. Sie sind sich in ihrem romantischen Enthusiasmus absolut sicher, dass es ihnen gelingen wird, die globale Interdependenz durch Akte souveräner Selbstbehauptung niederzuzwingen, globale Komplexität mit nationalistischem Schneid zu übertrumpfen, unfreie Menschen zu befreien, indem man sie mit Bomben gefügig macht, und Männer und Frauen, die Freiheit nie erlebt haben, durch Liquidierung ihrer bisherigen Herrscher zu demokratisieren.

Erstaunlicherweise sind die Eulen – altersweise Vögel, hartgesottene Strategen und misstrauisch gewordene Veteranen – die neuen Realisten. Interdependenz ist für sie nicht so sehr ein Ziel – ein Wunschbild von der Welt –, als eine zum Handeln zwingende Realität, welche die Zusammenarbeit mit anderen im Rahmen des Völkerrechts fordert, weil nur so das Fortbestehen der Interdependenz gesichert werden kann. Sie erstarren nicht in Ehrfurcht vor Angst, weder vor der, die sie selbst verbreiten, noch vor der, mit der sie konfrontiert werden. Sie sind vom Nutzen der Angst weniger überzeugt, als Machiavelli es einst war, vielleicht weil sie verstanden haben, dass Terroristen das Reich der Angst hinter sich gelassen haben und sich in einer Sphäre bewegen, in welcher der Tod dem Leben vorgezogen wird, und in der man es als Ehre und Auszeichnung empfindet, vom Militärapparat der Hegemonialmacht USA ins Jenseits befördert zu werden.

Die Adler, deren Denken vorrangig um die Durchsetzung ihrer Ziele kreist und die aus guten Gründen davon überzeugt sind, dass ein Recht, das nicht durchgesetzt wird, bedeutungslos ist, schätzen eine kraftmeiernde nationale Souveränität höher als multilaterale Zusammenarbeit und das Aushandeln von Abkommen. Sie hoffen, die Unabhängigkeit der USA von den Ansprüchen und Erfordernissen einer interdependenten Welt durch schiere Willensakte bewahren zu können, denen sie durch einschüchternde Machtdemonstrationen Nachdruck verleihen. Als Außenminister Powell zu bedenken gab, die Koalition, die Präsident Bush in seinem Kampf gegen Al Qaida unterstütze, könne auseinanderbrechen, wenn er sein Visier plötzlich auf andere terroristische Gruppen oder auf Staaten wie den Irak richte, entgegnete der Präsident mit aufleuchtenden Adler-Augen, er denke nicht daran, sich von anderen Ländern Vorschriften machen zu lassen: «Es kann sein, dass wir irgendwann als Einzige übrig bleiben. Ich habe nichts dagegen. Wir sind Amerika.»[11] Als er später von seinen Verbündeten bedrängt wurde, für das geplante Vorgehen gegen den Irak eine zweite UN-Resolution zu beantragen, erinnerte er sie daran, dass die USA keine anderen Länder um Erlaubnis zu fragen brauchten, wenn es darum gehe, sich zu verteidigen. Bezeichnenderweise meinte ein (namentlich nicht genannter) Mitarbeiter der Bush-Regierung zu dem gerade den Vereinten Nationen vorgelegten Bericht der irakischen Regierung über ihr Rüstungsprogramm, die USA würden sich durch diesen Bericht oder durch die Reaktion der UN auf ihn nicht die Hände binden lassen; das Irak-Problem werde nicht in einem Gerichtssaal gelöst werden, erklärte er. «Es ist eine Angelegenheit der nationalen Sicherheit.»[12]

Die Eulen fürchten, mit der Fixierung auf die Durchsetzung von Recht werde das Recht selbst unterminiert, dem doch eigentlich Geltung verschafft werden soll. Ähnlich wie ein übereifriger Polizist in einem großstädtischen Problemgebiet das Recht, in dessen Namen er seinen Knüppel schwingt, untergraben kann, wird eine maßlose Zurschaustellung militärischer Überlegenheit durch die USA genau jenes Recht, in dessen Namen die militärischen Machtmittel eingesetzt werden, in seiner Substanz aufzehren. Das irakische Nationalmuseum fiel weder Saddam zum Opfer noch dem Krieg, der zu seinem Sturz diente, sondern der Anarchie, die den Krieg auf dem Weg – vielleicht hin zur Demokratie – begleitete. Angst ist ein großer Motivator, ihre Auswirkungen jedoch sind meistens negativ. So schrieb Edmund Burke über die terroristischen Strafmaßnahmen, mit denen die Jakobiner nach 1789 den Menschen ihre Religion der Vernunft aufzuzwingen versuchten: «In den Bogengängen ihrer Akademie, am Ende eines jeden ihrer Prospekte, ist nichts weiter zu sehen – als der Galgen.»[13] Die mit der Guillotine durchgesetzte Revolution erwies sich als schlechtes Substitut für eine Demokratie.

Die Eulen würden lieber auf ein kraftvolles globales Völkerrecht zurückgreifen, abgesichert durch Kooperation, globale Regierungsgewalt und kollektive Sicherheitsmaßnahmen, als auf einseitige militärische Machtworte der USA. Bob Woodward hat sich «vorgestellt» (das gehört zu seiner journalistischen Methode), was in Powells Kopf vorging, nachdem Bush ihm eröffnet hatte, notfalls alleine loszuschlagen. «Ein Alleingang war genau das, was er möglichst vermeiden wollte», spekuliert Woodward. «Ohne Partner würden die Vereinigten Staaten keinen erfolgreichen Krieg in Afghanistan starten können, und schon gar nicht einen weltweiten ... Starke Worte mochten notwendig sein, aber man durfte sie nicht mit Politik verwechseln.»[14] Angst kann Leute zum Schweigen bringen, vielleicht sogar zur Unterwerfung; dauerhafte Sicherheit erzeugt sie selten.

Weder Adlern noch Eulen fehlt es an Überzeugung, und beide verfügen über zwingende Argumente. Innerhalb der Bush-Administration finden sich sowohl die einen als auch die anderen, und sie haben ein Maß an Zusammenarbeit zustande gebracht, das zu etlichen bemerkenswerten Erfolgen geführt und etwas Selbstverständliches sichtbar gemacht hat: Macht und Recht brauchen einander, wenn demokratische Entwicklungen gesichert werden sollen. Lässt man die Adler jedoch gewähren (worauf sie letzten Endes hinarbeiten), wird es gefährlich. Ihre idealistische Hybris verstärkt ihre Fehlleistungen zu Katastrophen. Die Doktrin des präventiven Krieges, ihre originäre Strategie, trägt, obwohl sie nur kühne Siege von kurzer Dauer errungen hat, das Potenzial zu katastrophalen Weiterungen in sich, nicht nur für die Welt, sondern auch für die Vereinigten Staaten selbst.

Die Eulen haben Recht, wenn auch nur dank ihres neuen Realismus, eines Realismus, der anerkennt, dass die Geschichte nie wieder auf der Seite der USA sein kann, solange sich die USA nicht auf die Seite der Interdependenz stellen. Niemand sollte glauben, das Gesetz komme ohne Exekutive aus, oder Führung sei ohne Autorität möglich. Die entscheidenden politischen Differenzen entzünden sich letzten Endes an der Frage, ob die Macht sich dem Gesetz unterordnet und sich an ihm orientiert oder ob sie lediglich darauf ausgeht, zu unterwerfen, zu befrieden und zu beherrschen. Im Rahmen der Präventivkriegsdoktrin tut sie letzteres, und ich möchte sogar die These wagen – die noch keine der Eulen aus der Bush-Administration explizit artikuliert hat –, dass der Präventivkrieg mit einer realistischen und wirksamen nationalen Sicherheitspolitik seinem Wesen nach unvereinbar ist.

Die Adler haben ein zwingendes Argument: Die nie vorher da gewesene globale Hegemonie der USA im militärischen, wirtschaftlichen und kulturellen Bereich bedeutet, dass eine Welt ohne die Vereinigten Staaten weder vorstellbar noch wünschbar ist: Ohne die USA gibt es keinen Wohlstand für die Armen, kein Völkerrecht für die Gemeinschaft der Nationen, keine Gerechtigkeit für die Völker der Welt, keinen Frieden für die Menschheit. Das zwingende Argument der Eulen ist, dass jegliche amerikanische Hegemonie immer wieder von der unentrinnbaren Realität der Interdependenz in Frage gestellt wird, einer Realität, in der angesichts der Globalisierung selbst die mächtigsten und am wenigsten abhängigen Staaten verwundbar sind. Anders gesagt: Im Prozess der Internationalisierung der Arbeitsplätze, der Produktion, des finanziellen Kapitals und des Konsums, und in Folge des transnationalen Charakters von Gesundheitsrisiken wie AIDS oder SARS, transregionaler ökologischer Bedrohungen wie der Erwärmung des Weltklimas und der drohenden Ausrottung von Arten, schließlich der Globalisierung der Informationstechnik und der Ausbreitung «privater» terroristischer und krimineller Systeme kann es keine Unabhängigkeit für wen auch immer geben. Was wiederum bedeutet, dass man sich kein lebenswertes Amerika ohne die Welt vorstellen kann, keine Sicherheit an Leib und Leben für die amerikanische Zivilbevölkerung, keine Rechtssicherheit für amerikanische Investoren, keine Freiheit für amerikanische Staatsbürger ohne Sicherheit und Freiheit für alle Menschen.

2
Der Mythos der Unabhängigkeit

«Als gesegnetes Land sind wir dazu berufen, die Welt besser zu machen.» Präsident Georges W. Bush 2003[1]

«Ich habe nie einen Menschen gekannt, der bessere Beweggründe für all das Unheil gehabt hätte, das er anrichtete.»
Graham Greene, *The Quiet American*

Ein Volk schafft sich seine Vergangenheit in nicht geringerem Maß als seine Zukunft. Die Mythen, die unsere Ursprünge als Nation beschreiben, mögen eine faktische Basis in der Geschichte haben, aber die Geschichtsschreibung selbst hat eine «fabulistische» Facette, deren Sinn und Zweck es ist, Wurzeln zu erfinden.[2] Seit ihrer Gründung haben sich die Vereinigten Staaten stets für einzigartig gehalten und daher auch für erhaben über die Gesetze, die das Zusammenleben und die Geschicke anderer Nationen steuern. Schon James Madison verkündete, Demokratien hätten sich zwar in der Vergangenheit stets als «Spektakel der Turbulenz und des Gezänks erwiesen», seien stets «unvereinbar mit persönlicher Sicherheit oder mit dem Recht auf Privateigentum» gewesen, aber jetzt eröffne das amerikanische Experiment des Republikanismus «eine andere Aussicht und verheißt uns das Heil, nach dem wir suchen».[3] Thomas Jefferson, der sich mit dem Erwerb von «Louisiana» (des gesamten Territoriums westlich des Mississippi) und mit der Entsendung der Lewis-und-Clark-Expedition als Architekt des kontinentalen Großstaats USA verewigte, schrieb, die amerikanische Erfahrung habe «einen erneuten Beweis für die Unrichtigkeit der Lehre Montesquieus geliefert, eine Republik lasse sich nur auf einem kleinen Territorium am Leben erhalten.

Das Gegenteil ist wahr. Hätte unser Staatsgebiet nur ein Drittel seiner jetzigen Größe gehabt, wären wir untergegangen.»[4] Die Neuartigkeit der Vereinigten Staaten war es, die das Land für Alexis de Tocqueville zu einem so faszinierenden Thema machte; er bescheinigte der jungen Nation, dass ihre «Erfindungskraft unbegrenzt» sei, sich entfalte und «ins Maßlose» wachse.[5]

Die Amerikaner sind nicht die Einzigen, die sich selbst für einzigartig halten: Die Schweizer sprechen vom «Sonderfall Schweiz», und die Franzosen fühlten sich lange Zeit als Träger einer ganz besonderen zivilisatorischen Mission («mission civilisatrice»), die mit ihrer besonderen Hingabe an die Werte Freiheit, Gleichheit und Brüderlichkeit zu tun habe (von der sie sich bis heute etwas bewahrt haben). Seit dem antiken Athen und dem China der klassischen Kaiserzeit hat es immer wieder Gesellschaften gegeben, die sich für einzigartig hielten und dies dadurch hervorhoben, dass sie alle anderen als «Barbaren» bezeichneten. Noch nie freilich hat sich eine Nation in ihrer Politik und ihrem Auftreten so entschieden zu ihren exzeptionalistischen Mythen bekannt wie die Vereinigten Staaten, und keine hat je den Exzeptionalismus so in den Mittelpunkt ihres nationalen Lebens und ihrer Außenpolitik gestellt. Unter den exzeptionalistischen Mythen, welche die amerikanische Fantasie beflügeln, ist der Mythos der Unschuld der vielleicht dominierende – unterstützt von der Ideologie der Unabhängigkeit.

Herman Melville hat diese Mythen auf exemplarische Weise durchleuchtet, aber sie werden auch sichtbar in den Schriften von Walt Whitman und Henry James, die nach Melville kamen, und im Denken und Handeln der Puritaner und der amerikanischen Gründerväter, die ihm vorausgegangen waren.[6] Zum Zeitpunkt seiner Erschaffung galt Amerika den Europäern bereits als ein «zweites Eden», als ein «neues Land», das sich ein «auserwähltes Volk» heranziehen würde. Tom Paine hat den Mythos vom unschuldigen

Neubeginn als Voraussetzung für eine Revolution benannt, die nicht nach vorne schaue, sondern zurück auf die uralten Rechte und Freiheiten der Engländer, die es gelte, wieder zu erlangen. Wenn Amerika, wie Paine es ausdrückte, ein Ort war, an dem man «die Welt noch einmal von vorn beginnen lassen» konnte, dann durften die Amerikaner sich berechtigt fühlen, ebenfalls zurückzublicken, als befände man sich «am Anfang der Zeit».[7] Die von Jefferson verfasste Unabhängigkeitserklärung berief sich auf Menschenrechte, die tiefer reichten und weiter zurückgingen als politische Verbriefungen jedweder Art, Rechte, die den gewaltsamen Sturz eines seine Macht missbrauchenden Regimes legitimierten und jedem Volk der Erde den Anspruch zuerkannten, «unter den Mächten der Erde den selbständigen und gleichberechtigten Rang einzunehmen, zu dem Naturrecht und göttliches Gesetz es berechtigten». Die Legitimität als solche verknüpfte sich in Amerika mit dem Begriff der Unschuld, während die Illegitimität von Anfang an als Frucht politischer Fehlentwicklung und Korruption, von Machtmissbrauch und Rechteverweigerung galt. Legitimität war überall dort zu finden, wo Menschen ihre unverdorbene und natürliche Pflicht zur Beseitigung missbräuchlicher Regierungen erfüllten und «neue Wächter für ihre künftige Sicherheit» bestellten.

In der Epoche der Aufklärung erschien Amerika vielen Europäern als Zuflucht vor dem geschichtlichen Ballast, den Europa mit sich herumschleppte. Angesichts des europäischen Fortsetzungsromans aus Intoleranz, Religionskriegen, Verfolgung und Brudermord hatte Voltaire erklärt, die Geschichte sei nicht viel mehr als eine Dokumentation menschlicher Irrtümer und Torheiten. Wie anders schien Amerika zu sein: ein scheinbar menschenleerer Kontinent (da die «Indianer» in der Wahrnehmung Europas nicht existierten, allenfalls als Teil der Flora und Fauna Amerikas), eine *tabula rasa* im wahrsten Wortsinn, ein leeres Blatt, das neue Menschen mit einer neuen Geschichte beschreiben konnten.

Dieses jungfräuliche Amerika muss John Locke im Hinterkopf gehabt haben, als er seine zweite Abhandlung *Über die Regierung* abfasste. In ihr empfahl er jenen, die mit den Zwängen eines repressiven Gesellschaftsvertrags unzufrieden waren, für den Fall, dass eine revolutionäre Umwälzung nicht möglich sei, die «leeren Plätze» («loci vacui») der Welt anzusteuern und dort eine neue Gesellschaft aufzubauen. Crèvecœurs viel gelesene und zurecht berühmten *Briefe eines amerikanischen Farmers*, geschrieben in der Periode zwischen der Amerikanischen Revolution und der Verabschiedung der Verfassung, porträtierten den Amerikaner verheißungsvoll als einen «neuen Menschen» und das Land selbst als eine «große Zufluchtsstätte, die in der Art eines Jungbrunnens alles regenerierte und neu machte: neue Gesetze, eine neue Art zu leben, ein neues Gesellschaftssystem».[8] Schon daraus hätte sich ablesen lassen, mit welcher Hybris eine Nation, die sich unter solchen Vorzeichen aus der Taufe hob, eines Tages der Außenwelt gegenübertreten würde. Allerdings ist auch bei Crèvecœur schon ein Hinweis auf die den USA gleichsam angeborene Bindung an das rechtsstaatliche Prinzip zu finden: Auf die selbstgestellte Frage, welche Macht eine so «überraschende Metamorphose» bewirkt haben mochte, gab er die Antwort: «die [Macht] des Rechts».

Während die politischen Leidenschaften der Europäer, vor denen die Gründer der USA das Weite gesucht hatten, von Religion durchtränkt waren, bezog die stolze neue Zivilreligion Amerikas ihre Nahrung aus dem Busen einer geschriebenen Verfassung, in der die unveränderlichen Gesetze und Gebote der Natur niedergelegt waren. Der amerikanische Patriotismus bezog seine Kraft nicht aus Blut, sondern aus Ideen, nicht aus Volkszugehörigkeit, sondern aus dem Gesetz, nicht aus verbriefter Verwurzelung, sondern aus freiwilliger Zugehörigkeit zum Gemeinwesen, nicht aus konfessioneller Orthodoxie, sondern aus dem Glauben an die

Verfassung. Auch wenn Madison in seinen *Federalist Papers* den Hauptakzent auf das politische Interessenspiel legte, begann die Außenpolitik der Vereinigten Staaten mit der Prämisse amerikanischer Tugendhaftigkeit und, daraus folgend, mit dem Gebot, sich aus «verstrickenden ausländischen Allianzen» (Washington) herauszuhalten und die amerikanische Hemisphäre von jeder Vereinnahmung durch fremde Mächte abzuschotten (eine Position, die sich später zur Monroe-Doktrin verfestigte).

Ob im Namen von Interessen oder im Namen der Tugend, die Neuartigkeit des amerikanischen Experiments bewog Madison zu der Einsicht, dass für ein Land, das keinem derjenigen glich, auf die die traditionellen politischen und staatsrechtlichen Theorien Europas zutreffen mochten, nur eine auf einer neuen, gleichsam experimentellen wissenschaftlichen Grundlage fußende Verfassung in Frage kam. Alexis de Tocqueville identifizierte die von Präsident Jackson geprägte Republik, die er zu Beginn der 1830er Jahre bereiste, als ein völlig neues Kapitel in der noch jungen Geschichte der Demokratie. Die amerikanische Mythologie verband damals einen hohen Respekt vor dem geschriebenen Recht mit unverbrauchter Energie und unverbildeter Naivität. Was dabei herauskam, war die Vision einer *Lex humana*, frisch und genießbar gemacht durch das, was die Amerikaner selbst als die naturgegebene Unschuld ihres Anspruchs auf eine rechtlich garantierte Freiheit betrachteten. Es war, als ob die hypothetische Unschuld des von Rousseau postulierten Naturzustandes unmittelbar in das Gründungsmanifest der Vereinigten Staaten eingeflossen wäre. Auch noch nach den blutigen Lektionen eines furchtbaren Bürgerkrieges gehörte die Unschuld zu den anrührendsten Motiven im Werk von Walt Whitman. Unbeeindruckt von der Sklaverei und vom Kampf gegen sie, hielt Amerika weiterhin an der leuchtenden Idee seiner tugendhaften Unschuld fest, geradewegs durch das Goldene Zeitalter hindurch und in ein neues Jahrhundert hinein, an dessen Beginn Henry James über die anhaltende törichte Naivität amerikanischer «Unschuldiger im Ausland» nachsann und sich an den Abenteuern solcher Figuren wie der so erfrischend naiven Daisy Miller weidete.

Wie sollte sich eine so frische und unschuldige Nation außenpolitisch verhalten? Wie sollte sie sich in einer Weltgemeinschaft behaupten, deren Mitglieder bis zum Hals in Untaten und Torheiten steckten? Das waren Fragen, die Amerikas andere Prädisposition, seine Neigung zu Pragmatismus und Anpassung, auf den Plan riefen, welche die amerikanische Außenpolitik ebenfalls prägte und sie vielleicht vor einigen weniger glücklichen Konsequenzen aus dem amerikanischen Mythos bewahrte. Diese Fragen schürften tief genug, um amerikanische Literaten ebenso zu beschäftigen wie amerikanische Staatsmänner, und keinen mehr als Herman Melville. Der stotternde Vortoppmann in Melvilles Novelle *Billy Budd* lieferte ein ambivalentes Beispiel hierfür.[3] Er ähnelte so sehr dem jungen Amerika: ein Findling, ein glücklicher Analphabet, dem es vollständig an der «Klugheit der Schlange» mangelte. Wenn Amerika ein neues Eden war, der schmutzigen Vergangenheit Europas abgerungen, dann verkörperte Billy die Verheißung eines zu diesem neuen Eden passenden Adam, «wenig mehr als eine Art aufrechter Barbar, vielleicht so einer, wie Adam wohl gewesen sein könnte, ehe die weltgewandte Schlange seine Gesellschaft suchte». In dem seinem Peiniger Claggart gegenüberstehenden Billy Budd konnte man Amerika wiedererkennen, bedrängt von Europa, dem seine Gründer den Rücken gekehrt hatten, gleich «einem jungen Pferd, das frisch von der Weide kommt [und] auf einmal den abscheulichen Geruch von einer chemischen Fabrik einatmet». Billy endet freilich als Opfer seiner enragierten Unschuld, indem nämlich der unbeherrschte Schlag, zu dem er im Namen der guten Absicht ausholt, ihn selbst zum Tod durch Hinrichtung verurteilt.

Die Außenpolitik eines Staates verlangt mehr als das zornige Aufbegehren der Geknechteten.

Was in *Billy Budd* nur angedeutet war, wurde in Melvilles Novelle *Benito Cereno* expliziert. Der amerikanische Protagonist der Geschichte ist Amasa Delano, Kapitän eines Walfängers. Seine Konfrontation mit ruchlosen Ausländern auf einem Schiff der Verlogenheit, das nicht nur eine «Sklavenmühle» ist, sondern auch noch von einer gerechten, aber hässliche Züge annehmenden Meuterei erschüttert wird, hallt von amerikanischer Frömmigkeit wider: Er beklagt das Nichterkennen des Edelmütigen in der Auseinandersetzung mit dem abgrundtief Bösen. Obwohl Kapitän Delano ein sehr viel nachdenklicherer und beherrschterer Mensch ist als Billy Budd, verkörpert er in noch stärkerem Maß eine amerikanische Unschuld, die dem Bösen mit einer Unbedarftheit gegenübertritt, die den Eindruck erweckt, die Sklaverei ebenso bewusstlos hinzunehmen wie den Aufstand gegen sie.[10]

Was an dieser speziellen Blindheit des Kapitäns Delano gegenüber dem Bösen bemerkenswert erscheint – auch wenn Melville es nicht ausdrücklich anspricht –, ist zum einen seine Unfähigkeit, die Meuterei, die auf dem Sklavenschiff des Don Benito stattgefunden hat, als solche zu erkennen, und zum anderen seine Unfähigkeit, die moralische Verwerflichkeit der Sklaverei selbst zu erfassen. Wie verheerend musste seine Reaktion auf diejenigen wirken, die genug von der menschlichen Psyche wussten, um sowohl das Bedürfnis, sich in Abhängigkeit zu begeben, als auch den Impuls, sich aus ihr zu befreien, verstehen zu können; verheerend vielleicht in einem ähnlichen Sinn wie heute große Teile der Dritten Welt auf den selbstgerechten Anspruch der Amerikaner reagieren, neben der staatlich organisierten Überlegenheit auch die moralische Rechtschaffenheit zu verkörpern; oder wie Alden Pyle in Graham Greenes *Quiet American* auf die Vietnamesen wirkt, deren Befreiung sowohl von der französischen Kultur als auch von ihrer eigenen er so traumtänzerisch plant.

Was den selbstbewussten Kapitän Delano aufbringt, ist viel mehr die Meuterei der Sklaven als ihr entrechteter und unwürdiger Status, der diese menschliche Fracht für ein Sklavendasein in der Neuen Welt bestimmt. Melville vergibt dem Yankee-Kapitän (anders als die Sklaven an Bord des Schiffes, die dazu wahrscheinlich nicht fähig sind), dass er, konfrontiert mit «Machenschaften und Vorspiegelungen», die er nicht durchschaut, nicht in der Lage ist, «das Betragen eines anderen [...], ohne mit den Hintergründen seiner Lage vertraut zu sein», zu beurteilen. Damit sind weniger die moralischen Abgründe der Meuterei gemeint als die der Sklaverei an sich, Abgründe, deren Unfassbarkeit für die amerikanische Vorstellungskraft – bis Lincoln in seiner Gettysburger Rede die Maßstäbe zurechtrückte – es den Amerikanern ermöglichte, den Bürgerkrieg unheilvoller zu finden als die Sklaverei, die ihm zugrunde lag. In ähnlicher Weise scheint Kapitän Delano die Meuterei der Sklaven verwerflicher zu finden als ihre Unfreiheit, auch wenn er intuitiv begreift, dass zwischen beiden ein Zusammenhang besteht. Nicht zum letzten Mal exponiert Melville so jene verhängnisvolle Doppelmoral, die es den Amerikanern erlaubt, mit großer Überheblichkeit eine vermeintliche Tugend zu feiern, hinter der sich de facto moralische Blindheit verbirgt und die anderen wie Zynismus, wenn nicht gar Bösartigkeit, erscheint.

Kapitän Delano wird zum perfekten Emblem amerikanischer Unschuld: zum unschuldigen Heuchler, blind nicht nur für die althergebrachte Korruption in fernen Ländern, die unter der Last einer despotischen Vergangenheit dahintaumeln, sondern auch für die Übelstände im Herzen Amerikas – denn für den amerikanischen Sklavenmarkt ist die Ladung des gekaperten Schiffes bestimmt. Sicher ist er sich nur, dass das Böse ausländischen, die Tugend hingegen amerikanischen Ursprungs ist. Für Delano geht es beim Kampf um die

Sicherung der Segnungen der Freiheit nicht darum, sich selbst zu läutern, sondern äußere Feinde abzuwehren.

Der Mythos der Unschuld, wie Melville ihn illustriert hat, ist erhalten geblieben durch das gesamte 20. Jahrhundert hindurch und weiter bis ins neue Jahrtausend hinein. Er ist auch in die neue Präventivkriegs-Doktrin der Bush-Administration eingeflossen, und er hilft sie zu erklären. Über weite Teile des 19. Jahrhunderts hinweg und im ersten Drittel des 20. Jahrhunderts leistete dieser Mythos einer isolationistischen Außenpolitik Vorschub, und die Welt erlebte ein Amerika, das unwillig war, sich in die korrupten Kriege der Europäer einzumischen, bis es sich schließlich dazu gezwungen sah – zögerlich im Ersten Weltkrieg und nur unter dem Eindruck eines heimtückischen feindlichen Überraschungsangriffs im Zweiten.[11] Hinter diesem Isolationismus verbarg und verbirgt sich freilich mehr als bloß Chauvinismus oder engstirniges Eigeninteresse. Er verkörperte die Überzeugung, Amerika müsse sich, um sauber zu bleiben, aus außenpolitischen Verstrickungen heraushalten; es dürfe in seiner Außenpolitik nicht profanen Interessen gehorchen, wie die europäischen Staaten es vermeintlich seit jeher hielten, sondern müsse sie in den Dienst ur-amerikanischer Werte wie Demokratie, Freiheit und Frömmigkeit stellen.

In seinem klassischen Essay «Politik als Beruf» zeichnete der bedeutende deutsche Soziologe Max Weber ein wenig tröstliches Bild der wirklichen Welt der Politik: Es sei altbekannt, schrieb er, «dass die Welt von Dämonen regiert [werde] und dass, wer mit der Politik, das heißt: mit Macht und Gewaltsamkeit als Mitteln, sich einlässt, mit diabolischen Mächten einen Pakt schließt». Die Amerikaner, die in einem «zweiten Garten Eden» zu leben glaubten, schienen tatsächlich davon überzeugt zu sein, das einzige Mittel, sich dem Terror dieser teuflischen Mächte zu entziehen bestehe darin, sich gegen die Außenwelt abzuschotten, sich von ihrer kompromittierenden, blutgetränkten Politik fernzuhalten. Solange diese unverwüstlichen Mythen der Unabhängigkeit und Unschuld mit den geopolitischen Gegebenheiten und mit den besonderen Interessen Europas und Amerikas in Einklang standen, leisteten sie dem Wachstum und der Entwicklung der Vereinigten Staaten mehrere Jahrhunderte lang gute Dienste.

Heute jedoch, in einer Welt, in der die Meere zu Tümpeln und die Grenzen einstmals souveräner Staaten zu archaischen Linien auf alten Landkarten geworden sind, widerspricht die täglich erfahrbare Wirklichkeit der Interdependenz überall der Vorstellung einer souveränen Autonomie. Die Realität verlangt Rücksichtnahme auf die Ansprüche vor anderen. Sie überführt das obsessive Beharren auf Frömmigkeit und Tugend unter der Fahne souveräner Unabhängigkeit nicht nur als irrelevant, sondern untergräbt die Notwendigkeit und die Fähigkeit, harte Entscheidungen zwischen zwei miteinander konkurrierenden Übeln zu treffen. Wir erleben eine Paradoxie: Gerade das sich selbst für unschuldig und harmlos haltende Amerika setzt die Welt und sich selbst schweren Gefahren aus – entweder, indem es meint, sich vor dem Rest der Welt ängstlich in Sicherheit bringen zu müssen, oder indem es dem Wahn folgt, die Welt zu verändern und sie einer bedrohlichen Hegemonie zu unterwerfen. Das ist vielleicht der Grund dafür, dass die hartnäckigsten Kritiker Amerikas heute in Europa sitzen, dem Kontinent, der die Lektionen der Interdependenz auf die harte Tour gelernt hat, in zwei Weltkriegen, die nicht nur der nationalistischen Hybris der europäischen Mächte ein Ende setzten, sondern auch ihrer so hoch geschätzten Souveränität. Robert Kagan vertritt die These, Europa widersetze sich dem Blankziehen des mächtigen amerikanischen Schwerts, weil es seine Willensstärke und Courage eingebüßt habe und sich in der Rolle einer törichten (femininen) Venus gegenüber Amerikas auftrumpfendem Mars gefalle.[12] Tom Friedman von der *New York Times* ist der zur Vorsicht mahnenden lästigen Stimme Europas, die er lange Zeit genervten Amerikanern verdolmetscht hat, neuerdings offenbar überdrüssig geworden und schlägt jetzt in dieselbe Kerbe wie Kagan, indem er auf die «gähnende Machtlücke» verweist, die Europa von Amerika trenne und die «Ressentiments, Unsicherheiten und Meinungsverschiedenheiten aller Art» darüber produziere, «wie eine legitime Ausübung von Gewalt zu definieren ist».[13] Nun wird die Charakterisierung Deutschlands als schwach und friedliebend den meisten Kennern der europäischen Geschichte als das denkbar höchste Kompliment erscheinen, das man den Deutschen machen kann. Viel wichtiger ist aber: Deutschland und die anderen europäischen Länder haben auf die denkbar schmerzlichste Weise gelernt, dass Krieg niemals zu kollektiver Sicherheit führt und dass hochtrabende Hegemonen, selbst wenn sie Frieden und Tugend predigen – ja vielleicht *gerade* wenn sie das tun –, immer Gefahr laufen, selbst zur größten Gefahr für den Frieden zu werden. So gesehen kann es nicht überraschen, dass in einer Umfrage, die die Zeitschrift *Time* im Januar 2003 (ohne jeden wissenschaftlichen Anspruch) durchführte und bei der die Frage gestellt wurde, von welchen Ländern die größte Gefahr für den Frieden ausgehe, zwischen 7 und 8 Prozent der Befragten den Irak und Nordkorea nannten, während die Vereinigten Staaten erstaunliche 80 Prozent der Stimmen erhielten.[14]

Das Bewusstsein der Amerikaner, ein Ausnahmefall zu sein, hat ihrer Außenpolitik von Anfang an einen idealistischen Charakter verliehen. Kritiker wie der Politologe Hans Morgenthau und Praktiker wie George Kennan oder Henry Kissinger haben unzählige Male darauf hingewiesen, dass dieser Idealismus der problematischste Aspekt der amerikanischen Außenpolitik gewesen ist. Trotz aller Kritik von Seiten der Realpolitiker hat sich Amerika stets den festen Glauben an seine Einzigartigkeit bewahrt, und kaum ein US-Präsident hat der Versuchung widerstanden, seine außenpolitischen Strategien, sei es in Kriegs- oder Friedenszeiten, durch den öffentlichkeitswirksamen Appell an die amerikanischen Tugenden zu legitimieren. Diejenigen, die in jüngster Zeit die religiöse Orientierung von Präsident Bush und seine «wiedergeborenen» Überzeugungen kritisieren, scheinen diese Tradition exzeptionalistischen Denkens übersehen zu haben.[15]

Seit ihren ersten militärischen Abenteuern in Mexiko (noch vor dem Bürgerkrieg), gegen die Abraham Lincoln sich als Kongressabgeordneter wandte und in denen manche Republikaner ein Komplott der Südstaaten-Demokraten zur Ausweitung der Sklaverei witterten, haben die Amerikaner es immer wieder verstanden, Interventionen, die sich nicht als Akte der Selbstverteidigung darstellen ließen und die in den Augen realistischer Beobachter von Eigeninteresse und Ehrgeiz gesteuert waren, mit «idealistischen» Beweggründen zu rechtfertigen. Das war so bei der Besetzung Kubas (1898) und dem sich daraus ergebenden, von den Vereinigten Staaten geleiteten Feldzug für die «Befreiung» der Philippinen von der Herrschaft Spaniens (1898), in Haiti (1915), bei der erneuten Intervention in Mexiko (1915), in der Dominikanischen Republik (1916 und noch einmal 1965), in Vietnam und auf Grenada (1983). Die Begründungen entsprangen dem Bewusstsein der amerikanischen Sonderrolle – seiner Tugendhaftigkeit, seiner Entschlossenheit, den Aktionsradius der Freiheit zu vergrößern, den eigenen Handelspartnern die freie Marktwirtschaft nahe zu bringen und die Demokratie in die ganze weite Welt zu tragen.

William James betrachtete die aus dem Bewusstsein der amerikanischen Sonderrolle resultierenden Ansprüche als einen schweren, wenn auch nicht unbedingt verhängnisvollen Fall von Heuchelei: «Wir hatten uns (in all unserer Rohheit und Barbarei) allen anderen Nationen moralisch überlegen gedünkt, sicher im Innern und ohne den alten primitiven Ehrgeiz, dazu bestimmt, einzig durch Geltendmachung unseres ‹moralischen Gewichts› großen internationalen Einfluss auszuüben ... Träume! Die menschliche Natur ist überall dieselbe; und bei der geringsten Versuchung wallen all die alten militärischen Leidenschaften empor und fegen alles hinweg.»[16]

Die Bezugnahme auf den per definitionem guten Willen Amerikas und seine vorgegebene Unschuld entzieht seine Motive nicht nur der Sphäre des Interesses, sondern jeglicher kritischen Überprüfung. Die Begründungen gleichen sich immer wieder in ihrer wohlfeilen Berufung auf tugendhafte Ziele. «Wir sind nach Mexiko hinuntergegangen», verkündete Präsident Wilson, «um es sicher für die Demokratie zu machen.» Für den Ersten Weltkrieg und den Völkerbund gab er genau dieselbe Parole aus. Von diesem Prototyp des modernen Kriegs glaubte man bezeichnenderweise, er sei der Krieg, der allem Krieg ein Ende setzen werde. Der Zweite Weltkrieg war die Rache für Pearl Harbor und befreite Europa und Asien von der Herrschaft einer früheren und mächtigeren «Achse des Bösen». In den Vietnamkrieg verwickelte sich Amerika, weil sich die Präsidenten Kennedy, Johnson und Nixon darin einig waren, dass Vietnam ein Dominostein des Westens in Südostasien war, der, falls er fiele, benachbarte Länder mit zu Fall bringen und dem totalitären Kommunismus den Weg zum Triumph ebnen würde. (Als Begründung für eine militärische Intervention war das Bild von den fallenden Dominosteinen eine unmittelbare Vorstufe der Präventivkriegsdoktrin.) Der Kalte Krieg war ein langfristig angelegter Behauptungskampf gegen ein «Reich des Bösen».

Wie amerikanische Realisten, sehen auch ausländische Skeptiker hinter jedem idealistischen Bekenntnis, jeder Berufung auf die göttliche Vorsehung ein verdecktes Interesse: in der Monroe-Doktrin («Europa hat in unserem Hinterhof nichts zu suchen!») einen Deckmantel für ein die westliche

Hemisphäre umfassendes amerikanisches Imperium, im Isolationismus («keine Verstrickung in ausländische Allianzen!») den Wunsch, sich die hohen Kosten zu ersparen, die für Verpflichtungen und Abkommen zu entrichten sind, im «demokratischen Interventionismus», wie er unter den Präsidenten McKinley und Theodore Roosevelt[17] zur Begründung sowohl der amerikanischen Vorstöße und Annexionen in der Karibik und im Pazifik als auch des Engagements von Präsident Wilson in Mexiko und Europa diente, ein Alibi für die Verfolgung weltumspannender Ziele. In den Augen der meisten, an ihre Besonderheit glaubenden Amerikaner waren diese Doktrinen – ob sie nun auf eine in sich gekehrte «Festung Amerika» hinausliefen oder auf ein aggressives Amerika, das die Welt in den Schwitzkasten nahm – Ausdruck der nationalen Tugend und rechtfertigten sich allein schon aus der grundlegenden «Anständigkeit» Amerikas und aus seinem Engagement für die liberale Demokratie heraus. Im Zug der Kampagne, mit der Präsident Bush versuchte, sowohl die US-Öffentlichkeit als auch die Vereinten Nationen auf den Krieg gegen den Irak einzustimmen, erinnerte er alle, die ihm zuhören wollten, daran, dass «Amerika die größte Nation auf … der Erde ist, bevölkert von den anständigsten Menschen».[18]

Das Schwelgen in Moral befriedigt vornehmlich die exzeptionalistischen Wunschvorstellungen der Amerikaner. So erntete Präsident Bush kaum Kritik dafür, dass er in West Point erklärte: «Einige sind besorgt, es könne irgendwie undiplomatisch oder unhöflich sein, deutlich auszusprechen, was richtig oder falsch ist. Ich bin anderer Meinung. Besondere Umstände erfordern besondere Methoden, aber keine besondere Moralvorstellung.»[19] Das Dumme ist nur, dass die Sprache des moralischen Absolutismus das Aushandeln von Lösungen für internationale Konflikte nahezu unmöglich macht.

Die moralisierende Sprache, die Präsident Bush in seiner

Kampagne gegen den Terrorismus verwendet, ist alles andere als neu. Von der Unabhängigkeitserklärung bis zur Rede von der «Achse des Bösen» haben amerikanische Politiker die Interessen ihres Landes immer wieder in den Begriffen von gut und böse, von universeller Tugend, vermittelt. Selbst die Unabhängigkeitserklärung war eine dauerhafte Absage an Realpolitik sowie an das Konzept des Gleichgewichts der Mächte, an dem die miteinander konkurrierenden Nationalstaaten Europas ihre Interessenpolitik ausrichteten. Dem Autor der amerikanischen Unabhängigkeitserklärung ging es darum, klarzustellen, dass die dreizehn Kolonien das Recht hätten, «alle ... Handlungen vorzunehmen und Staatsgeschäfte abzuwickeln, zu denen unabhängige Staaten rechtens befugt sind», bis hin zur uneingeschränkten Befugnis, «Krieg zu führen», im festen Vertrauen «auf den Schutz der göttlichen Vorsehung». Selbst der bekannte Satz im Anfangsabschnitt der Erklärung, in dem Jefferson sich zu der Notwendigkeit bekennt, eine «geziemende Rücksichtnahme auf die Meinungen der Menschheit» walten zu lassen, ist eingebettet in einen Passus, der eigentlich die Gründe aufführt, die die Kolonien zur Loslösung vom Mutterland zwangen. Will sagen, der angemahnte Respekt vor den Meinungen der Menschheit erforderte nicht, dass Amerika sich in seinem Handeln nach den Wünschen der Menschheit richtete, sondern lediglich, dass es der Menschheit erklärte, warum es genau so handelte, wie es handelte.

In der seither vergangenen Zeit hat Amerika seine (oft einseitig gefällten) außenpolitischen Ratschlüsse der Welt immer wieder erklärt, gewöhnlich in Begriffen der politischen Naturrechte, amerikanischer Tugenden und göttlicher Vorsehung. Die Formel «Gott segne Amerika», mit der jeder US-Politiker eine bedeutendere öffentliche Rede abschließt – insbesondere wenn sie von Krieg und Frieden handelt –, dient als Stoßgebet und Appell zugleich: «Amerikanische Mitbürger, die Vereinigten Staaten handeln im Namen Gottes!» und «Oh Gott, bitte gib, dass es so sei!» Wie ihr großer protestantischer Vorläufer Martin Luther, sehen sich die Vereinigten Staaten von ihrem eigenen Gewissen genötigt zu erklären: «Hier stehen wir, wir können nicht anders.»

Der amerikanische Exzeptionalismus liefert mithin besondere Rationalisierungen sowohl für den Isolationismus, der Amerika von den Wirren der Weltpolitik abzuschotten versucht hat, als auch für den Interventionismus, der das Land letztlich mitten in diese Politik hineinkatapultierte. Eine idealistische amerikanische Außenpolitik wendet sich an die Welt im Namen der den Amerikanern innewohnenden Tugenden und formt diese Welt nach ihrem eigenen Bild – nicht weil sie etwa die Welt beherrschen will, sondern weil sie von der Vorstellung geleitet ist, Amerika könne sich nur in einer Welt sicher fühlen, die ihm selbst gleicht. Der Isolationismus als die ältere, konservativere Tradition ist genau so stark mit der Vorstellung der Tugendhaftigkeit Amerikas verbunden, definiert sich jedoch durch die Hoffnung, eine durch Geographie und Waffen (zwei Ozeane im 19. Jahrhundert, ein antiballistischer Schutzschild im 21. Jahrhundert) gesicherte Unabhängigkeit werde der amerikanischen Tugend den Schutz gewähren, den sie braucht. Es mag seltsam erscheinen, dass eine Politik des Sich-Zurückziehens und Sich-Abschottens von der Welt und eine Politik des aggressiven Intervenierens überall auf der Welt einer und derselben Idee entspringen. Doch der Vorsatz, die Welt für die Demokratie sicherer zu machen, hat sich nur allzu leicht in beide Richtungen übersetzt: in den Wunsch, Amerika Sicherheit vor der Welt zu verschaffen, und das Bestreben, Amerika zum Hegemon der Welt zu bestellen. In beiden Varianten zieht Amerika es vor, sich nicht zu «verstricken» und die Welt nicht allzu genau unter die Lupe zu nehmen.

Präsident Bush reitet also einen 200 Jahre alten amerikanischen Gaul, wenn er heute eine «Achse des Bösen» beschwört und zu einem weltweiten Krieg gegen «die Bösen» aufruft, einen Krieg, in dem die USA selbstverständlich nie als Eroberer, sondern stets nur als Befreier gesehen werden wollen.[20] Gut möglich, dass Freunde und Verbündete der USA die Selbstgerechtigkeit dieser Kanzelrhetorik abstoßend finden. Jemand, der mit Amerika und seiner moralistischen Literatur vertraut ist und den Einfluss der Moral auf die amerikanische Politik erlebt hat, erkennt darin sogleich eine vertraute puritanische, exzeptionalistische und moralistische Melodie in neuem Arrangement. Bush mag in seinen Hüftholstern die Revolver des Sheriffs tragen, den Gary Cooper in *Zwölf Uhr mittags* spielte, doch er hat sich eine Bibel unter den einen Arm geklemmt und ein Exemplar der Unabhängigkeitserklärung unter den anderen. Kein Wunder, dass er davon überzeugt ist – wie mit ihm große Teile der amerikanischen Bevölkerung –, Amerika werde die «Ungläubigen» zerschmettern und am Ende – nach wie vielen Monaten und Jahren auch immer – als Sieger aus dem Kampf gegen das Böse hervorgehen, einem Kampf, den es notfalls einsam und allein zu Ende führen würde.

Eine solche Rhetorik kann ein nationales Publikum in die richtige Stimmung für kriegerische Unternehmungen im Ausland bringen, denen es ursprünglich nicht viel abgewinnen konnte. Sie ist auch farbiger, und manchmal sogar treffender, als die skeptizistische Sprache des reinen nationalen Interesses. Immerhin hatte man es bei den kaiserlichen Angriffskriegern des Ersten Weltkriegs mit einer, um es ganz gelinde auszudrücken etwas giftigen Hybris zu tun gehabt, und der Pakt, zu dem sich Deutschland, Italien und Japan im Vorfeld des Zweiten Weltkriegs zusammengetan hatten, war finster genug gewesen, um den Vereinigten Staaten die Stipulierung nicht nur einer «Achse» (wie die faschistischen Verbündeten ihren Pakt selbst nannten), sondern einer «Achse des Bösen» zu erlauben. Was das Heute betrifft: Wer unter den Aufgeklärten würde bestreiten wollen, dass den

Machenschaften nihilistischer Terroristen etwas Böses anhaftet? Gewiss sind sie nicht die einzigen Bösewichte auf dem Planeten, und gewiss ist der Terrorismus nicht die Frucht irgend eines mutierten Samenkorns aus dem Gewächshaus des Teufels. Er ist ein Produkt giftiger Ideologien und religiöser Fanatismen, wie auch geschichtlicher Umstände, zu deren Entstehung die Vereinigten Staaten, stellt man ihre außerordentliche militärische, wirtschaftliche und kulturelle Macht in Rechnung, sicherlich den einen oder anderen Teil beigetragen haben – sei es unwillentlich oder durch das Verfolgen erklärter imperialistischer Ziele oder, am wahrscheinlichsten, durch eine verwirrende Kombination aus beidem. Was bei all dem zu denken gibt, ist die Komplementarität der Rhetorik: Auf der einen Seite brandmarkt Al Qaida die USA als Nation der Ungläubigen, die das Werk des Teufels vollbringe, auf der anderen Seite verwenden die Amerikaner dieselbe manichäische Sprache, um Al Qaida als eine von Bösewichtern geführte Organisation darzustellen. (Wobei wir nicht in Frage stellen wollen, dass dort tatsächlich böse Menschen am Werk sind.)

Gegenüber dem Terrorismus mögen solche moralischen Schuldzuweisungen des Präsidenten angemessen erscheinen, doch verlangt die Logik des Terrorismus darüber hinaus auch eine dialogische Rhetorik der moralischen Verantwortlichkeit. Die Exekutoren des Terrorismus mögen im Afghanistan der Taliban ihre Ausbildungen absolvieren und aus ihrer mit Allahs Hilfe verübten «Rache» Genugtuung ziehen, doch ihre verarmten Bewunderer leben in den Slums von Karatschi oder im Gazastreifen und sind darauf angewiesen, Trost und Befriedigung aus dem «Märtyrertum» ihrer eigenen Kinder zu schöpfen. So richtig es ist, die Ersteren auszuschalten, so notwendig ist es, die Letzteren zu emanzipieren. Im Irak die Republikanischen Garden zu entwaffnen, trägt an und für sich noch kaum etwas zur Emanzipation der einstigen Untertanen Saddams in Bagdad bei, und erst recht nichts zur Rettung der Kinder Palästinas aus der Hoffnungslosigkeit.

Der Mythos der Unschuld schützt Amerika indessen vor der lästigen Bürde der historischen Verantwortung für Krieg, Anarchie, Unrecht oder Eroberung. Ein Krieg gegen die Taliban wird die Aufmerksamkeit der Welt stets von den Großstadtslums in Gaza oder von Protestmärschen zorniger Flüchtlinge in Karatschi ablenken. Ihre eigenen Ideale immunisieren die Amerikaner vor der Kritik ausländischer Zyniker, machen sie gleichzeitig aber auch blind für effektivere Lösungen im Kampf gegen den Terrorismus. Würden die Amerikaner nicht auf irgend einen radikalen Baathisten in Syrien hören, sondern auf die mütterlichen Worte der Engländerin Frances Trollope im Jahre 1825 an die amerikanische Sozialaktivistin Fanny Wright, so müssten sie sich dies hinter die Ohren schreiben: «Wenn die Bürger der Vereinigten Staaten wirklich die hingebungsvollen Patrioten wären, als die sie sich hinstellen, würden sie sich bestimmt nicht in die harte, trockene, eigensinnige Überzeugung einmauern, sie seien die Höchsten und Besten der Menschheit, es gebe nichts dazuzulernen außer dem, was sie einen lehren können, und es gebe nichts Nützliches oder Wertvolles, das sie nicht schon besäßen.»[21]

Indem sich die Amerikaner auf eine Sezession von der ihnen fremden Welt der Bösewichter verlegen – oder auch auf die Durchführung gerechter militärischer Strafaktionen gegen sie –, zeigen sie der Frage nach Ursachen und Kontexten die kalte Schulter. Das Beharren darauf, den USA gehe es nur um tugendhafte Ziele, während alle anderen schnöde Eigeninteressen verfolgten, erschwert es den Amerikanern, bei der Verfolgung ihrer Ziele realistisch zu sein. Auf seine Tugend bedacht, vernachlässigt Amerika zu oft seine Interessen. Vor lauter Eifer, Gutes zu tun, verfehlt es manchmal die beste Lösung, sowohl für andere als auch für sich selbst.

Damit soll nicht suggeriert werden, die USA hätten bis dato keinerlei Erfolge erzielt, sei es als eingeigelte Isolationisten (wobei sie nie so alleine waren, wie sie es glauben machten) oder sei es als Weltpolizisten (wobei sie nie so brutal agierten, wie ihre Feinde es wahrhaben wollten). Walter Russell Mead trifft sicherlich ins Schwarze, wenn er schreibt, die amerikanische Außenpolitik komme im Vergleich zur «erbärmlichen Bilanz der anderen Großmächte ... einigermaßen gut weg».[22] Allein, für ein so mächtiges Land in einer Welt ohne gleichwertige Rivalen ist «einigermaßen gut» vielleicht nicht gut genug. Mead selbst sieht die Gefahr der «Überdehnung», die in der Gegenwart verheerendere Folgen nach sich ziehen kann als in früheren Zeiten, und gibt zu bedenken, das Bemühen Amerikas, ein angemessenes Verhältnis zur neuen globalen Ordnung zu entwickeln, lasse noch einiges zu wünschen übrig. (Mead schrieb das vor dem 11. September 2001.)[23] Das gilt umso mehr in einer Welt der Interdependenz, in der es für die Mächtigen fast unmöglich ist, sich nicht zu überdehnen, in der jedoch das amerikanische Imperium dank der exzeptionalistischen Selbsttäuschungen der Amerikaner in einem «Zustand entschiedener Verweigerung» aufgebaut worden ist.[24]

Die Fortdauer isolationistischer Tendenzen in das Zeitalter der globalen Interdependenz hinein tritt nirgendwo krasser zutage als in dem amerikanischen Bemühen um den Aufbau eines Schutzschilds gegen Raketenangriffe – ein rührender Nachklapp des Mythos der Unschuld, angewandt auf ein technologisch fragwürdiges strategisches Ziel. Ronald Reagan, als Präsident ein ebenso eloquentes Sprachrohr der nationalen Unschuld und des nationalen Edelmuts, wie er es in seinen jüngeren Jahren als PR-Mann für General Electric gewesen war, träumte als Erster den Traum von der technologischen Schutzhülle, die im «Star-Wars»-Zeitalter technisch machbar schien. Wie einst die beiden Ozeane, die Amerika auf Distanz zu den Verderbtheiten der Welt gehalten hatten, sollte jetzt computergesteuerte Hochtechnologie das amerikanische Volk abkapseln, eine unsichtbare magische Glocke über das Land stülpen, die für die ausländischen Schurken aus dem «Reich des Bösen» – so Reagans Fantasy-Bezeichnung für die kommunistischen Regime in Osteuropa und Asien, die für ihn dasselbe waren wie Schurkenstaaten und Terroristen für George W. Bush – undurchdringlich sein würde. Dummerweise ist es viel wahrscheinlicher, dass die diabolischen Feinde Amerikas biologische oder chemische Waffen einsetzen, dass sie «schmutzige Nuklearbomben» auf Containerschiffen ins Land schmuggeln oder Giftgase aus einmotorigen Kleinflugzeugen versprühen. Dummerweise vertreten die Wissenschaftler einmütig die Auffassung, dass ein Raketenschutzschild nicht funktionieren kann. Tests, die unter idealen Bedingungen durchgeführt wurden, wie sie in Kriegszeiten sehr wahrscheinlich nicht vorliegen würden, vermochten die erhofften Resultate nicht zu erbringen.[25] Wenn all dies nicht zählt, dann deshalb, weil der Raketenschutzschild ebenso sehr eine Metapher ist wie ein Waffensystem. Beim Aufbau des Raketenschutzschildes steht die Demonstration im Vordergrund, nicht die Aktion – ähnlich wie im Kampf gegen den Terror. Wer erinnert sich nicht an die notorischen Personenkontrollen auf amerikanischen Flughäfen: Alte Damen mussten ihre Schuhe ausziehen, damit Amerika in der Phase der propagandistischen Vorbereitung des Irak-Krieges seine zunehmende Entschlossenheit signalisieren konnte. Der Nutzen solcher Maßnahmen besteht weniger im tatsächlichen Schaden für Terroristen und Schurkenstaaten (etwa durch Beschneidung ihrer Mobilität oder eben durch den verheißenen Abschuss ihrer Raketen) als in der Botschaft an die amerikanischen Bürger – nämlich, dass die USA sich nicht von Terroristen herumschubsen lassen werden. So ordnete Präsident Bush im Dezember 2002 den Aufbau der ersten Stufe des Raketenschutzschildes an, ungeachtet der Tatsache, dass das System die in einer ersten, einfachen Testreihe gestellten Anforderungen nicht erfüllte. Die dafür veranschlagten Gelder würden einen Marshall-Plan für die islamische Welt finanzieren.

Die Vision einer auf amerikanischem Know-how beruhenden amerikanischen Hochtechnologie, die in der Lage sein soll, das Gute vor dem Bösen zu schützen, die Unschuld vor der Verderbtheit, den Garten Eden vor den Umtrieben in den Ländern außerhalb des Paradieses, bringt die vom Exzeptionalismus durchdrungene amerikanische Mentalität bis in ihren tiefsten Kern hinein zum Schwingen. Irgendwo in diesem Kern lebt Kapitän Amasa Delano fort, blind gegenüber dem Herzen der Finsternis, dem alle, die Menschen sind, anheim fallen, wie dem Rest der Welt durchaus klar ist. Dieses Amerika begreift die Technik als solche als einen Fortsatz seines pragmatischen Naturells und seiner Liebesbeziehung zum Fortschritt: eine Nation von «Nichts-ist-unmöglich»- und «Selbst-ist-der-Mann»-Figuren, motiviert von einer potenten Kombination aus Pragmatismus und religiöser Inbrunst. Ein solches Volk kann verständnislos vor dem Antlitz des Bösen stehen, blind sein für die Lektionen des schnöden nationalen Interesses, selbstgewiss im Vertrauen auf den eigenen Wert und daher unduldsam gegenüber der Komplexität. Die lebhaften Töne der amerikanischen Nationalfarben rot, weiß und blau erschweren die Wahrnehmung von Grautönen. Und so bleibt Amerika auch nach dem 11. September – einer Lektion in Sachen Realismus, wenn es je eine gab – und nach den Ereignissen in Afghanistan und im Irak in vielerlei Hinsicht nicht nur das gute oder das tugendhafte, sondern auch das unschuldige Amerika.

3
Der Krieg aller gegen alle

«Das menschliche Leben ist [im Naturzustand] ... einsam, armselig, ekelhaft, tierisch und kurz!»
Thomas Hobbes, 1651[1]
«Es kann sein, dass wir irgendwann als Einzige übrig bleiben. Ich habe nichts dagegen. Wir sind Amerika.»
Präsident George W. Bush, 2002

Wenn Amerika sich nicht länger vom Rest der Erde isolieren kann, sagen die Adler, dann muss es eben die Erde beherrschen. Wenn die Souveränität Amerikas innerhalb seiner Grenzen durch eine neue Interdependenz, die keine nationalen Grenzen mehr kennt, beeinträchtigt wird, dann muss Amerika seine Grenzen eben nach außen verschieben, um Regionen, von denen Gefahr für die USA ausgeht, integrieren und assimilieren zu können. Kommt zu uns unter unsere schützende Decke oder riskiert, vernichtet zu werden. Die Chefin des Nachrichtendienstes der amerikanischen Küstenwache, Frances Fragos-Townsend, bemerkte bei der Erläuterung der neuen Taktik, mit der Handelsschiffe aufgespürt werden sollen, die in terroristische Aktivitäten verwickelt sein könnten: «Wenn man nichts anderes tut, als darauf zu warten, bis die Schiffe zu einem kommen, verfehlt man seine Aufgabe; es kommt darauf an, die Grenzen nach draußen zu verschieben.»[2] Wenn die Welt so klein geworden ist, dass Amerika seine universellen Rechte nicht mehr in schöner Isoliertheit verteidigen kann, dann muss Amerika eben weltweit präsent sein, und damit haben wir, *quod erat demonstrandum*, die *Pax Americana*. Das ist die blanke Logik, auf die sich Präsident Bush mit seinem Drang nach amerikanischer Hegemonie auf allen Ebenen beruft. Im Irak einen Regimewechsel zu bewerkstelligen, ist nicht genug. Das Ziel besteht nicht bloß darin, die Region von einem brutalen Tyrannen zu befreien; man will vielmehr den Irak (und mit ihm den ganzen Nahen Osten) mit einer Art utopischer Amerikanisierung unter dem Vorzeichen der Demokratisierung in die amerikanische Sphäre eingemeinden. In den Augen mancher Betrachter hat dies große Ähnlichkeit mit jener langfristigen Politik des «nation building», die Bush in seinem Wahlkampf um die Präsidentschaft – vor dem 11. September – ausdrücklich verurteilte; anderen kommt es eher wie ein «empire building» vor. In einer Umkehrung der alten Dominotheorie könnte die angestrebte «Demokratisierung» des Irak der erste von vielen demokratischen Siegen sein. Ein Land nach dem anderen könnte – ermuntert von M-1-Panzern und F-18-Kampfflugzeugen – in die amerikanische Umlaufbahn einschwenken.

Nimmt man den Aufruf zur Demokratisierung des Nahen Ostens ernst (auf eine Weise, die Realisten sonst gern von sich weisen) und versteht ihn als Grundprinzip für eine *Pax Americana* im Irak und anderswo, so lassen sich dadurch Liberale an Bord des Bush'schen Panzerkreuzers holen. Gemäßigt liberale Idealisten wie Michael Walzer, Paul Berman oder Tom Friedman fanden sich stillschweigend mit dem Krieg gegen den Irak ab, obwohl sie eindeutig schwere Bedenken gegen ihn hatten – immerhin sollte er den Irakis endlich jene Rechte bringen, welche die amerikanische Unabhängigkeitserklärung allen Menschen verspricht. Wenn die Logik der Freiheit, die das nationale Selbstverständnis der Vereinigten Staaten definiert, ein Besitz der ganzen Menschheit ist, konnte der Krieg dann nicht auch wieder zum Werkzeug der Freiheit werden, wie er es 1776 gewesen war? Die Frage, ob in einer Epoche des Terrors Freiheit oder Sicherheit (oder beides) durch Krieg errungen werden kann, stand natürlich im Zentrum der Debatte über den Irak-

Krieg. Wer im Präventivkrieg ein brauchbares Mittel der Demokratisierung sieht, der hat allerdings sowohl die Konsequenzen eines Angriffskrieges als auch die Voraussetzungen für die Grundlegung und Entwicklung der Demokratie nicht verstanden.

Die Durchsetzung einer *Pax Americana* wirft ein Problem auf: Indem die Logik der Unabhängigkeitserklärung über die Ausdehnung der Grenzen Amerikas erweitert wird, wird die Logik, die ihr zu Grunde liegt, missverstanden. Denn die Unabhängigkeitserklärung, die den Weg zu einem neuen, autonomen amerikanischen Experiment in demokratischem Konstitutionalismus ebnete, war zugleich ein Manifest der Unabhängigkeit – Zeugnis eines durch den politischen «Gemeinwillen» seiner Mitglieder zustande gekommenen Gesellschaftsvertrages.

In der politischen Theorie der westlichen Welt, die den Prozessen der Nationenwerdung in Europa und Amerika zugrunde liegt, ist der Gesellschaftsvertrag ein hypothetischer Pakt zwischen Individuen, die ihre «natürliche» Unabhängigkeit, die im Rahmen eines hypothetischen «Naturzustandes» jedem Einzelnen von ihnen gegeben ist, zugunsten einer Gemeinschaft und Gemeinsamkeit von Zielen aufgeben. Dieser Schritt ermöglicht es ihren Mitgliedern, eine Nation zu begründen. Von Natur aus frei (daher der Appell Jeffersons an die Naturrechte, auf die der Mensch zurückgreifen kann, wenn die staatlichen Bande sich aufgelöst haben), finden die Menschen dennoch nur unter einer Regierung die Sicherheit, die sie für ihre Freiheit benötigen. Der Gesellschaftsvertrag packt Fleisch auf die Knochen der naturgegebenen Menschenrechte und stattet die Idee der Freiheit mit Muskelkraft aus. Als Wesen, die im Urzustand der Natur theoretisch tun können, was sie wollen, sind wir von Anfang an mit der Freiheit aller anderen konfrontiert, die ebenfalls tun, was sie wollen – was uns alle in einem Zustand ständiger Unsicherheit belässt. Mehr als irgendetwas anderes ähnelt die globale Anarchie von heute, in der Terrorismus und Verbrechen gedeihen und die kapitalistische Marktwirtschaft sich den Zwängen demokratischer Kontrolle entzieht, dem von den frühen Theoretikern des Sozialvertrags hypostasierten «Naturzustand».

Die Philosophen des 17. und 18. Jahrhunderts setzten diesen Naturzustand mit der hypothetischen Geschichte der Menschheit gleich und beriefen sich auf ihn, um die Gründung souveräner, auf dem Volkswillen fußender Gemeinwesen zu erklären und zu legitimieren. In stärkerem Maße als John Locke erfasste Thomas Hobbes die Furchtbarkeit des hypothetischen Naturzustandes, die das Verlangen so gebieterisch machte, seinen schmerzhaften Daseinskämpfen zu entfliehen. In seinem großen Werk *Der Leviathan* (das in England 1651 erschien, unmittelbar nach Ende der Bürgerkriege) porträtierte Hobbes den Naturzustand durch die Abwesenheit jeglicher politischer Institutionen und sozialer Konventionen. Der Naturzustand erschien ihm als ein Reich der Anarchie – ähnlich wie die internationale Gemeinschaft es heute ist: ohne Regierung und ohne Gesetz. Hobbes' unromantische Darstellung des Naturzustandes hatte zur Folge, dass sein Name heute häufig genannt wird, wenn anarchische Zustände beklagt und der Einsatz brutaler Gewalt zur Überwindung der Gesetzlosigkeit gefordert werden. Robert Kagan missdeutet Hobbes genau in dieser Weise, wenn er uns einzureden versucht, Europa lebe in einer «regelgeleiteten Kantschen Welt» eines vermeintlich ewigen Friedens, während Amerika sich sein Haus in einer unwirtlicheren Umgebung gebaut habe, nämlich unter den «brutalen Gesetze[n] einer anarchischen Hobesschen Welt, in der letztlich die jeweilige Machtposition über Sicherheit und Erfolg der Staaten entscheidet.»[3] Kagans Interpretation von Hobbes ist freilich verkehrt. Bei Hobbes ist der Naturzustand vor allem ein Zustand der Angst; aufgrund der rechtlosen Anarchie, die dort herrscht, leben die Menschen in ständiger Furcht und fortwährendem Krieg, einem Zustand, in dem Gewalt und Konflikt die Situation der Menschen mehr oder weniger vollständig bestimmen. Das Heilmittel liegt nicht in der Macht, die die Menschen im Naturzustand besitzen, sondern im Recht und im Vertragswesen, das sie entbehren.

Die Philosophiehistoriker sind der Ansicht, Hobbes habe mit diesem hypothetischen Porträt eines «Naturzustandes» zumindest teilweise die Situation im England des 17. Jahrhunderts beschrieben, wie er sie in der Zeit der Anarchie gebärenden Bürgerkriege erlebte. Zustände, die er aus persönlicher Erfahrung kannte – Anarchie, Zügellosigkeit, Gesetzlosigkeit, Angst und Unsicherheit –, deutete er demnach zu einer Theorie mit universellem Geltungsanspruch um. In seiner wegen ihrer Schonungslosigkeit berühmt gewordenen Darstellung erscheint die menschliche Gesellschaft als ein Ort, an dem «beständige Furcht und Gefahr eines gewaltsamen Todes» herrsche und das menschliche Leben «einsam, armselig, ekelhaft, tierisch und kurz!» sei. Das einzig sinnvolle Ziel der Politik besteht darin, diesen Zuständen zu entfliehen, sobald der Abschluss eines Gesellschaftsvertrages möglich ist. Die von Hobbes postulierte Anarchie des Naturzustandes ist wörtlich zu verstehen: eine Situation der Recht- und Gesetzlosigkeit, in der es keine Regierung gibt, keine Vereinbarungen oder Verträge und daher auch kein Eigentum, keinen Handel auf freiwilliger Basis, sondern allenfalls gewaltsam erzwungene oder betrügerische Transaktionen.

Für Hobbes begründeten diese Zustände die Notwendigkeit von Politik und die Unverzichtbarkeit des geschriebenen Gesetzes. Solange «Gewalt und Betrug» das Gesetz des Handelns im Naturzustand waren, würden die Menschen daran zugrunde gehen, anstatt sich erhalten zu können. Diese Überlegung weckte bei Hobbes eine starke Sehnsucht nach einer geordneten Regierung und machte ihn zum Fürsprecher einer auf die Zustimmung des Volkes gestützten Souveränität. Dem Denken von Hobbes die Treue zu halten, heißt zu erkennen, dass das säbelrasselnde Amerika, das Kagan uns auftischt, zwar dem Mars Ehre machen mag, dass Mars aber gerade das Sinnbild für alles Falsche am Naturzustand ist. Das Sich-Verlassen auf Gewalt ist ein Teil des Problems. Kagans pazifistisches Europa mag sich von der Venus ableiten, hält aber den Schlüssel zu der von Hobbes anvisierten Lösung in der Hand, so es sich zum Prinzip einer durch einen Gesellschaftsvertrag gewährten kollektiven Sicherheit bekennt.

Indem Hobbes mit seiner lebendigen Sprache die Anarchie der englischen Bürgerkriegszeit zum Gleichnis für einen hypothetischen «Naturzustand» macht, antizipiert er unsere gegenwärtige Erfahrung von terroristischer Gewalt und Verzweiflung in der Dritten Welt, aber auch von Angst und Unsicherheit, die diese in der Ersten Welt erzeugen. Schwache Regierungen, Armut und religiöser Fanatismus verstärken solche Gefühle; internationale Freibeuter, seien es Finanzspekulanten, kriminelle Drogensyndikate oder wütende Terroristen, haben Milliarden von Menschen weltweit in einen Zustand beständiger Angst versetzt, der sie unfähig macht, ihr Schicksal selbst zu bestimmen. Diese Menschen fürchten ihre eigenen Regierungen, und manchmal auch ihre Nachbarn, ebenso sehr wie die fremden Groß- und Supermächte, die sie mit ihren strahlenden Errungenschaften und hegemorialen Attitüden einschüchtern. Der Terrorismus hat es vermocht, die Angst vor der Dritten in die Erste Welt zu verlagern, und hat damit denen in Europa und Amerika, die die Anarchie im eigenen Land besiegt haben, einen Vorgeschmack auf die bitteren Früchte verschafft, die sie in der grenzenlosen Welt der Interdependenz, die vor uns liegt, werden ernten können.

War die Anarchie einst das Los jener, die unter der Gesetz- und Zügellosigkeit des Übergangs von der mittelalterlichen Fürstenherrschaft zum Nationalstaat der frühen

Neuzeit litten, so ist sie heute das Los derer, die Opfer der Recht- und Ordnungslosigkeit in der internationalen Sphäre werden. Dort ist weder Demokratie zu finden noch auch nur eine Regierung, die diesen Namen verdiente, stattdessen ein Zustand «beständiger Furcht und Gefahr eines gewaltsamen Todes» nicht nur bei den unglücklichen Bewohnern der Gettos der Dritten Welt, sondern zunehmend auch bei zitternden Vorstadthausherrn in den privilegierten Metropolen, denen Fernsehsendungen über mögliche terroristische Anschläge den Schlaf rauben.

Kagan und die Adler setzen der Angst am liebsten Angst entgegen; sie halten Gewalt und Betrug für geeignete Mittel, um die Anarchie des Naturzustandes zu beherrschen. Sie übersehen dabei, dass die Angst *per definitionem* der wichtigste Bündnispartner des Terrorismus ist, zielt dieser doch gerade darauf ab, seine Gegner in eine «Arena des Terrors», wie Mark Juergensmeyer es genannt hat, zu locken, um sie dort im wahrsten Wortsinn zu Tode zu erschrecken.[4] Es sind die finsteren Geheimnisse des Hobbes'schen Naturzustands, welche die Terroristen für sich entdeckt haben: In einer Welt der Angst und Unsicherheit kann auch noch der Schwächste den Stärksten vernichten, und die Angst vor dem Tod kann schlimmere Auswirkungen auf die freie Welt haben als der Tod selbst. Die Terroristen haben verstanden, dass Menschen womöglich der Versuchung erliegen können, auf Freiheit zu verzichten, um Sicherheit zurückzugewinnen – es sei denn sie fänden eine Formel, die es ihnen erlaubte, die Anarchie des Naturzustandes zu überwinden, ohne ihre Freiheit aufzugeben. Eine solche Formel ist der Gesellschaftsvertrag.

Nur im Rahmen eines Gesellschaftsvertrages kann die Menschheit sich Freiheit in einem Gemeinwesen sichern. Anders als die naturgegebene Freiheit, die in ihrer theoretischen Spannweite universell ist, in der praktischen Anwendung jedoch eng begrenzt, geht die vom Gemeinwesen aufrecht erhaltene Freiheit mit Recht und Ordnung einher. Sie verknüpft den Rechtsanspruch auf Sicherheit mit dem Gehorsam des Einzelnen gegen ein für alle geltendes Gesetz, an dessen Formulierung die Menschen mitwirken. Die politische Freiheit, schreibt Rousseau, ist der Gehorsam gegenüber einem Gesetz, das wir uns selbst geben. Die Menschen verzichten auf das Recht auf Freiheit, das ihnen von Natur aus zusteht, weil dieses Recht insofern, als alle anderen es auch besitzen, Gefahren für jeden Einzelnen birgt. Sie erkennen stattdessen einen Gesellschaftsvertrag an, der Gewalt und Betrug durch freiwillige Unterordnung und demokratische Legitimität ersetzt. Warum? Weil wir Freiheit und Sicherheit für uns selbst durch Zusammenarbeit mit anderen garantieren können, auch und gerade wenn wir dafür die wenig befriedigende Unabhängigkeit des Naturzustandes aufgeben müssen.

Der Gesellschaftsvertrag negiert letztendlich die Logik der persönlichen Unabhängigkeit. Er ersetzt die persönliche «Unabhängigkeitserklärung» des frei geborenen Menschen («ich bin frei und kann tun, was ich will!») durch eine neue Erklärung der gegenseitigen Abhängigkeit («meine persönliche Freiheit ist nutzlos, wenn ich nicht im Zusammenwirken mit anderen eine gemeinsame Freiheit und Sicherheit für alle herbeiführe»). Der Gesellschaftsvertrag, der die private Unabhängigkeit aufhebt, ist in der Tat die Vorbedingung für jene spätere «kollektive» Unabhängigkeitserklärung, welche die autonome Existenz einer neuen souveränen sozialen Einheit hervorbringt: des demokratischen Nationalstaats.

Die Gründerväter der Vereinigten Staaten schrieben der Logik des Gesellschaftsvertrages universalistische, d.h. für den ganzen Planeten geltende Implikationen zu. Diese universalistische Sichtweise bildete die wichtigste Arbeitsgrundlage für die US-Außenpolitik während des längsten Teils der amerikanischen Geschichte und lag auch der Europa- und Asienpolitik der Vereinigten Staaten in den Jahrzehnten nach Ende des Zweiten Weltkriegs zugrunde – bis zum 11. September 2001. Die beiden Weltkriege des 20. Jahrhunderts, aber auch die blutige Geschichte der religiösen, wirtschaftlichen und politischen Anarchie im Zusammenleben der für diese Kriege verantwortlichen Nationen, brachten die Vereinigten Staaten zu der Überzeugung, der Weltfriede lasse sich ohne handlungsfähige internationale Institutionen, de finiert durch durchsetzbare internationale Gesetze, weder erreichen noch aufrecht erhalten.

In diesem Sinne wurden die Vereinigten Staaten 1945 zum Chefarchitekten der Vereinten Nationen – zu einem Zeitpunkt also, als sie, wie heute, eine fast unanfechtbare Hegemonialmacht waren und von manchen zu einem Präventivkrieg gegen ihre einzige potenzielle Rivalin (die Sowjetunion) gedrängt wurden. Sie bekannten sich zum Multilateralismus und förderten die europäische Integration, all dies getragen von einem Bekenntnis zum Weltfrieden und einer außenpolitischen Philosophie, die zuallererst auf Diplomatie und Verhandlungen setzte, erst in zweiter Linie auf Eindämmung und Abschreckung und erst in letzter Instanz auf Krieg, wobei sie Krieg nur unter der Vollmacht der Vereinten Nationen und gemäß ihrer Charta führen wollten (wie sie es in Korea taten).

Indem der moderne Terrorismus uns an unsere eigene Angst fesselt, bringt er es fertig, den Gesellschaftsvertrag auszuhöhlen und uns wieder in den Hobbes'schen «Naturzustand» zurückzuversetzen. In den letzten 400 Jahren haben wir einen langen Weg zurückgelegt: vom Zerfall des Feudalismus zur Blüte des Nationalstaats, von Anarchie, Unsicherheit und Angst zu Recht und Ordnung – zu gesetzlich verankerter Ordnung, politischer Sicherheit und garantierten staatsbürgerlichen Freiheiten. Doch die Kriege des 19. und 20. Jahrhunderts und die mit ihnen einher gehenden Völkermorde, die tribalistischen und terroristischen Dschihads der zurückliegenden Jahrzehnte haben, ebenso wie die räuberischen Umtriebe unabhängiger, in anarchischen internationalen Märkten operierender Agenten, im Lauf der Zeit die Richtungsvektoren der Freiheit umgepolt. Der Terror ist die Apotheose der internationalen Anarchie, weil er Recht und Gesetz missachtet, allgegenwärtige Unsicherheit bewirkt und Freiheit in ein Synonym für Gefahr verwandelt. Er steigert damit die auf der Gegenseite herrschende Bereitschaft, mit brutaler Repression zu reagieren.

Unsicherheit kann Völker dazu bewegen, sich durch Opferung bürgerlicher Freiheiten Sicherheit zu erkaufen. Der Abscheu über die böswilligen Taten des Osama bin Laden kann eine gewisse Toleranz für die gut gemeinten Taten des John Ashcroft wecken. Ein aggressiver amerikanischer Justizminister, der willens ist, solche unbedeutenden Pflänzchen wie demokratische Bürgerrechte (von Einwohnern mit oder ohne amerikanischen Pass) zu zertrampeln, ist weniger das Produkt einer auf Sicherheit fixierten Regierung als eines zu Tode geängstigten Volkes. Es war nicht Lincoln, sondern sein panisch verschrecktes Wahlvolk, das die Aufhebung der «Habeas-corpus»-Bestimmung in den Jahren des Bürgerkriegs möglich machte; es war nicht Roosevelt, sondern eine beunruhigte amerikanische Bürgerschaft, die im Zweiten Weltkrieg die Internierung loyaler US-Bürger japanischer Abstammung in Konzentrationslagern durchsetzte. Ähnlich gilt für die Gegenwart, dass nicht John Ashcroft, sondern pure Angst die bürgerlichen Freiheitsrechte in den Vereinigten Staaten bedroht. Insoweit als es dem Terrorismus gelingt, den freiheitlichen Rechtsstaat aus den Angeln zu heben, kann er seine Mission, Angst und Schrecken zu säen, als erfüllt ansehen.

In unserer Angst vor der Anarchie finden wir uns in der Tat auf den anarchischen Naturzustand zurückgeworfen, der das erste und ursprüngliche Reich der Angst war. Wir fühlen uns genötigt, dem Recht abzuschwören und uns nur noch auf Gewalt und Betrug zu verlassen; Bündnisse abzuschütteln und uns auf uns selbst zu besinnen; die bürgerliche und rechtsstaatliche Freiheit, die uns kraft unserer Mitgliedschaft in einem demokratischen Gemeinwesen zugewachsen ist, gegen die fadenscheinige «natürliche Freiheit» einzutauschen, die uns das Recht gibt, Dinge zu tun, die wir tun können, bis hin zur Vernichtung aller anderen im Namen der Selbsterhaltung. Wir werden erneut in einen Krieg aller gegen alle hineingezogen, und wenn nicht gegen alle, dann doch gegen all jene, die wir als «Feinde» wahrnehmen – und deren Zahl wächst und wächst: heute der Irak, mit Nordkorea und dem Iran (der «Achse des Bösen») im Schlepptau, morgen Syrien, der Sudan, Indonesien und Pakistan, demnächst Malaysia, Ägypten, Saudi-Arabien, Somalia und die Philippinen. Wenn wir schließlich den Naturzustand wieder erreichen, kennen wir keine Freunde mehr.

In unserem gegenwärtigen Zustand der globalen Anarchie gibt es zwar etliches, das «neu» ist, aber auch vieles Alte: den Kollaps der Staatsbürgerkultur und der Rechtsordnung als Folge von innerem Zwist und Krieg (wie im Fall der englischen Bürgerkriege des 17. Jahrhunderts); das Gefühl, dass die weltliche Macht unter den Bedingungen des Terrors und der Unsicherheit an Grenzen stößt (wie zum Beispiel in Frankreich, Russland oder Vietnam, während diese Länder ihre Revolutionen durchmachten); und die bemerkenswerte Passgenauigkeit der Metapher vom «Naturzustand» in ihrer Anwendung auf die internationale Sphäre (in den Weltkriegen des voraufgegangenen Jahrhunderts ebenso wie heute).

Heute sind es unabhängige Staaten, die im Umgang miteinander einen neuen globalen «Naturzustand» herstellen, definiert durch Anarchie, Gewalt und Betrug. Unabhängige Staaten treten einander mit derselben Unsicherheit gegenüber wie Individuen einst im Naturzustand. Was freilich im Hinblick auf menschliche Beziehungen im Inneren eines Nationalstaats klar durchschaubar war, erweist sich im Verhältnis unabhängiger Staaten zueinander als weitaus schwerer fassbar. Denn Nationen lassen sich angesichts ihrer formellen Unabhängigkeit zu der Annahme verführen, sie bräuchten einander nicht und hätten keine gegenseitigen Verpflichtungen.

Obwohl die internationale Anarchie weitaus dringlicher nach einem vertraglichen Ausgleich zwischen kriegführenden Staaten verlangt als nach einem Vertrag zwischen einander bekriegenden Individuen, verfahren die rund 200 Nationen der Erde gegenwärtig eher nach dem Modell der dreizehn Kolonien unmittelbar nach ihrer Lossagung von Großbritannien als nach dem Modell der Bundesverfassung, die auf die anarchische Periode nach der Unabhängigkeitserklärung folgte. Wenn sie sich überhaupt um Zusammenarbeit bemühen, streben sie allenfalls eine schwache, nicht allzu verbindliche Form einer Politik des Gleichgewichts der Mächte an, die ihre jeweilige Souveränität nicht beschneidet.

Die Idee der Unabhängigkeit bleibt verführerisch. Interdependenz riecht nach Abhängigkeit, Abhängigkeit wiederum riecht nach Freiheitsverlust. In den Vereinigten Staaten bekämpften viele fast ein Jahrhundert lang die Vision eines föderalistischen Amerika. Dieser Kampf spitzte sich zu einem verbissen geführten Bürgerkrieg zu, bei dem es letzten Endes nicht um die Abschaffung der Sklaverei ging, sondern um die Einheit der Union. Sieger und Besiegte in diesem großen Ringen lassen sich nicht immer unterscheiden. In Thomas Dixons Werk *The Clansman*, das die Vorlage für D. W. Griffiths monumentalen, zutiefst rassistischen Filmklassiker aus dem Jahr 1914, *Birth of a Nation*, lieferte, gibt es ein Kapitel über die Abschiebung der Afro-Amerikaner aus den Vereinigten Staaten (bei Griffith auch «Lincolns Lösung» genannt). Seine Überschrift lautet: «Eine zweite Unabhängigkeitserklärung».[5] Bis heute hält die Auseinandersetzung an zwischen jenen Amerikanern, die der föderalistischen Vision einer amerikanischen Nation als einer Bruderschaft halbsouveräner Staaten nachhängen, deren Machtbefugnisse im Zweifelsfall Vorrang vor denen der Zentralregierung haben (deren Souveränität einzig vom Belieben der Einzelstaaten abhängt), und denen, die die Vereinigten Staaten als eine souveräne Nation begreifen, bei der das Ganze mehr als die Summe seiner Teile und ihnen übergeordnet ist. Dass die föderalistische Sichtweise sich bis heute, mehr als zwei Jahrhunderte nach Verabschiedung der Bundesverfassung, gehalten hat (und nicht einmal der Befürworter am Obersten Gericht der USA entbehrt), zeigt, wie schwer es ist, von der Idee unabhängiger und autonomer souveräner Staaten zu etwas Umfassenderem fortzuschreiten; wenn dies schon den Amerikanern im eigenen Land schwer fällt, wie sollte es da auf der globalen Ebene einfach sein?

Manche meinen, um supranationale Formen der Souveränität verwirklichen zu können, müssten zunächst einmal die Nationalstaaten aufgelöst werden; sie glauben, es sei für den Einzelnen und für subnationale Einheiten leichter, sich unter der Hoheit einer supranationalen Völkergemeinschaft zusammenzuschließen, als für Nationalstaaten, weil erstere schon länger daran gewöhnt seien, einer höheren Einheit und Autorität zu unterstehen. Dieser Gedanke suggeriert die Möglichkeit von Parallelstrategien, die etwa so aussehen könnten, dass zunächst Kantone und Provinzen sich zu supranationalen Gebilden zusammenschließen. In diesem Sinn könnte man sich ein Europa vorstellen, dessen Mitglieder nicht Frankreich, Spanien und Deutschland hießen, sondern zum Beispiel Katalanien, Provence und Hessen. Oder Wirtschaftsräume wie der des NAFTA (North American Free Trade Agreement), die etwa Kalifornien und die mexikanische Halbinsel Baja California enger aneinander binden als die USA und Mexiko. Oder ein Afrika, das durch Stammesbeziehungen zusammengebunden würde anstelle der häufig nicht zweckdienlichen Völkerkonglomerate, die von Kolonialmächten nach dem Muster der europäischen Nationalstaaten errichtet worden sind.

Die Erfahrung zeigt jedoch leider, dass in Regionen, in denen es tatsächlich zur Auflösung heterogener Nationalstaaten gekommen ist, wie in Ex-Jugoslawien oder Afghanistan, das Resultat nicht die Integration der verbliebenen Bruchstücke gewesen ist, sondern Instabilität und Kriege zwischen Ethnien oder Stämmen. Es scheint, als würde der Nationalstaat auf absehbare Zeit das leistungsfähigste menschliche Gemeinwesen und der beste Garant von Stabilität (wenn auch nicht immer von Demokratie) bleiben. Weil die Nationalstaaten darüber hinaus auf die Logik der Interdependenz (nämlich die Logik des Gesellschaftsvertrages) gegründet sind, sollten sie mindestens theoretisch über die Fähigkeit verfügen, globale Spielarten demokratischer Herrschaftsformen zu entwickeln. Je länger sie dies versäumen – indem sie es nämlich an Engagement für den Aufbau supranationaler Verwaltungsstrukturen und internationaler Mechanismen der Gesetzgebung und Zusammenarbeit fehlen lassen –, desto größer wird die Gefahr, dass die natürliche Anarchie, die das Verhältnis zwischen den Nationen charakterisiert, zunehmend destruktivere Wirkungen entfaltet.

4
Die «neue» Doktrin des präventiven Krieges

«Wir dürfen unsere Feinde nicht als Erste zuschlagen lassen.»
Nationale Sicherheitsdoktrin der USA, September 2002

«Nichts ist törichter, als zu glauben, man könne Krieg durch Krieg beenden. Man kann durch den Krieg nichts ‹verhindern› außer den Frieden.» Präsident Harry Truman[1]

Der Irak-Krieg war das Produkt einer strategischen Doktrin, die am 20. September 2002 von Condoleezza Rice als «Nationale Sicherheitsstrategie für die Vereinigten Staaten» offiziell verkündet wurde. Es war eine scheinbar neue Doktrin; tatsächlich hatte sie tief reichende historische Wurzeln. Als formelle Leitlinie formuliert wurde sie wahrscheinlich unter dem unmittelbaren Eindruck des 11. September 2001. Im Lauf des darauf folgenden Jahres bezog sich Präsident Bush in einer Reihe seiner Reden auf sie, am nachdrücklichsten im Frühjahr 2002 in West Point, als er erklärte: «Wir müssen die Schlacht [ins Land des Feindes] tragen, seine Pläne durchkreuzen und den schlimmsten Bedrohungen mutig begegnen, bevor sie akut werden.»[2] Die der Doktrin zugrunde liegende Logik geht auf eine Denkschrift mit dem Titel ‹Rebuilding America's Defense› zurück, die von einer informellen Gruppierung erarbeitet wurde, die sich *Project for the New American Century* nannte und in der zweiten Hälfte der 1990er Jahre aktiv war. Zu diesem «think tank» gehörten William Kristol, Robert Kagan, John Bolton und andere; viele von ihnen gehören heute zum Mitarbeiterstab oder zum beratenden Umfeld der Bush-Administration.

Der Denkschrift zur Nationalen Sicherheitsstrategie ist ein Brief von Präsident Bush vorangestellt, der ihre Argumentation kompakt zusammenfasst. Die Verhältnisse hätten sich, so stellt der Präsident darin fest, grundlegend verändert: «In der Vergangenheit benötigten Feinde große Heere und bedeutende industrielle Kapazitäten, um Amerika gefährden zu können. Heute können im Verborgenen agierende Netzwerke von Individuen für weniger als die Anschaffungskosten eines einzigen Panzers viel Chaos und Leid in unser Land tragen. Terroristen organisieren sich mit dem Ziel, offene Gesellschaften zu penetrieren und die Macht moderner Technologien gegen uns zu kehren.» Die USA müssten darauf mit einem grundlegenden Wandel ihrer Strategie reagieren: Von nun an gelte es, «gegen solche sich anbahnenden Bedrohungen vorzugehen, bevor sie voll ausgereift sind». Das ist nichts anderes als die Rechtfertigung präventiv geführter Kriege. Veränderte Verhältnisse – «Amerika sieht sich heute weniger von angriffswilligen Staaten bedroht als von Schiffbruch erleidenden ... Gefahr droht uns weniger von Flotten und Armeen als von verheerenden Technologien» – erforderten veränderte Taktiken: «Je größer die Bedrohung, desto größer das Risiko bei Untätigkeit – und desto zwingender die Notwendigkeit vorbeugenden Handelns zu unserem eigenen Schutz – selbst wenn ungewiss bleibt, wann und wo der Feind angreifen wird. Um feindseligen Akten unserer Widersacher vorzubeugen oder sie zu verhindern, werden die Vereinigten Staaten, falls notwendig, präventiv handeln.»

Die implizite Logik der Denkschrift setzt, ganz zu Recht, das Bestehen einer amerikanischen Hegemonie voraus: «Die Vereinigten Staaten verfügen über ein nie da gewesenes – und unangefochtenes – Maß an Stärke und Einfluss auf der Welt.» Sie geht, wichtiger noch, davon aus, dass diese globale Vorherrschaft ein Geburtsrecht der USA sei und im Interesse des Friedens aufrecht erhalten werden müsse: «Unsere Streitkräfte werden stark genug sein, um die Hoffnung potenzieller Widersacher zunichte zu machen, sie könnten durch eigene Rüstungsanstrengungen die Macht der Vereinigten Staaten überflügeln oder mit ihr gleichziehen ... Wir müssen unsere Verteidigungskräfte auf ein unangreifbares Niveau steigern und sie dort belassen.» Das alles natürlich im Namen des Guten: Amerika werde seine Macht nur zur Förderung «freier und offener Gesellschaften» einsetzen, nicht um der Erlangung «einseitiger Vorteile» willen. Ganz im Einklang mit der exzeptionalistischen Vorstellung vom «Ausnahmefall Amerika» spricht die Denkschrift von einem «seltenen Einklang unserer Werte mit unseren Interessen» und sieht darin einen Ausdruck eines «unverwechselbar amerikanischen Internationalismus».

Nach Informationen der *Washington Post* existiert von der Denkschrift eine geheime Langfassung, die «sogar noch weiter geht» und «einen Bruch mit fünfzig Jahren US-amerikanischer Nichtverbreitungs-Politik vollzieht, indem sie Präventivschläge gegen Staaten und terroristische Gruppen autorisiert, die dem Erwerb von Massenvernichtungswaffen oder von weitreichenden Raketen, die solche Waffen expedieren können, nahe sind». Dahinter stehe die Idee, Komponenten solcher Systeme zu zerstören, bevor sie einsatzbereit sind.[3] Dem Vernehmen nach benennt die Denkschrift in ihrem streng geheimen Anhang neben dem Irak den Iran, Syrien, Nordkorea und Libyen als Länder, die vorrangig im Brennpunkt dieser neuen Strategie stehen, und gibt die Parole aus, die «Lieferung von Waffenkomponenten in diese Länder und aus ihnen heraus» müsse gestoppt werden.

Gedacht als Antwort auf neue Gefahren, ruft die Bush'sche Präventivkriegsdoktrin neue Risiken auf den Plan. Sie will die Unzulänglichkeiten der Abschreckungs- und Eindämmungspolitik überwinden, die den Kalten Krieg charakterisierte: «Abschreckung, die nur auf der Drohung mit Vergeltung beruht, hat weniger Aussicht, gegen die Führer von Schurkenstaaten zu funktionieren, die bereit sind, größere Risiken einzugehen ... Herkömmliche Abschreckungskonzepte werden gegen einen terroristischen Feind nicht funktionieren, der erklärtermaßen die Taktik mutwilliger Zerstörung und der Tötung von Unschuldigen verfolgt, dessen so genannte Soldaten im Tod Martyrium sehen und der sich in nicht-staatlichen Räumen am sichersten fühlen kann.»[4]

Allein, die neue Doktrin reproduziert am Ende einige der gefährlichsten Elemente der Eindämmungspolitik. Sie setzt eine Gewissheit über das Eintreten von Ereignissen und über ihre Folgen voraus, die vom realen Verlauf der Geschichte auf Schritt und Tritt negiert wird. George Kennan, der Doyen der amerikanischen Realpolitiker (inzwischen weit über 90 Jahre alt), sagte vor kurzem in einem Interview, jedem, der die Geschichte studiere, müsse klar sein, «dass man in einen Krieg vielleicht mit bestimmten Vorstellungen hinein geht», dass im Kriegsverlauf aber sehr schnell Entwicklungen eintreten, «an die vorher keiner gedacht hat».[5] Gemäß ihrer Logik der «vorausschauenden Selbstverteidigung» verlässt sich die Strategie des Präventivkriegs auf langfristige Voraussagen und Annahmen über verkettete Ereignisabläufe, die viel ungewisser sind als die in der Logik der Selbstverteidigung liegenden Prämissen. Wenn man zuerst schießt und erst hinterher Fragen stellt, öffnet man tragischen Fehlkalkulationen Tür und Tor. Indem die USA die traditionelle völkerrechtliche Doktrin der Selbstverteidigung über Bord werfen, statuieren sie ein verhängnisvolles Exempel für andere Staaten, die für sich ebenfalls eine exzeptionalistische Logik in Anspruch nehmen. Und indem sie der Vernunft des Gesellschaftsvertrags und des Völkerrechts den Rücken kehren, den vielleicht schönsten Errungenschaften der amerikanischen Unabhängigkeit, schwören sie dem idealistischen Erbe ab, auf das sie sich doch so gerne berufen.

Von besonnenen Eulen, die die Zukunft des Völkerrechts und der internationalen Ordnung im Blick haben, war und ist Kritik zu hören. Ein Kommentator hielt der Bush-Administration vor, ihr Umgang mit den Gefangenen des Krieges gegen den Terrorismus habe gezeigt, dass sie offenbar «nicht verstanden hat oder nicht verstehen wollte, dass ihr mehr Rechtsgründe – und daher ... mehr rechtliche Optionen – zu Gebote standen als die, für die sie sich entschied, als sie der Welt mitteilte, die Genfer Konvention auf diese Gefangenen anzuwenden, sei nicht erforderlich oder mache zu viele Umstände. Wie in ihrer Konfrontation mit dem neuen Internationalen Strafgerichtshof, den sie nie anerkannt hat und dem sie sich entschlossen widersetzt, hat die Regierung Bush null Interesse gezeigt, an der Weiterentwicklung dessen mitzuwirken, was man früher Kriegsrecht nannte und heute euphemistisch als ‹internationales humanitäres Recht› bezeichnet.»[6] Die Vorkämpfer des Imperiums der Angst sind überzeugt, dass die Fähigkeit, Gegner zu schockieren und einzuschüchtern, die Bösewichter dieser Welt eher gefügig macht als die hehre Autorität des Völkerrechts.

Die Vereinigten Staaten haben in ihrer Geschichte zwar schon eine Reihe von Präventivkriegen geführt, doch als offiziell propagierte Doktrin stellt die Lehre vom Präventivkrieg eine radikale Abkehr von den bisherigen Traditionen des strategischen Denkens und der praktischen Kriegführung der USA dar. Diverse militärische Aktionen, die US-Regierungen in der Vergangenheit ohne Zustimmung des Kongresses durchführten, wurden von manchen Kritikern als heuchlerisch, von anderen als imperial empfunden. (Man denke zum Beispiel an die Intervention in Mexiko unter Präsident Wilson oder, in späteren Jahren, das verdeckte oder offene Eingreifen im Iran, in der Dominikanischen Republik, in Panama, Grenada und anderswo.) In allen diesen Fällen wurde aber wenigstens der Versuch unternommen, das Recht zur Entsendung von Truppen entweder aus der US-Verfassung abzuleiten (wie bei der Tonkin-Golf-Resolution zur Legitimation des Vietnamkrieges) oder sich auf die Charta der Vereinten Nationen (wie beim Koreakrieg) oder Bestimmungen des Völkerrechts (wie im Fall Panama) zu berufen. In allen diesen Fällen mag doppelte Moral im Spiel gewesen sein, aber jedenfalls erwiesen die Vereinigten Staaten den geltenden Rechtsnormen und dem Gebot der Selbstverteidigung insofern noch ihre Reverenz, als sie bestritten, gegen sie verstoßen zu haben.

In der Konfrontation mit dem Sowjetkommunismus, in dem manche Amerikaner eine noch schlimmere totalitäre Bedrohung sahen, als der deutsche Nationalsozialismus es gewesen war, galt ein Präventivkrieg immer wieder als verlockende Option. Francis Matthews, Präsident Trumans Marineminister, vertrat etwa die Auffassung, die Vereinigten Staaten müssten bereit sein, «die Zusammenarbeit für den Frieden um jeden Preis zu erzwingen, notfalls um den Preis eines Krieges». Er trat damit eine Kontroverse über die Vorteile eines nuklearen «Erstschlags» los, die alle weiteren Debatten über präventive Politik in den Jahrzehnten des Kalten Krieges prägen sollte.[7] Winston Churchill hatte mit dem Gedanken gespielt, auf dem Balkan eine zweite Front gegen die Nazis aufzubauen, um den Sowjets den Zugriff auf Mitteleuropa zu verwehren. Unmittelbar nach dem Krieg vertraten manche die Meinung, Amerika solle den bisherigen russischen Bündnispartner gleich mit erledigen. Die Kalten Krieger versuchten, die amerikanische Öffentlichkeit davon zu überzeugen, dass die USA in ihrer Art der verhältnismäßig zivilisierten Kriegführung bisher zu zimperlich gewesen seien (dies wohlgemerkt nach Hiroshima!) und gut daran täten, künftig härtere Bandagen anzulegen. Ihre Worte über neuartige Voraussetzungen und radikal veränderte Umstände ähnelten in bemerkenswerter Weise den Plädoyers für eine neue Präventivkriegsdoktrin nach dem 11. September 2001. Einer derjenigen, die die verdeckten Aktionen des US-Geheimdiensts OSS im Zweiten Weltkrieg rechtfertigten, General James H. Doolittle, berief sich bereits damals auf jene angeblich veränderten Umstände: «Es ist jetzt klar, dass wir es mit einem unversöhnlichen Gegner zu tun haben, dessen

Die «neue» Doktrin des präventiven Krieges 89

erklärtes Ziel es ist, mit allen erdenklichen Mitteln die Weltherrschaft zu erringen, was immer es kosten mag. Es gibt in einem solchen Spiel keine Regeln; bislang akzeptierte Regeln des menschlichen Umgangs miteinander gelten nicht. Wenn die Vereinigten Staaten überleben wollen, müssen altehrwürdige amerikanische Begriffe wie ‹Fairplay› hinterfragt werden. Wir müssen wirksame Apparate für Spionage und Spionageabwehr entwickeln und müssen lernen, unsere Feinde durch raffiniertere, anspruchsvollere und wirksamere Methoden, als sie sie gegen uns anwenden, zu schwächen, zu sabotieren und zu vernichten. Es könnte notwendig werden, dass das amerikanische Volk sich mit dieser im Grunde genommen widerwärtigen Philosophie vertraut macht, sie verstehen und unterstützen lernt.»[8] Präsident Bush hätte diese Sätze, ohne ein einziges Wort ändern zu müssen, in sein Vorwort zur Nationalen Sicherheitsdoktrin vom 20. September 2002 übernehmen können.

Nachdem die Sowjets eigene Atomwaffen entwickelt hatten (und später die Wasserstoffbombe), wurde die Sache mit der Prävention komplizierter (ähnlich wie sich heute das Problem Nordkorea darstellt). Die Amerikaner mussten einsehen, dass sie, wenn sie abwarteten, bis sie angegriffen würden, nicht mehr würden tun können, als den Angreifer zu bestrafen, indem sie ihm ein Vielfaches der selbst erlittenen Zerstörungen zufügten. Diese Logik steigerte sich bis zum Konzept der «sicheren gegenseitigen Zerstörung», das bei seinen Kritikern auf Seiten der Falken die Idee eines entscheidenden Präventivschlags weckte. Der Stratege Hermann Kahn berechnete, dass ein massiver Erstschlag der USA, der der Gefahr der wechselseitigen Zerstörung ein Ende setzen würde, selbst um den Preis von 40 oder 50 Millionen Toten in den USA eine vernünftige Lösung sein könnte.

Solange der Kalte Krieg anhielt, verstummten die Forderungen nach einem vorbeugenden Atomkrieg gegen die Sowjets nie zur Gänze. Sie wurden in sarkastischen Filmkomödien wie *Doktor Seltsam* parodiert und in Politdramen wie *Sieben Tage im Mai* oder *Das letzte Ufer* zu paranoiden Alpträumen umgedichtet. In der Kubakrise, die 1961 zum Test für die nervliche Belastbarkeit von Präsident Kennedy werden sollte, wurde die Forderung nach einem amerikanischen Präventivschlag erneut «rational» erörtert. Die schwierige Alternative, vor die sich Kennedy gestellt sah, lautete: entweder (nach der Entdeckung heimlich installierter russischer Raketen) einen Präventivschlag gegen Kuba zu führen, bei dem Russen und Kubaner sterben würden und der die Gefahr eines atomaren Schlagabtauschs heraufbeschwören würde, oder nichts zu tun und Gefahr zu laufen, dass die auf Kuba stationierten Raketen für einen Erstschlag gegen die USA eingesetzt würden. Die Sowjetunion wurde dabei übrigens in derselben moralisierenden Sprache («totalitäre Diktatur», «Reich des Bösen») beschrieben, wie wir sie jüngst wieder in den Erklärungen zur Rechtmäßigkeit des Präventivkriegs gegen den Irak gehört haben.[9]

Präsident Kennedy entschied sich schließlich gegen einen Präventivschlag und für Diplomatie und Kompromisse – trotz der Tatsache, dass der sowjetische Kontrahent über die Fähigkeit verfügte, die Vereinigten Staaten mit einem Erstschlag fast auszulöschen – und brachte es auf diese Weise fertig, den Abzug der sowjetischen Raketen aus Kuba ohne Krieg zu erreichen. Diejenigen, die diese Nerven zerfetzenden Tage des Diskutierens und Beschlüssefassens miterlebt haben, sind sich darin einig, dass im Verlauf dieser Krise die Welt nur noch einen kleinen Schritt vom atomaren Inferno entfernt war. Davor bewahrt wurde sie nicht durch eine abgewogene langfristige strategische Planung, sondern nur durch die so nicht zu erwartende pragmatische Besonnenheit eines aggressiven amerikanischen Präsidenten und eines kriegerischen russischen Premiers, wobei auch hilfreiche diplomatische Kniffe zur Anwendung kamen.[10] Nach der beispielgebenden Entscheidung Präsident Kennedys für einen

Kompromiss hielten (bis vor kurzem) auch nachfolgende US-Regierungen, und zwar nicht nur demokratisch dominierte, am Prinzip der multilateralen Diplomatie und am politischen Instrumentarium der Eindämmung und Abschreckung (die als solche noch genügend Gefahren bargen) fest, auch wenn dies höhere Anforderungen in punkto Komplexität und Anpassungsbereitschaft stellte.

Was ich hier als *Lex humana* vorstelle, lässt sich also nicht als eine Politik für weniger gefährliche Zeiten abtun, nur weil in ihr kein Platz ist für die Option des atomaren Erstschlags oder für die Legitimierung von Kriegen, die aus anderen als den traditionell anerkannten Gründen wie etwa der Selbstverteidigung (wie in Artikel 51 der Charta der Vereinten Nationen definiert) geführt werden. Eine der *Lex humana* verpflichtete Politik zeitigte erfolgreiche (wenn auch riskante) Handlungsoptionen in weitaus gefährlicheren Zeiten, in denen die Vereinigten Staaten es mit weitaus mächtigeren Gegenspielern zu tun hatten, als es Al Qaida heute ist, vom Irak gar nicht zu reden. Die Sowjets verfügten über Massenvernichtungswaffen (die der wahre Jakob waren) – atomare und thermonukleare Sprengköpfe –, und vor allem auch über Mittel, diese Waffen überall auf der Welt einzusetzen. Sie besaßen eine Ideologie des gerechten, sich historisch legitimierenden Zorns, der sich gegen die kapitalistischen Demokratien und vor allem gegen die USA als deren Leithammel richtete. Angesichts einer solchen Konstellation boten ein internationales Rechtssystem und ein kompliziertes und häufig kompromittierendes System von Bündnissen und Verträgen Anlass zur Hoffnung, weil sie versprachen, Schutz vor tyrannischen Feinden von Recht und Ordnung wie den Sowjets zu bieten. Einzig ein solches System bot eine Alternative zur Politik der Angst, auf die das friedensbewahrende «Gleichgewicht des Schreckens» hinauslief.

Die Ängste, die der 11. September 2001 weckte und schürte, haben den politischen Konsens, der für die Dauer des Kalten Krieges Bestand hatte, gründlich zerstört. Nachdem Condoleezza Rice die Nationale Sicherheitsstrategie offiziell bekannt gegeben hatte, wurde die Idee des Präventivkriegs zur zentralen Apologie für das angedrohte militärische Vorgehen gegen den Irak. Wie Präsident Bush in seiner dem Thema Irak gewidmeten Rede an die Nation am 8. Oktober 2002 erklärte, war Amerika nach den Erfahrungen der verheerenden Attacken vom 11. September und angesichts «eindeutiger Beweise für Gefahr im Verzug» nicht länger bereit, «auf den letztgültigen Beweis zu warten, den rauchenden Colt, der sich uns in Gestalt eines Atompilzes präsentieren könnte». Man habe «jeden Grund, mit dem Schlimmsten zu rechnen», und stehe in der unbedingten Pflicht, «zu verhindern, dass das Schlimmste eintritt». Deshalb könnten und würden die USA nicht zu dem «alten Ansatz von Inspektionen und der Anwendung diplomatischen und wirtschaftlichen Druckes» zurückkehren.[11]

Die neue Doktrin war für Präsident Bush offenkundig ein Befreiungsschlag, setzte sie ihn doch in die Lage, die harte Linie, die er schon ein Jahr lang in Kabinettssitzungen geprobt hatte, endlich als offiziellen politischen Kurs zu vertreten. «Die Zeit des Leugnens, Täuschens und Hinauszögerns ist zu Ende», traute er sich jetzt zu sagen. «Saddam Hussein muss sich selbst entwaffnen; andernfalls werden wir, um des Friedens willen, eine Koalition anführen, die ihn entwaffnen wird.» Mit dem Gespür für die aufrührende Rhetorik des amerikanischen Exzeptionalismus fügte Präsident Bush hinzu, die Vereinigten Staaten nähmen diese Haltung nicht nur um ihrer eigenen Sicherheit willen ein, sondern auch um ihrer «Verantwortung für die Verteidigung der menschlichen Freiheit gegen Gewalt und Aggression» gerecht zu werden. Dann folgte eine amerikanische Apotheose der bezeichnenden Art: «Mit unserer Entschlossenheit werden wir anderen Kraft verleihen. Mit unserer Tapferkeit werden wir anderen

Hoffnung geben. Und mit unseren Taten werden wir den Frieden sichern und die Welt in eine bessere Zukunft führen. Möge Gott Amerika segnen.»

Für Präsident Bush mochte ein präventives militärisches Vorgehen gegen das Afghanistan der Taliban und den Irak Saddam Husseins vor allem eine wirksame vorbeugende Antwort auf den Terrorismus sein – für Paul Wolfowitz, den vielleicht militantesten aller Adler in Rumsfelds Pentagon, ging es um mehr als das. Schon bevor Rice ihre Denkschrift niederschrieb, setzte Wolfowitz sich für eine Politik der präventiven Liquidierung ein – womit er nicht weniger meinte als das Beseitigen von «Staaten, die den Terrorismus fördern».[12] Die Formulierungen, zu denen Rice in ihrem Strategiedokument griff, deuten darauf hin, dass Wolfowitz sich mit seiner Auffassung durchsetzte. Schließlich hatte sich sein Vorgesetzter, Verteidigungsminister Rumsfeld, seit jeher für ein «Denken außerhalb der Schublade» traditioneller Verteidigungsdoktrinen stark gemacht. Das bedeutete möglicherweise nicht nur, dass das Mittel des Präventivschlags ernsthaft erwogen würde, sondern auch dass die Vereinigten Staaten alles daran setzen würden, um die Existenz bestimmter Staaten zu «beenden», bis hin zu Mordanschlägen oder sogar zur Vergiftung feindlicher Lebensmittelvorräte – dieser letztere Vorschlag schaffte jedoch, wenn man Bob Woodward glauben darf, nicht den Sprung in das Maßnahmenbündel, das beschlossen wurde.[13] Der politische Mord hingegen ist als reale Möglichkeit akzeptiert worden, mindestens wenn man die Rhetorik der Regierung als Maßstab nimmt. So räsonierte Bushs Sprecher Ari Fleischer: Wenn das politische Ziel der amerikanischen Irak-Politik ein «Regimewechsel» sei, dann sei «die Fahrkarte für eine Reise ohne Wiederkehr erheblich billiger als [eine Invasion]. Der Preis für eine Kugel, wenn das irakische Volk selbst zur Tat schreitet, ist erheblich niedriger.»[14]

So radikal und neu diese Gedankengänge erscheinen mögen, so unverhohlen hatte die US-Regierung sich schon viel früher zur Logik des Präventivkriegs bekannt. Im Mai 2002 unterzeichnete Präsident Bush die «Nationale Sicherheitsdirektive 17» (die auch unter der Bezeichnung Direktive 4 zur Inneren Sicherheit geführt wird); sie war das erste größere politische Gemeinschaftsprojekt des Nationalen Sicherheitsrats und des neu berufenen «Rats für Innere Sicherheit» unter seinem Vorsitzenden Tom Ridge und gipfelte in der Feststellung, in Folge des Scheiterns der traditionellen Politik der Nonproliferation werde man jetzt zu einer Politik des «aktiven Unterbindens» übergehen. Ein Mitarbeiter der Administration lieferte eine Definition dessen nach, was unter «aktivem Unterbinden» zu verstehen sei, nämlich «physische» Maßnahmen: «Sabotierung, Zerstörung in jedweder Form, ob kinetisch oder kybernetisch».[15]

Cofer Black, stellvertretender CIA-Direktor mit Zuständigkeit für Terrorismusabwehr, warb mit ebenso atemberaubender Kühnheit, aber noch weit größerem Behagen für die neue Doktrin und ihre möglichen konkreten Ausprägungen. Das Vorgehen gegen die Taliban ließe sich zur Not noch im Rahmen des traditionellen Paradigmas der Selbstverteidigung darstellen – zwar hatten die Taliban Amerika nicht angegriffen, aber man konnte in ihnen die Auftraggeber der Attentäter vom 11. September sehen –, es hatte aber auch einen Präventionsaspekt. Black versprach Präsident Bush bald nach dem 11. September 2001, er werde ihm den Kopf von Osama bin Laden bringen. Damit niemand glauben sollte, er meine das lediglich im Scherz, bestellte er eine eigens für diesen Zweck präparierte Kiste, als er zu seiner ersten Dienstreise zu den Stützpunkten der Nordallianz in Afghanistan aufbrach, die gerade dabei war, ihre Offensive zu starten. «Wenn wir mit [Al Qaida und den Taliban] fertig sind, werden Fliegen auf ihren Augäpfeln spazieren gehen», tönte Cofer Black und setzte damit eine rhetorische Marke, die zeigte, welche Blüten die Entrüstung über die terroristischen Verbrechen im Weißen Haus des Präsidenten Bush trieb: Man hatte offenbar eine genüssliche Lust am Präventivkrieg als einer Politik des Erteilens blutiger Lektionen entwickelt.

Der Geist des Präventivkriegs lag, auch wenn es noch über ein Jahr dauern sollte, bis er in Buchstaben gegossen wurde, schon unmittelbar nach dem 11. September in der Luft. Black wollte allen klarmachen – auch den Russen, die noch versucht sein könnten, Afghanistan als ihr Revier zu betrachten –, dass Amerika jetzt losmarschieren würde. «Wir befinden uns in einem Krieg, und wir werden handeln. Unabhängig davon, was Sie tun, werden wir auf jeden Fall handeln.» Als die Russen mit der Warnung konterten, Amerika solle sich vorsehen, in Afghanistan nicht unter die Räder zu kommen, zeigte Black sich unbeeindruckt: «Wir werden sie fertig machen. Wir werden ihre Köpfe auf Stangen stecken. Wir werden ihre Welt ins Wanken bringen.»[16] Der Hegemon war aufgebracht. Und soweit es Afghanistan und den Irak betraf, hatte der Hegemon damit Recht. «Diese Nation ist friedfertig, aber unnachsichtig, wenn man sie in Zorn versetzt», rief Präsident Bush in seiner Rede in der National Cathedral aus. Man werde nicht mehr warten, bis die Bösen den Revolver als Erste ziehen. Man machte keine Unterschiede mehr, nicht zwischen Mullah Omar und Osama bin Laden, nicht zwischen den Taliban und Mullah Omar, nicht zwischen der Regierung von Afghanistan und den Taliban. Amerika war nicht mehr mit dem Prinzip der Selbstverteidigung in engerem Sinn verlobt, ja nicht einmal mehr mit den Grundsätzen der zivilen Gesellschaft im weitesten Sinn. Es fühlte sich nicht mehr verpflichtet, andere von der Rechtmäßigkeit seines Anliegens zu überzeugen. Zwar empfand es noch Respekt vor den «Werten, Urteilen und Interessen unserer Freunde und Partner», aber es war auch bereit und willens, «alleine vorzugehen, wenn unsere Interessen und seine einzigartigen Verantwortlichkeiten dies erfordern».[17] Wie die US-Regierung im Verlauf ihres Krieges gegen den

Irak immer wieder betonte, brauchte sie niemandes Erlaubnis, um ihre Feinde zu identifizieren und vorbeugende Kriege gegen sie zu führen. Die «Achse des Bösen» und alle, die in irgendeiner Form mit ihr verbunden waren, mussten wissen, was die Stunde geschlagen hatte. So weit, so konsequent. Seltsam war lediglich, dass die US-Regierung sich überrascht gab, als einige derjenigen, die man gewarnt hatte, nicht den Kopf einzogen, sondern dagegen hielten – wie die Nordkoreaner.

Als der Präsident am 11. Dezember 2001 zu seiner großen politischen programmatischen Rede in der Citadel-Militärakademie anhob, hatte die Wut, die seit dem 11. September in Bush und Rumsfeld, Wolfowitz und Cofer Black gärte, den offiziellen Begriff der «aktiven Proliferationsabwehr» hervorgebracht. Er bedeutet: Man werde sich nicht mehr auf Verträge und Zusagen verlassen, der Atomwaffensperrvertrag werde als gescheitertes Projekt eingestuft, das umfassende atomare Teststopp-Abkommen als unzulänglich. Den so genannten ABM-Vertrag (ein Abkommen über das Verbot antiballistischer Raketen) hatten die USA schon vorher einseitig gekündigt. Man würde keine zimperlichen Versuche mehr unternehmen, Regierungen durch Bestechung vom Erwerb von Massenvernichtungswaffen abzubringen; das Nunn-Lugar-Programm, mit dem der Kongress die Regierung ermächtigt hatte, in den Nachfolgestaaten der ehemaligen Sowjetunion vagabundierendes Nuklearmaterial aufzukaufen, wurde auf die Auslaufliste gesetzt.[18] Mit dem Begriff der Proliferationsabwehr verband sich ein neues Vorgehen, nämlich die vorbeugende Zerstörung von Anlagen, die für die Entwicklung von Massenvernichtungswaffen genutzt wurden. Die denkbar massivste Keule trat an die Stelle des Zuckerbrots, und man würde sie nicht nur drohend schwingen, sondern als erzieherisches Mittel vorbeugend herabsausen lassen. Proliferationsabwehr war somit ein Euphemismus für präventive militärische Schläge, die praktische Unterbindung möglicher Missetaten durch vorbeugende Bestrafung, als habe man es mit ungezogenen Kindern zu tun, deren Eltern die Nase voll haben und nicht mehr warten wollen, was die Bengel sich als nächstes ausdenken.

Von Angst und Ungewissheit gespeist, ersetzte die Doktrin des Präventivkriegs die indikative Logik der Selbstverteidigung («wir sind angegriffen worden!») durch eine neue, konditionale Logik: «Jemand könnte gerade einen Angriff auf uns planen!» Dem Prinzip der Selbstverteidigung entspricht die Aussage: «Unsere Feinde haben dafür gesorgt, dass wir uns im Kriegszustand befinden; unsere Kriegserklärung ist daher nur die Bestätigung eines beobachtbaren Zustandes.» Dagegen lautet das Credo des Präventivkriegs: «Wir leben in einer gefährlichen Welt, in der viele potenzielle Feinde einen Angriff gegen uns oder unsere Freunde erwägen oder sich die Waffen beschaffen können, die es ihnen erlauben würden, einen solchen Angriff zum Zeitpunkt ihrer Wahl durchzuführen; um derlei Pläne zu durchkreuzen, erklären wir den betreffenden Ländern den Krieg und unterbinden damit die mögliche Verwirklichung dieser gefährlichen Kette von Eventualitäten.»

Dass die Drohung mit präventiven kriegerischen Maßnahmen nicht immer die Wirkungen zeitigt, die der Drohende beabsichtigt, liegt auf der Hand. Sicherlich ist die auftrumpfende Kriegsrhetorik eines Kim Jong Il eine Spezialität des isolierten nordkoreanischen Regimes, aber im Allgemeinen gilt, dass der Krieg der Parolen keine Solopartie ist. Indem Präsident Bush Nordkorea zum Gründungsmitglied seiner «Achse des Bösen» ernannte, erklärte er es praktisch zum potenziellen Zielobjekt seiner neuen Strategie des Präventivkriegs. Zudem nannte er Kim Jong Il einen «Pygmäen» und machte damit keinen Hehl daraus, dass er ihn «verabscheute», ihn ebenso widerwärtig fände wie Saddam Hussein und ihn auf seiner Liste derjenigen stehen hatte, die

– «einer nach dem anderen» – als nächste an die Reihe kommen würden. Wenn man ein Regime zum Anwärter auf einen «Selbstmord mit Nachhilfe» erklärt (mit diesem Begriff charakterisieren manche das Konzept einer «maßgeschneiderten Eindämmung», nach dessen Maßgabe die US-Regierung auf den Kollaps eines bankrotten Nordkorea wartet), welche Reaktion erwartet man von denen, die solchermaßen abgekanzelt werden? Ist man wirklich überrascht, dass die Nordkoreaner, wie Bill Keller festgestellt hat, «unser kriegerisches Gerede ziemlich ernst genommen haben»? Noch dazu «wenn wir abrupt den Dialog beenden, die militärische ‹Prävention› zu unserer Doktrin für den Umgang mit Möchtegern-Atommächten erheben und Nordkorea als Rechtfertigung für die Errichtung eines Raketenabwehrsystems in Alaska anführen».[19]

Niemand sollte sich darüber wundern, dass die Logik dieser Worte und Taten Nordkorea in Panik und in einen Zustand real empfundener Angst versetzt hat. Was immer die US-Regierung jetzt und künftig sagen mag, Nordkorea wird davon ausgehen (müssen), dass es auf der Liste der Schurkenstaaten ganz oben steht und dass die USA zu einem von ihnen gewählten Zeitpunkt nach Ende des Irak-Kriegs zuschlagen werden.[20] Weshalb sonst die Rede von einer «Achse des Bösen»? Weshalb sonst vorsorgliche Pläne, die nordkoreanischen Nuklearkapazitäten mit amerikanischen Atomwaffen zu eliminieren? Weshalb sonst die Verlegung von Dutzenden von B-1- und B-52-Bombern nach Guam Anfang 2003? Weshalb sonst die Weigerung, bilateral mit Nordkorea zu verhandeln, dem doch offenbar sehr daran gelegen ist, die US-Regierung an den Verhandlungstisch und nicht aufs Schlachtfeld zu drängen?

In eine ähnliche Richtung ging CIA-Chef George Tenet, als er am 11. Februar 2003 vor dem Geheimdienstausschuss des Senats erklärte, der Iran bleibe wegen seiner Unterstützung des Terrorismus ein ernster Problemfall. Mit genau

Die «neue» Doktrin des präventiven Krieges 99

diesen Vorwürfen rechtfertigte Amerika den Einmarsch in den Irak. Wie ein Beobachter treffend angemerkt hat, gerät die US-Regierung angesichts dieser Militarisierung ihrer Politik «in der Wahrnehmung ihrer auswärtigen Angelegenheiten in zunehmende Abhängigkeit von ihren Streitkräften»,[21] was nach Überzeugung mancher den klaren Schluss zulässt: «Zuerst der Irak, danach der Iran.»[22] Wie Paul Krugman von der *New York Times* berichtet, hörte er von einem britischen Beamten mit Verbindungen zum Beraterteam Bushs den Ausspruch: «Alle wollen nach Bagdad. Richtige Männer wollen nach Teheran.»

Die israelische Regierung unter Premierminister Ariel Sharon teilt diese Auffassung. Ranan Lurie vom Center for Strategic and International Studies in Washington erklärt die Sichtweise Sharons so: «Es ist unvorstellbar, dass [die USA] den Irak angreifen, den Sieg erringen, die nicht-konventionellen Labore und Arsenale [des Irak] zerstören und dann zu einer Konfettiparade auf dem Wilshire Boulevard nach Hause kommen und sich an den Strand legen, solange der Iran noch da ist. Man stelle sich einen Gehirnchirurgen vor, der den Schädel eines Patienten mit zwei bösartigen Gehirntumoren geöffnet hat und dann nur einen der beiden herausschneidet. Logisch wäre, dass man, solange dieser Schädel geöffnet ist, die Gelegenheit für die Entfernung auch des zweiten Tumors nutzen sollte.»[23] Als wollte er die Stichhaltigkeit dieser Logik unterstreichen, gab der Iran im März 2003 bekannt, dass er (wie Nordkorea) ein ehrgeiziges eigenes Atomenergie-Programm angefahren habe, in dessen Rahmen auch die Erzeugung waffentauglichen Plutoniums möglich sein werde. Der syrische Präsident Bashar al Assad meldete sich zur selben Zeit mit der Einschätzung zu Wort, die USA verfolgten mit dem Krieg gegen den Irak das Ziel, «die Landkarte der Region neu zu zeichnen», und eines ihrer möglichen nächsten Ziele sei Syrien. Von manchen Konservativen, die auf den Krieg gegen den Irak gedrängt hatten, ist mittlerweile zu hören, sie hätten schon den «nächsten Schritt» ins Auge gefasst und griffen weiter voraus, «als der Präsident zu gehen bereit sei», indem sie nämlich den Irak-Feldzug als Aufgalopp «zu einem Vierten Weltkrieg» bezeichneten (wobei der Kalte Krieg der Dritte Weltkrieg gewesen sei).[24]

Die Doktrin des Präventivkriegs hat nicht nur außen-, sondern auch innenpolitische Implikationen. So wie sie traditionelle Paradigmen der Selbstverteidigung außer Kraft setzt und ein aggressiveres Vorgehen nach außen erlaubt, vermag sie rechtsstaatliche Garantien auszuhöhlen und ein aggressiveres Vorgehen im Innern möglich zu machen. Dieselben Verweise auf besondere Umstände, neuartige Feinde und veränderte technische Möglichkeiten, die zur Rechtfertigung des Präventivkriegs herangezogen werden, lassen sich auch als Begründung etwa für präventive Internierungen verwenden. Joseph Lelyveld referiert die einschlägige Argumentation (um sie anschließend zu kritisieren) mit diesen Worten: «Dschihadisten unterscheiden sich insofern von anderen Kämpfern, als der Krieg, den sie führen, aus offensichtlichen Gründen durch einen von oben angeordneten Waffenstillstand oder eine Kapitulation nicht beendet wird. Unter diesen Umständen muss das überragende Ziel jeder Internierungspolitik darin bestehen, über das [feindliche] Netzwerk und seine Ziele möglichst viele Erkenntnisse zu sammeln, die zur präventiven Abwehr künftiger Angriffe dienen können. Die Prävention ist wichtiger als die Verfolgung und Bestrafung Einzelner für vergangene Taten. Wenn man nach vorne blickt, ist es schwer festzustellen, wer unter den Internierten wichtig – das heißt gefährlich – ist und wer nicht. Wenn die Verhinderung zukünftiger Taten das wichtigste Anliegen ist, wäre es fahrlässig, Gefolgsleute von Bewegungen freizulassen, die die Selbstmordattentäter vom 11. September direkt oder indirekt unterstützt haben.»[25] Gewiss räumt selbst ein Paul Wolfowitz ein, dass viele der in

Die «neue» Doktrin des präventiven Krieges 101

Guantanamo Internierten «vollkommen harmlos» sein könnten. Andererseits: «Würden wir sie im Waldorf Astoria einquartieren, könnten wir sie wohl kaum zum Sprechen bringen.»[26] Hier handelt es sich natürlich um dieselbe abschüssige Logik, die einen Alan Dershowitz dazu gebracht hat, über die Legitimität «legaler» Foltermethoden im Zeitalter des Terrorismus nachzudenken.[27]

Die Möglichkeitslogik der Prävention ist das treibende Motiv hinter der fast schon zwanghaften Aufmerksamkeit der Amerikaner für Länder wie den Irak und Nordkorea seit dem 11. September 2001. Sie ist der zentrale Faktor des außen- wie innenpolitischen Paradigmas, der die europäischen Freunde der USA verunsichert hat. Solches Möglichkeitsdenken trieb aber auch schon andere US-Präsidenten um, lange bevor George W. Bush mit dem Finger auf die «Achse des Bösen» zeigte und seine Doktrin des präventiven Krieges verkündete. So erwog beispielsweise die Regierung Clinton in ihrer ersten Amtszeit einen Präventivschlag gegen die atomare Aufbereitungsanlage der Nordkoreaner in Yongbyon und bombardierte 1998, während Clintons zweiter Amtszeit, eine Fabrikanlage im Sudan, in der ihrer Überzeugung nach chemische Waffen hergestellt wurden, was sich jedoch als Irrtum erwies. Einen kodifizierten Niederschlag fand die Logik der Prävention auch in Clintons Präsidentendirektive Nr. 62, die den «Schutz vor unüblichen Bedrohungen des Inlands und der amerikanischen Übersee-Besitzungen» versprach. Ein ehemaliger Angehöriger der Clinton-Administration hat die Direktive (deren Wortlaut der Geheimhaltung unterliegt) in dem folgenden syntaktisch benachteiligten Satz zusammengefasst: «Wenn man glaubt, dass Terroristen Zugang zu Massenvernichtungswaffen erhalten, gibt es eine extrem niedrige Schwelle, dass die Vereinigten Staaten militärisch einschreiten sollten.»[28]

Tatsächlich kennt diese neue Doktrin keine Parteigrenzen. Die Demokraten stellten in ihrem Wahlprogramm für das

Jahr 2000 die These auf, die sich verändernde internationale Situation erfordere eine neue Doktrin des «vorausschauenden Engagements». Sie forderten eine Politik, die «Probleme in einem frühen Stadium ihrer Entwicklung anpackt, bevor sie sich zu Krisen auswachsen, die so nahe wie möglich an die Wurzel des Problems herangeht und die über die Kräfte und Ressourcen verfügt, um sich dieser Bedrohungen schnellstmöglich annehmen zu können».[29] «Vorausschauendes Engagement» ist zwar nicht gleich Präventivkrieg, ist aber auch nicht dasselbe wie traditionelle Selbstverteidigung.

In Bezug auf eine vorbeugende Politik gegenüber dem Irak hatte Präsident Clinton in der Tat viele derselben Bedrohungsszenarien bemüht, die Präsident Bush vier Jahre später an die Wand malte. In einem von Vertretern der Bush-Administration häufig zitierten Redepassus hatte Clinton vor den «Freibeutern des 21. Jahrhunderts» gewarnt, die «eine umso tödlichere Gefahr sein werden, je mehr wir es ihnen erlauben, atomare, chemische und biologische Waffenarsenale anzuhäufen und sich die nötigen Träger-Raketen zu beschaffen ... Es gibt kein schlagenderes Beispiel für diese Bedrohung als den Irak Saddam Husseins.» In einem Tonfall, der stärker an Bush erinnert, als es sowohl Bush als auch seinem Vorgänger lieb sein dürfte, schloss Clinton seinen Appell mit der Mahnung, wenn die Vereinigten Staaten nicht handelten, werde Saddam daraus «den Schluss ziehen, dass die internationale Gemeinschaft ihre Willenskraft eingebüßt hat. Er wird dies dann so interpretieren, dass er ungestört weitermachen und mit dem Wiederaufbau eines verheerenden Zerstörungsarsenals fortfahren kann. Und eines Tages, das garantiere ich Ihnen, wird er dieses Arsenal irgendwie auch einsetzen.»[30]

Bereits vor der Amtszeit der Administration Clinton wurde vermutlich auf die Option eines Präventivschlags gedrängt, so in den späten 1980er Jahren von Dick Cheney, damals Verteidigungsminister von George Bush *père*. In einem unter dem Titel *Defense Planning Guidance* («Leitlinien für die Verteidigungsplanung») archivierten Dokument schrieb Cheney: «Die Vereinigten Staaten sollten darauf vorbereitet sein, [militärische] Gewalt einzusetzen, falls dies nötig sein sollte, um die weitere Verbreitung nuklearer Waffen zu verhindern ... [Wir sollten] die militärische Überlegenheit der Vereinigten Staaten aufrecht erhalten und sicher stellen, dass keine rivalisierende Supermacht heranwächst.»[31] Solche Ideen waren damals umstritten und fanden nicht die Billigung von Bush *père*. Ihre Zeit kam erst mit Bush *fils* und dem Schock des 11. September 2001.

In Anbetracht der Neigung von Präsident Bush, Moral zu predigen, ist es bemerkenswert, dass die Bush-Doktrin sich an keiner Stelle auf den Topos des gerechten Krieges beruft; das war übrigens bei der Clinton-Administration und ihren Vorgängerregierungen in der Epoche des Kalten Krieges ebenso wenig der Fall. Wo vom gerechten Krieg die Rede ist, geht es um religiöse und moralische Argumente mit universellem Geltungsanspruch, und das bewegt sich auf einer ganz anderen Ebene als die Doktrin des Präventivkriegs.[32] In Plädoyers für Interventionen aus humanitären Gründen sind freilich gelegentlich Präventionsargumente hineingemischt worden. Aber ein humanitär begründeter Interventionismus ist eine Kategorie *sui generis*. Anders als die amerikanische Rechtfertigung für den Präventivkrieg, beruft er sich nicht auf exzeptionalistische Argumente, und er klappt dann am besten, wenn er in multilaterale, völkerrechtlich sanktionierte Abläufe eingebettet ist. (Denn das Völkerrecht erkennt durchaus die Rechte ethnisch verfolgter, von Völkermord bedrohter Gruppen an, siehe die Genozid-Konvention.) Der Stammeskrieg zwischen Hutu und Tutsi in Ruanda (angeheizt durch eine aggressive Propaganda der staatlichen Medien) und die «ethnischen Säuberungen» auf dem Balkan sind die vielleicht bekanntesten Fälle aus jüngerer Zeit, in denen liberale Internationalisten (David Rieff und Michael

Ignatieff, um nur zwei zu nennen) die Überzeugung vertraten, es lägen gute Gründe für eine amerikanische (und/oder europäische) Intervention vor, trotz des Fehlens einer unmittelbaren Bedrohung der USA oder ihrer Interessen.

Auch wenn manche Befürworter humanitärer Interventionen am Ende aus humanitären Gründen den US-Einmarsch im Irak billigten – Saddam Hussein war schließlich ein monströser Tyrann –, wäre es falsch, die Argumente, die für humanitäre Interventionen sprechen, mit der Rechtfertigung eines Präventivkrieges in eins zu setzen. Die Doktrin einer Intervention aus humanitären Gründen lässt sich universell definieren; sie besagt, dass jede das Recht respektierende Nation verpflichtet ist, einzugreifen, wenn sie damit ein Volk oder eine Volksgruppe vor extremer Verfolgung und systematischer Ausrottung bewahren kann. Zwar toleriert sie – wie der Präventivkrieg – die Verletzung der nationalen Souveränität des Unterdrückerstaates, beruft sich aber nicht auf irgend welche besonderen Tugenden oder imperialen Verpflichtungen des intervenierenden Staates, oder gar auf ein etwa ihm zustehendes Recht, präventiv einzugreifen. Sie rechtfertigt ihr Handeln vielmehr mit dem Verweis auf die Not derer, in deren Namen eine humanitäre Intervention erwogen wird. Sie ruft alle Staaten und die Organisationen der Völkergemeinschaft zur Beteiligung an der Intervention auf, und ihr Beweggrund ist dabei nicht der Schutz eigener Interessen, sondern der Schutz derer, die nicht in der Lage sind, sich selbst zu schützen.

Im Rahmen ihrer Irak-Politik diente der Regierung Bush das humanitäre Argument als Auffangposition. (Saddam Hussein war ein brutaler Tyrann, der im Krieg gegen den Iran chemische Waffen eingesetzt hatte; sein Regime zu stürzen, war ein Akt der Menschlichkeit gegenüber dem irakischen Volk.) Andere Motive waren für Washington zweifellos wichtiger: vorbeugende Terrorismusabwehr durch Entwaffnung Husseins, Entschärfung der durch irakische

Massenvernichtungswaffen drohenden Gefahren und Regimewechsel. Für einen «nur» aus humanitären Gründen geführten Krieg gegen den Irak hätten sich weder die US-Öffentlichkeit noch die US-Regierung ins Zeug gelegt. Der Einmarsch in den Irak war eindeutig eine Antwort auf den 11. September 2001 und die einzigartigen Befindlichkeiten und Verpflichtungen, die an diesem schicksalhaften Tag artikuliert wurden, an dem die Amerikaner für sich selbst ein besonderes Anrecht auf präventive kriegerische Eingriffe proklamierten, wie andere Nationen (zum Beispiel Indien gegenüber Pakistan oder Pakistan in der Kaschmir-Frage) es nicht beanspruchen dürften.

Theoretiker des «gerechten Krieges» könnten natürlich geltend machen, dass aus der Tatsache, dass die USA ein Staat mit hehren Idealen sind, eine besondere Verpflichtung für diese Nation erwächst, sich an humanitären Kriegen gegen Tyrannen zu beteiligen, die an und für sich keine Bedrohung für die Vereinigten Staaten darstellen; sie würden jedoch im selben Atemzug darauf hinweisen, dass dieselbe Verpflichtung auch für andere Länder gilt. Die Theoretiker des Präventivkriegs vertreten demgegenüber den Standpunkt, aus der nationalen Bestimmung der Vereinigten Staaten ergebe sich ein quasi natürliches Recht, eine Politik der Entwaffnung potentieller Gegner und der Demokratisierung tyrannischer Regime zu betreiben. Da sich dieser Anspruch aus der Prämisse ableitet, die USA seien einzig unter den Nationen und daher zu besonderen Maßnahmen berechtigt, sprechen diejenigen, die ihn erheben, anderen Nationen das Recht ab, für sich dasselbe in Anspruch zu nehmen.

Die Argumente für den gerechten Krieg stützen sich in der Regel auf universelle Grundsätze, denen gegenüber exzeptionalistische Argumente nicht ohne weiteres plausibel gemacht werden können. Theoretisch hat jede Nation, ohne Ansehen ihrer Kultur oder ihres besonderen Charakters, die

Verpflichtung, gegen den Völkermord in Ruanda oder ethnische Säuberungen in Bosnien einzuschreiten (um Beispiele aus der jüngeren Vergangenheit zu nehmen); exzeptionalistische Argumente haben hier keinen Platz. Wenn freilich die Franzosen aus ihrer selbstproklamierten, ganz besonderen Beziehung zu den Prinzipien der freiheitlichen Gesellschaft das Recht oder gar die Pflicht ableiten, andere Nationen zu zivilisieren («*mission civilisatrice*»), oder wenn Rudyard Kipling ein «noblesse oblige» ins Feld führt, um daraus eine moralische Rechtfertigung für den britischen Kolonialismus abzuleiten, oder wenn Teddy Roosevelt zur Legitimierung der amerikanischen Kriege gegen Spanien (und für die Befreiung der spanischen Kolonien) auf die rassische Überlegenheit Amerikas verweist, ist dabei mehr im Spiel als nur die Idee des gerechten Krieges. Der moralische Imperativ wird hier nicht aus universellen Prinzipien abgeleitet, sondern aus besonderen nationalen Qualitäten. In diesem Sinn spielte immer dann, wenn die Vereinigten Staaten auf ihrem Weg zur Errichtung eines Imperiums ihre besonderen Tugenden als Nation oder ihre «manifeste Bestimmung» herausstrichen, der Exzeptionalismus eine größere Rolle als die Theorie vom gerechten Krieg. Kipling hatte wenigstens begriffen (was Bush vielleicht auch noch klar wird), dass auf den Exzeptionalismus kaum eine Belohnung wartet, abgesehen von dem erhebenden Stolz auf die eigene Tugendhaftigkeit. Die «Bürde des weißen Mannes» zu schultern, bedeute, so schrieb Kipling, nichts anderes als

> ... *unseren alten Lohn zu ernten:*
> *die Vorwürfe derer, aus denen wir bessere Menschen machen;*
> *den Hass derer, über die wir wachen.*

Aus amerikanischer Sicht impliziert der Exzeptionalismus der USA also den Grundsatz, dass andere Nationen keinen gleichberechtigten Anspruch auf die Anwendung eigener Präventivstrategien haben. Aus der Perspektive anderer Länder dagegen haben die USA mit ihrer Doktrin des Präventivkriegs einen folgenschweren Präzedenzfall geschaffen, zumal sie sich ohnehin als Fahnenträger und Trendsetter für die Weltgemeinschaft sehen. Pakistan etwa könnte sich auf das amerikanische Beispiel berufen (abgesehen einmal davon, dass die USA ihr Recht auf präventive Kriege aus ihrem Selbstverständnis als Sonderfall ableiten), um einen Präventivkrieg gegen Indien als vorbeugende Antwort auf einen erwarteten indischen Vorstoß in Kaschmir zu rechtfertigen. Nordkorea könnte einen Präventivschlag gegen Südkorea damit begründen, dass das amerikanische Säbelrasseln auf einen bevorstehenden amerikanischen Angriff gegen Nordkorea schließen lasse. Im Übrigen hätte auch der Irak eine Rechtfertigung für einen Präventivschlag gegen die Vereinigten Staaten oder ihre Verbündeten finden können, hatten die USA doch ihre Absicht, Bagdad zu erobern, laut genug verkündet. Es mag wie eine groteske Idee erscheinen, aber weshalb hätte Saddam Hussein sich die amerikanische Präventivkriegsdoktrin nicht zu eigen machen sollen? Er hätte mit Fug und Recht behaupten können, dass die USA auf einen Krieg gegen sein Regime aus waren, dass sie Massenvernichtungswaffen besaßen und sich noch mehr davon zulegen wollten und dass sie von einem Präsidenten regiert wurden, der dem Irak eindeutig feindlich gesonnen war. Saddam hätte den USA ein Ultimatum stellen können: entweder freiwilliger Regimewechsel und Preisgabe aller Massenvernichtungswaffen oder sich auf einen irakischen Präventivschlag gefasst machen!

Weniger grotesk mutet es an, dass Nordkorea, wie bereits bemerkt, sich offenbar in Richtung auf eine Präventivkriegsstrategie orientiert, weil es aus diversen amerikanischen Äußerungen auf den offenbar sehr starken Wunsch der Amerikaner schließt, das nordkoreanische Regime zu beseitigen. Da sich die Amerikaner zudem bislang geweigert haben, bilateral mit Nordkorea zu verhandeln, sahen sich die Nordkoreaner dazu veranlasst, ihrerseits eine präventive «Katastrophe» anzudrohen: die Wiederinbetriebnahme ihrer Plutoniumfabriken mit dem Ziel, sich erneut an der Herstellung von Atomwaffen zu versuchen.

Der Denkfehler des amerikanischen Exzeptionalismus besteht in der Annahme, die Verbündeten, ja sogar die Feinde der USA billigten den Amerikanern jenen Sonderstatus zu, aus dem sie selbst ihren Anspruch auf quasi übergesetzliche, ihnen aufgrund ihrer exklusiven Rechtschaffenheit zustehenden Prärogativen ableiten. Selbst wenn es Gründe gäbe anzuerkennen, dass die Vereinigten Staaten in ihrer Außenpolitik tugendhafter gehandelt hätten als die meisten anderen Länder, dürfen die Amerikaner schlechterdings nicht erwarten, dass andere die amerikanische Rechtschaffenheit als verbindlichen Maßstab für die Weltgemeinschaft akzeptieren. Stellen wir uns vor, in einem zentralen Artikel des Völkerrechts hieße es: «Zum Mittel des Krieges dürfen Staaten nur im Fall der Notwehr oder Selbstverteidigung greifen, ausgenommen die Vereinigten Staaten, die als ein ganz besonderes Land jederzeit nach ihrem eigenen Gutdünken Krieg führen dürfen.» Es mag den Amerikanern schwer fallen, ihre eigene Doktrin auf diese kritisch überspitzte Formel zu bringen, aber die Gegner Amerikas und selbst einige seiner Freunde dürften damit keine Probleme haben. Gerade die Tatsache, dass Amerika offenbar nicht in der Lage ist, seine eigenen Motive gleichsam von der anderen Seite her zu betrachten, lässt sein Verhalten so oft als «arrogant» erscheinen, selbst in den Augen seiner Freunde und Verbündeten.

Die Berufung der Amerikaner auf ihre demokratische Tugend wirft weniger das Problem auf, dass sie eine heuchlerische Tarnung für nationale Grundinteressen bietet (obwohl William James darauf besteht, dass dem sehr wohl so ist); schwerwiegender ist vielmehr Folgendes: Selbst in Fällen, in denen man den USA tugendhaftes Verhalten bescheinigen kann und muss, krankt ihre Doktrin daran, dass sie der grundlegenden Prüfung auf Vereinbarkeit mit dem Völkerrecht nicht standhält. Keine exzeptionalistische Position wird jemals dem Kantschen Prinzip gerecht werden können, welches besagt, dass die Moralität oder Legalität einer Vorschrift daran gemessen werden kann, wie universell sie in ihrer Anwendbarkeit ist. Wenn der Präventivkrieg für Amerika moralisch gerechtfertigt ist, steht auch allen anderen das von Amerika reklamierte Recht auf Selbstverteidigung zu (ebenso wie das von Amerika proklamierte Recht auf Selbstverwaltung und Demokratie). Umgekehrt: Wenn Amerika anderen dieses Recht abspricht, kann seine eigene Praxis des präventiven Krieges nicht moralisch gerechtfertigt sein. Die ganze exzeptionalistische Rhetorik Amerikas läuft letzten Endes darauf hinaus, dass die universell gültigen Regularien des Kriegführens für die Vereinigten Staaten nicht gelten sollen. Die Amerikaner wollen andere glauben machen, ihre Politik sei eine sittliche und rechtschaffene, allein weil sie eine Nation mit einem einzigartigen moralischen Anspruch seien. Die moralische Qualität handelnder Figuren sollte aber doch anhand allgemeiner moralischer Maßstäbe beurteilt werden und nicht umgekehrt.

Die von Präsident Bush verkündete Doktrin des Präventivkriegs postuliert ein Recht der Vereinigten Staaten, militärische Schritte gegen vermeintliche Feinde zu unternehmen, bevor diese gegen die Vereinigten Staaten losschlagen. Wie wir gesehen haben, müsste diese Doktrin, um auch außerhalb der USA Anerkennung zu finden, so weit generalisiert werden, dass sie die «goldene Regel» von der Umkehrbarkeit erfüllt. Deutschland, Russland, Pakistan und eben auch der Irak und Nordkorea müssen dasselbe Recht auf präventives Vorgehen gegen potenzielle oder akute Angriffshandlungen ihrer Feinde haben. Natürlich wissen die Vereinigten Staaten ganz genau, dass am Ende dieses Weges nur die Anarchie warten kann: ein Zustand, in dem jede Nation nach eigenem Ermessen entscheidet, wann sie gegen wen Krieg führt. Die Doktrin fällt nicht nur bei der völkerrechtlichen Prüfung durch, sondern auch beim Test auf ihren Realismusgehalt. Keine Nation, nicht einmal eine so mächtige, wie die USA es sind, kann es sich erlauben, sich in ihrer Außenpolitik auf besondere Grundsätze zu berufen, die für andere nicht gelten. Keine Nation kann realistischerweise glauben, in einer Welt der Interdependenz als Solistin Karriere machen zu können, es sei denn, sie könnte sich irgendwie die dauerhafte Vorherrschaft über den ganzen Planeten sichern, etwas, von dem man sich nicht vorstellen kann und mag, dass es in einer interdependenten Welt irgend einer Nation gelingen könnte.

5
Die «alte» Doktrin der Abschreckung

«Der Präsident hat nicht die Absicht, irgend einer ausländischen Macht zu erlauben, den riesigen Vorsprung aufzuholen, den die USA seit dem Zerfall der Sowjetunion vor über einem Jahrzehnt gewonnen haben ... Unsere Streitkräfte werden stark genug sein, um potenzielle Widersacher von dem Versuch abzuhalten, eine militärische Aufrüstung in Gang zu setzen, in der Hoffnung, die Macht der Vereinigten Staaten übertreffen oder einholen zu können.»
Nationale Sicherheitsdoktrin der USA, September 2002

«Wir können in der bewaffneten Invasion und Besetzung eines anderen Landes kein friedliches oder geeignetes Mittel für die Erlangung von Gerechtigkeit und Konformität mit dem Völkerrecht sehen.»
Präsident Dwight D. Eisenhower nach der Besetzung Ägyptens durch europäische Truppen 1956[1]

Die neue Nationale Sicherheitsdoktrin steht in einem offenkundigen Kontrast zur Politik im Zeitalter der Abschreckung. So stellt sie fest: «Im Kalten Krieg, insbesondere nach der Kuba-Krise, hatten wir es mit einem im Großen und Ganzen am Status quo orientierten, risikoscheuen Gegner zu tun. Abschreckung war eine wirksame Verteidigungsstrategie. Doch Abschreckung, die nur mit Vergeltungsschlägen droht, hat weniger Aussicht, gegen Führer von Schurkenstaaten zu funktionieren, die risikobereiter sind und willens, das Leben ihrer eigenen Bürger und den Wohlstand ihrer Völker aufs Spiel zu setzen.» Tatsächlich gab es in den 1940er und 1950er Jahren eine Reihe amerikanischer Strategen, die in den Nazis und später den Sowjets alles andere als «am Status quo orientierte, risikoscheue Gegner» sahen, aber abgesehen davon, wohnt der These Bushs von den radikal veränderten politischen Parametern eine gewisse Überzeugungskraft inne. So sagte der Präsident auf einer Pressekonferenz im Januar 2003: «Nach dem 11. September war aus der Doktrin der Eindämmung einfach die Luft raus.»[2] Dazu kommt für Bush die realistische Einsicht, dass Waffen und Technologien der Massenvernichtung – hat ein Schurkenstaat sie erst einmal in Besitz – ohne nennenswerte Vorlaufzeit eingesetzt werden und Schäden anrichten können. Es ist deshalb durchaus nachvollziehbar, weshalb Präsident Bush nicht auf das Vorliegen unumstößlicher Beweise für die Absichten eines terroristischen Widersachers warten will, denn unter Umständen könnten diese Beweise in Gestalt eines Atompilzes daherkommen.

Die Denkschrift über die neue Nationale Sicherheitsstrategie räumt ein, dass traditionelle Sicherheitskonzepte eine «unmittelbare Bedrohung» als Anlass für präventives Handeln voraussetzten; darunter habe man traditionell «eine sichtbare Mobilmachung von Heerestruppen, Marine und Luftwaffe zum Zweck der Angriffsvorbereitung» verstanden. In einer von Terroristen in Atem gehaltenen Welt greife diese Definition jedoch nicht mehr. Hier gelte es für die Vereinigten Staaten vielmehr, «das Konzept der unmittelbaren Bedrohung gemäß den Fähigkeiten und Zielen der Gegner von heute zu modifizieren. Schurkenstaaten und Terroristen versuchen nicht, uns mit konventionellen Mitteln anzugreifen. Sie wissen, dass solche Angriffe fehlschlagen würden. Sie greifen stattdessen auf Terrorakte und potenziell auch auf Massenvernichtungswaffen zurück – Waffen, die sich leicht verstecken, befördern und ohne Vorwarnung einsetzen lassen.» Unter diesen Bedingungen sei klar, dass «die Vereinigten Staaten im Angesicht einer aufziehenden Gefahr nicht untätig bleiben können». Nach Ansicht eines der prominentesten Adler im Verteidigungsministerium, Paul Wolfowitz, käme eine solche Untätigkeit einem «kriminell leichtsinnigen Glücksspiel» gleich.[3]

Wie sehr unterscheidet sich die Logik des Präventivkriegs von der Logik der Abschreckung, wenn man die rhetorischen Überhöhungen einmal außer Acht lässt? In praktischer Hinsicht ist der Unterschied ein sehr deutlicher, insofern als der Präventivkrieg ein direktes Vorgehen etwa gegen Terroristen impliziert. Es liegt auf der Hand, dass Terroristen und ihre Organisationen wie Freiwild behandelt werden müssen. Schließlich haben sie sich selbst, um auf das Gleichnis von Hobbes zurückzukommen, in den «Naturzustand» zurückversetzt, in dem jedes Individuum, jede Gruppe oder jede Nation das Recht hat, sie auszuschalten, bevor sie Schaden anrichten können. In diesem Sinne erscheint der Krieg voll und ganz gerechtfertigt, den die Bush-Administration durch Mordanschläge auf mutmaßliche Terroristen, durch Verbote, Verhaftungen, Internierungen und Beschlagnahmung ihrer Finanz- und Kommunikationsmittel führt – zumindest von dem Moment an, da ein erster terroristischer Angriff erfolgt ist. Mit einem solchen Angriff begeben sich die Täter in einem ganz unmittelbaren Sinn in einen Krieg mit Amerika (bzw. mit anderen Staaten, die sie angreifen), und das rechtfertigt selbst nach den Maßstäben der traditionellen Selbstverteidigungsdoktrin ihre Bekämpfung mit jeder geeigneten Waffe, ohne dass man erst noch auf einen weiteren Angriff oder auf den endgültigen «Beweis» dafür warten müsste, dass dieser oder jener einzelne Terrorist oder diese oder jene terroristische Zelle wirklich die persönliche Verantwortung für die Taten tragen, die im Zeichen der von ihnen propagierten Ideologie der Vernichtung begangen worden sind. Solche global operierenden terroristischen Organisationen sind durch radikale Überzeugungen und fundamentalistische Ideologien auf Gewalt eingeschworen; sie sind nichts anderes als Verbrecher, die sich selbst außerhalb des globalen Staatensystems gestellt haben; sie sind selbst ernannte Krieger im Feldzug des Terrorismus gegen Amerika.

Der Krieg gegen den Terrorismus ist deshalb im Grunde

gar kein präventiver Krieg. Wie Präsident Bush zu Recht erklärte, als er sich über Kritiker mokierte, die nach dem 11. September durch Indiskretionen erfahren haben wollten, dass er zu diesem Zeitpunkt bereits im Geheimen einen Krieg «begonnen» hatte: «Die haben's nicht kapiert. Der Krieg hat schon begonnen. Am 11. September.»[4] «Präventive» Kriege gegen Terroristen sind in Wirklichkeit reaktiv, denn erst durch Akte des offenen Terrors treten Terroristen als Gegner in Erscheinung und werden identifizierbar. Amerikas Krieg gegen den Terrorismus ist in Wahrheit eine konventionelle kriegerische Antwort (wenn auch eine mit unkonventionellen Mitteln) auf einen Aggressor, der den Amerikanern bereits seinen rauchenden Colt unter die Nase gehalten hat.

Problematisch wird die Präventivkriegsdoktrin dann, wenn der Krieg gegen den Terrorismus gegen Staaten geführt wird. Denn die Taten des Terrorismus kennt man, nicht aber unbedingt ihre Urheber, während im Falle von Staaten Orte und Personen bekannt sind, deren Verbindungen zum Terrorismus jedoch nicht. Hier ist die Möglichkeitslogik des Präventivkriegs am Werk, die beständig zwischen Gewissheit und Ungewissheit schwankt, zwischen Aussagen wie «Unser Feind hat zugeschlagen» und Behauptungen wie «Unser Feind könnte uns angreifen». Ihre Argumentation und ihre Rechtfertigungsbemühungen bewegen sich auf wackligem Grund. Seiner ursprünglichen Doktrin nach richtet sich der präventive Krieg gegen bekannte terroristische Täter, die aggressive und zerstörerische Taten begangen haben, über deren Aufenthaltsort und Herkunft man aber vielleicht nichts Genaues weiß; neuerdings wendet man diese Doktrin aber auf genau lokalisierbare Staaten an, für deren Mitwirkung an dem in Frage stehenden Aggressionsakt es unter Umständen keinerlei Beweise gibt. Formulierungen wie «Staaten, die Terroristen beherbergen», oder «Staaten, die den Terrorismus finanzieren», müssen explizite und konkrete Zuschreibungen von Urheberschaften und Verantwortlichkeiten für durchgeführte oder kurz bevorstehende Akte der Aggression ersetzen. Um souveräne Staaten als zu Recht ausgewählte Angriffsziele erscheinen zu lassen – obwohl auf der Hand liegt, dass sie für eine solche Schurkenrolle eigentlich nicht geeignet sind –, werden verschwommene Begriffe wie «Schurkenstaat» geprägt, ein rhetorisches Mittel, um greifbare, militärisch besiegbare Staaten in einen Topf mit Terroristen werfen zu können, die sich der Bekämpfung und dem Zugriff viel eher entziehen können.

Unmittelbar nach dem 11. September 2001 rief Präsident Bush den Krieg gegen den Terrorismus aus. Als er am 17. März 2003 den von den Vereinten Nationen nicht mitgetragenen amerikanischen Einmarsch in den Irak ankündigte, erklärte er, jedes weitere Zuwarten grenze an «Selbstmord». Im Interesse der «Sicherheit der Welt» müsse «Saddam Hussein jetzt entwaffnet werden». Wie Bush den Sprung von seinem ersten, weit unterstützten Ziel, den Terrorismus auszurotten, zu seinem zweiten, weit abgelehnten Ziel, Saddam Hussein zu stürzen, bewerkstelligte, ist eine Geschichte, die zumindest teilweise mit Angst zu tun hat – Angst, die gewiss durch schreckliche terroristische Verbrechen erzeugt, aber durch die Antwort der Regierung Bush auf das terroristische Menetekel noch bestätigt und verstärkt wurde. Auf der abschüssigen Bahn, auf der Bush sich bewegte, wurden «Schurkenstaaten» zu fixierten Zielscheiben, die identifiziert, lokalisiert und angegriffen werden konnten. Dass man sie dabei kurzerhand ihrer völkerrechtlich anerkannten souveränen Rechte beraubte, die eigentlich Schutz vor solchen Angriffen bieten sollten, wurde achselzuckend hingenommen. Mit der Vergabe des Prädikats «Schurkenstaat» wurde suggeriert, dass die betreffenden Regime keine gleichberechtigten, souveränen Mitglieder der Völkergemeinschaft mehr seien, die Anspruch darauf hätten, ihr Staatsgebiet und ihre Bevölkerung zu regieren. In den Wochen und Tagen unmittelbar vor Beginn des Irak-Krieges ging die Bush-Administration dazu über, den Irak nicht mehr nur als «Schurkenstaat», sondern auch als «terroristischen Staat» zu brandmarken. In der gleichen Zeit bezeichnete Verteidigungsminister Rumsfeld Nordkorea als «terroristisches Regime».[5]

Diese wachsweiche Logik – die unter der Hand eine Verschiebung der Aufmerksamkeit von nicht-staatlichen terroristischen Gruppierungen hin zu den Terrorismus angeblich unterstützenden Staaten bewirkte – ersetzte Kausalität, Vorhersagbarkeit und Gewissheit durch schiere Unsicherheit. Hieß es in der neuen Nationalen Sicherheitsdoktrin noch einleuchtend, es sei gerade die so noch nie da gewesene «Nicht-Staatlichkeit» terroristischer Aggressoren, die sie für eine Politik der Abschreckung unempfänglich machten, so handelt es sich bei Staaten, die Terrorismus unterstützen (wenn es ihnen denn nachgewiesen werden kann), offensichtlich um das Gegenteil von «nicht-staatlichen» Subjekten. Als Staaten sind sie freilich verwundbar: Sie besitzen Sachwerte, teure Infrastruktur, konventionelle Waffen und andauernde Interessen, einschließlich des Interesses an ihrer Selbsterhaltung. Infolge dieser Verwundbarkeit sind die Strategien der Abschreckung und Eindämmung gegenüber Staaten die wirksamsten. Leider hat sich die amerikanische Regierung von ihnen verabschiedet.[6] Eine Doktrin, die ausdrücklich mit Blick auf zivilisationsfeindliche, terroristische «nicht-staatliche Märtyrer» entwickelt wurde, auf einen Territorialstaat anzuwenden, der sich keinen ausgesprochen aggressiven Akt hat zuschulden kommen lassen, ist mehr als bloß unlogisch: Es ist untauglich, schädlich, ja abartig. Die weltweite Opposition gegen das *fait accompli* des amerikanischen Einmarsches in den Irak berief sich auf eben diese Einwände.

Die Verlagerung der Aufmerksamkeit von nicht-staatlichen Terroristen auf «terroristische Staaten» in der Zielplanung kam keineswegs von ungefähr. Terroristen sind schwer aufzuspüren und mindestens ebenso schwer zu besiegen, namentlich mit konventionellen Waffen der Art, wie sie einer modernen Supermacht wie den Vereinigten Staaten zur Verfügung stehen. Von Bob Woodward erfahren wir, wie frustriert Verteidigungsminister Rumsfeld in den ersten Tagen des Feldzugs in Afghanistan war, als deutlich wurde, dass die US-Streitkräfte mit ihrer «Zielliste ... den Leuten, die wir hart treffen wollen, kaum Schaden zufügen» würden. Eine ähnliche Klage war von General Myers zu hören, der sagte: «Wir verfügen über ein Militär, das wunderbar gegen feste Ziele vorgehen kann. Wenn es um bewegliche Ziele geht, sind wir nicht so gut.»[7] Ihr Missmut betraf den Kampf gegen das Taliban-Regime, doch ihre Äußerungen reflektieren die grundsätzlichen Schwierigkeiten, den Terrorismus mit konventionellen Waffen zu bekämpfen, wenn der Feind in erster Linie über «Netzwerke und Fanatismus» anstelle «höherwertiger Ziele» verfügt.[8]

Andererseits konnte der Irak als der nach Auskunft der Dossiers am besten bewaffnete Staat der arabischen Welt (vor dem Krieg) über 36 000 Mann Elitetruppen und 100 000 oder mehr reguläre Soldaten aufbieten, dazu 200 Kampfpanzer, 316 Flugzeuge, bis zu 90 Hubschrauber und bis zu 3000 Flakgeschütze. Das klang zwar imposant, aber dieses konventionelle Arsenal war ein gefundenes Fressen für die US-Streitkräfte mit ihrer hoch überlegenen Feuerkraft und konnte von ihnen relativ leicht zerstört werden – was dann ja auch rasch der Fall war. Über die Strategie gegen den Terrorismus befragt, meinte Vizepräsident Cheney ohne einen Anflug von Ironie: «Wenn wir unsere Aufgabe allgemein definieren, einschließlich derer, die den Terrorismus unterstützen, haben wir es mit Staaten zu tun. Und die sind leichter zu finden als bin Laden.»[9] Wie der Betrunkene, der auf der rechten Straßenseite nach den Schlüsseln sucht, die er auf der linken Straßenseite verloren hat, weil es «auf dieser Seite heller ist», suchten die USA lieber die Staaten, die sie lokalisieren und besiegen können, als die Terroristen, die sich ihrem Zugriff entziehen. Die militärische Überlegenheit der USA kommt eben nur dann zum Tragen, wenn der Gegner mit Waffen desselben Typs kämpft, aber zahlenmäßig und technologisch unterlegen ist. Ein amerikanischer Sieg ist dann so gut wie garantiert.

Äpfel und Birnen sind keine kommensurablen Kombattanten, und wenn sie gegeneinander antreten, kommt dabei sehr wahrscheinlich kein gewinnbarer Krieg heraus. Flugzeugentführer, die entschlossen sind, den Märtyrertod zu sterben, lassen sich weder durch intelligente Bomben noch durch gut ausgebildete Infanteristen noch durch atomare Abschreckung in die Knie zwingen. Lässt man sie deswegen in ihren unzugänglichen Berghöhlen und anonymen Mietwohnungen in westlichen Großstädten sitzen und geht stattdessen gegen die Eliten der Schurkenstaaten in Kabul und Bagdad vor? Verwundbarkeit sticht Schuld. Was freilich außer Acht lässt, dass man Staaten wie dem Irak oder Nordkorea mit Abschreckung und Eindämmung besser beikommt als mit einem Präventivkrieg. Wenn man sie dennoch der Präventivkriegstherapie unterzieht, reduziert sich das Ergebnis sehr schnell auf eine Abschreckungsvariante der besonderen Art – «die gewaltsame Wiederherstellung der Möglichkeit von Abschreckung», um Tod Lindbergs kühne Formulierung zu gebrauchen.[10]

Die Bush-Administration hat dies selbst eingeräumt. Ein nicht namentlich genannter hoher Vertreter der Regierung räumte Anfang 2003 offiziell ein, die neue Strategie des Präventivkrieges enthalte «auch ein Element der Abschreckung für die Bösewichter».[11] Als die aufmüpfigen Nordkoreaner sich den Umstand zu Nutze machten, dass die USA alle Hände voll mit dem Irak zu tun hatten, räumte ein Präsidentensprecher kleinlaut ein, sein Land sei ohnehin nicht in der Lage, die sich aus der neuen Präventivkriegsdoktrin ergebenden Drohungen wahr zu machen, wenn es sich um einen

«Schurkenstaat» mit Atomwaffen handelte: «Ich sage nicht, dass wir keine militärischen Optionen hätten», meinte der in Verlegenheit geratene Adjutant, «ich sage nur, wir haben keine guten.»[12] Aus dem Spiel entwickelte sich ziemlich schnell ein typisches Abschreckungsgebaren, in dem Nordkorea mit nuklearer Aufrüstung drohte und die USA viele Worte über Isolation, Sanktionen und vergebliche Erpressungsversuche Nordkoreas verloren, zugleich aber einen Flugzeugträger in ostasiatischen Gewässern manövrieren und zwei Dutzend strategische Bomber nach Guam verlegen ließen, das in Einsatzreichweite zu den nuklearen Aufbereitungsanlagen Nordkoreas in Yongbyon liegt. Nach dem Irak-Krieg erklärte ein Beamter des US-Verteidigungsministeriums (der allerdings ungenannt bleiben wollte): «Wir sind in Korea mit derselben Art von Ressourcen und Kapazitäten vertreten, die wir im Irak aufgeboten haben. Und ich bin überzeugt, dass das unsere Abschreckung dort sehr viel glaubwürdiger und sehr viel wirksamer machen wird.»[13]

Betrachtet man die tatsächliche amerikanische Strategie gegenüber dem Irak und Nordkorea, verwischen sich die Unterschiede zwischen Präventivkrieg und Abschreckung bis zur Unkenntlichkeit. Wie Charles Krauthammer zu Recht betont hat: «Die Präventivkriegs-Option wird, wenn man sie anwendet, als höhere Form der Abschreckung funktionieren. Der Sinn der Prävention ist, Staaten nicht vom Einsatz von Massenvernichtungswaffen, sondern gleich von deren Erwerb abzuschrecken.»[14] Ist der Präventivkrieg jedoch erst einmal als «höhere Form der Abschreckung» angewandt worden – als jene «gewaltsame Wiederherstellung der Möglichkeit von Abschreckung» (Lindberg) –, hört er auf, «präventiv» in irgendeinem stringenten Sinn des Wortes zu sein. Der eigentliche Zweck eines Präventivkriegs besteht darin, resolut in die inneren Angelegenheiten gegnerischer Regime und terroristischer Organisationen einzugreifen und die für eine Politik der Eindämmung und Abschreckung typischen, indirekten Beeinflussungsversuche unnötig zu machen. Abschreckung läuft immer auf eine Art Erpressung hinaus. Dagegen schließt der Präventivkrieg alle Verhandlungen aus, und damit auch jegliche Erpressung.

Als die Israelis 1981 den noch nicht fertig gestellten irakischen Atomreaktor in Osirak bombardierten, machten sie damit die Frage bedeutungslos, wie der Irak vom Einsatz oder Erwerb von Massenvernichtungswaffen abgeschreckt werden könnte.[15] Es war ein echter Präventivschlag. Der nie zur Ausführung gelangte Plan der Regierung Clinton aus dem Jahr 1994, die nordkoreanischen Atomanlagen bei Yongbyon zu zerstören, wäre ebenfalls einer gewesen. Doch ging die Clinton-Administration letztlich einen anderen Weg; sie ließ sich mit Nordkorea auf ein Geschäft ein, nämlich die so genannte Rahmenvereinbarung, nach der die USA Nordkorea mit Öl belieferten und beim Bau eines Atomkraftwerks in Yongbyon behilflich waren, wofür Nordkorea sich im Gegenzug verpflichtete, keine Atomwaffen zu entwickeln. Waffenfähiges Plutonium ist ein Nebenprodukt des nuklearen Zerfalls von Uran. Nordkorea erklärte sich bereit, Inspektionen der Internationalen Atomenergie-Kommission über sich ergehen zu lassen, als Garantie dafür, dass es seinen Zugriff auf waffenfähiges Spaltmaterial nicht für militärische Zwecke missbrauchen würde. Präsident Clinton erwog zwar die Option eines Militärschlags, hütete sich aber stets, sich durch eine einschlägige Rhetorik auf eine militärische Konfliktlösung festzulegen, und war deshalb in der Lage, die Krise auf friedlichem Weg beizulegen und damit eine Entwicklung zu vermeiden, die zu einer schrecklichen humanitären Katastrophe hätte führen können – freilich um den, wie Kritiker angemerkt haben, schmerzlichen Preis einer späteren Wiederkehr der lediglich aufgeschobenen Krise.

Dass die Bush-Administration in ihrer Politik gegenüber Nordkorea von ihrer «neuen» Doktrin des Präventivkriegs bereits wieder ab- und zu einer konventionelleren Strategie des Verhandelns, der Drohungen und des Zuckerbrots zurückgegangen ist (angelehnt an die traditionelle Philosophie der Abschreckung und Eindämmung), ist eigentlich kaum zu übersehen, wird aber von manchen Strategen, die auf doktrinäre Reinheit aus sind, schlicht nicht zur Kenntnis genommen. So hieß es in einem Artikel, der kurz vor Beginn des Irak-Krieges erschien: «Die Vereinigten Staaten stehen im Irak vor einer klaren Wahl: Eindämmung oder Präventivkrieg ... in Wirklichkeit ist ein Krieg nicht notwendig.»[16] Die Autoren dieses Beitrags übersahen allerdings, dass die Bush-Doktrin den Präventivkrieg in den Monaten vor Kriegsausbruch als Werkzeug einer (in diesem Fall gescheiterten) Eindämmungspolitik instrumentalisiert hatte und der dann beginnende Krieg das Scheitern dieser Politik der Eindämmung durch Abschreckung signalisierte. Gewiss ist richtig, dass Präsident Bush seinen Krieg gegen den Terrorismus mit einer unmissverständlichen Präventivkriegsdoktrin begonnen hatte, bei der es wirklich um die in obigem Zitat aufgezeigte Alternative gegangen war. Bush hatte den präventiven Charakter seiner Antwort auf den 11. September dadurch unterstrichen, dass er die Terroristen als Inkarnation des Bösen bezeichnet und ihre Bestrafung zu seinen eigenen, nicht verhandelbaren Bedingungen versprochen hatte. Doch als dann immer mehr Zeit verstrichen war und es sich als schwierig erwies, der Terroristen habhaft zu werden, ernannte er eine Gruppe eher willkürlich ausgewählter souveräner Staaten zur «Achse des Bösen», baute damit die moralische Logik seiner Politik um und erhöhte den Einsatz gleichzeitig. Weshalb zählten Libyen oder Kuba nicht zur «Achse des Bösen», altgediente Feinde der Vereinigten Staaten, die nicht weniger «schurkisch», unberechenbar und despotisch zu sein schienen als die Gründungsmitglieder der neuen Achse? Weshalb nicht Vietnam, das den USA einst eine Niederlage zugefügt hatte, inzwischen aber ihr Handelspartner geworden war; oder weshalb nicht China, die

Bastion des mächtigsten kommunistischen Regimes auf Erden, das für Menschenrechtsverletzungen bekannt ist? Die Verbindungen zum Terrorismus können das Kriterium nicht sein, denn Nordkorea hat keine, und die US-Regierung konnte nie den Schatten eines Beweises dafür vorlegen, dass der Irak enger mit Al Qaida zusammenarbeitete als etwa der pakistanische oder der saudische Geheimdienst, oder dass von ihm eine größere Gefahr der Verbreitung von Massenvernichtungswaffen ausging als von Tschetschenien oder Kirgistan.

Es ist in jedem Fall weitaus schwieriger, den Vorwurf der «Förderung» oder «Beherbergung» von Terroristen zu belegen, als Terroristen direkt für ihre Taten verantwortlich zu machen. Schon weil Vorwürfe gegen ein Kollektiv – einen Staat, eine Regierung, gar eine Bevölkerung oder eine Kultur – viel schwerer plausibel zu machen sind als Vorwürfe gegen Einzelne. Die Logik des Präventivkriegs tritt solche Differenzierungen mit Füßen, da der Präventivkrieg zwangsläufig gegen Kollektive geführt wird. Der besonnene konservative Historiker Tony Judt schreibt, die «Befürworter eines Krieges gegen den Irak» hätten sich, als klar geworden sei, dass eine «Verbindung zwischen Saddam und Al Qaida» nicht nachzuweisen sei, auf die Argumentation verlegt, «dass eine solche Verbindung aber auch nicht ausgeschlossen werden könne und man daher präventiv handeln müsse».[17]

Konfrontiert mit der ungewollten und zur Unzeit manifest werdenden Nordkorea-Krise – während sie nämlich dabei war, die gewollte Irak-Krise auf die Spitze zu treiben –, musste die Bush-Administration in die rhetorische Trickkiste greifen, um ihre Präventivkriegsdoktrin nicht als vollkommen widersinnig erscheinen zu lassen. Verteidigungsminister Rumsfeld versuchte die Widersprüche so zu erklären: «Das irakische Regime hat den Vereinten Nationen über einen langen Zeitraum hinweg jedes Jahr eine lange Nase gedreht. Die Situation in Nordkorea hat sich erst vor kurzem ergeben ... [Hier erscheint uns ein diplomatisches Vorgehen] als eine vollkommen vernünftige Handlungsweise.»[18] Selbst als Nordkorea Ende 2002 drohte, den Atomwaffensperrvertrag zu kündigen und zu versuchen, Südkorea (angesichts eines neuen Präsidenten in Seoul, der ein unbeschriebenes Blatt war und seine Wahl einer antiamerikanischen Stimmungslage verdankte) für einen gesamtkoreanischen Antiamerikanismus zu mobilisieren, reagierte Präsident Bush darauf äußerst gelassen: «Nach meiner Überzeugung ist dies kein Fall für einen militärischen Showdown, sondern für einen diplomatischen Showdown.»[19] Wo lag der Unterschied zum Irak?

Es gab nur ein Mittel, einen grundlegenden Unterschied zwischen den beiden «Bösewichtern» zu konstruieren und die Schlüssigkeit der eigenen moralistischen Rhetorik zu wahren: Der Irak musste als der im Vergleich zu Nordkorea «noch bösere» Feind hingestellt werden. Außenminister Colin Powell versuchte es mit folgender Argumentation: Saddam Hussein habe schließlich, anders als Nordkorea, bereits einmal chemische Massenvernichtungswaffen eingesetzt. Darüber hinaus zeige sich seine «weitaus größere Böswilligkeit im Streben nach Vorherrschaft im Nahen Osten». Im Übrigen sei Nordkorea, selbst wenn es sich bereits Atomwaffen verschafft hätte, «ein Land in einer verzweifelten Lage. Was sollen sie mit zwei oder drei zusätzlichen Atomwaffen anstellen, wenn sie verhungern, wenn sie keinen Strom haben, wenn sie keine funktionierende Wirtschaft haben?»[20] Der frühere US-Botschafter in Südkorea, Donald Gregg, trug eine einfache Erkenntnis über die Nordkoreaner bei: «Ich glaube nicht, dass diese Burschen verrückt sind.» Bei Saddam Hussein schien man das anders zu sehen, obwohl man bis dahin noch keine Psychiater um ihre Diagnose gebeten hatte.[21]

Gestützt auf eine so brüchige Argumentation, tolerierten die Vereinigten Staaten die außerordentlich provokanten

Ankündigungen Nordkoreas bezüglich der Entwicklung weiterer Atomwaffen; damit nicht genug, sorgte Washington, als Ende 2002 ein spanisches Kriegsschiff nach einem Hinweis aus amerikanischen Nachrichtendienstquellen ein Frachtschiff aufbrachte und in dessen Laderäumen versteckte nordkoreanische Scud-Raketen entdeckte, dafür, dass das Schiff weiterfahren und seine brisante Ladung, wie geplant, im Jemen abliefern konnte (dessen Regierung, die seit kurzer Zeit proamerikanisch agierte, man nicht verprellen wollte). Wie aus diesen peinlichen Beispielen hervorgeht, ist der idealistische Exzeptionalismus, den George W. Bush mit seiner die Gemüter bewegenden Rhetorik der Moral artikuliert, kein ausreichendes Fundament für eine Politik, welche die Interessen Amerikas schützen will. Bis heute sind in Südkorea 37 000 US-Soldaten stationiert, direkt unter der Nase der nordkoreanischen Geschütze. Schon deshalb war die Bush-Administration nicht in der Lage, auf die Provokationen Nordkoreas eine nennenswerte Antwort zu geben.

Präsident Bush selbst begründete den unterschiedlichen Umgang seiner Regierung mit Nordkorea und dem Irak wie folgt: «Das Besondere an Hussein ist, dass er die Welt elf Jahre lang vor den Kopf gestoßen hat ... Er hat sogar seine eigenen Leute vergast. Er hat Massenvernichtungswaffen gegen benachbarte Länder eingesetzt, und er hat Massenvernichtungswaffen gegen seine eigenen Bürger eingesetzt. Er will eine nukleare Waffe haben. Er hat sehr deutlich gemacht, dass er die Vereinigten Staaten hasst, und was ebenso wichtig ist: er hasst unsere Freunde.»[22] Der ursprüngliche Kriegsgrund – Kampf gegen den Terrorismus – war still und leise aus den Erklärungen verschwunden und hatte einer massenwirksameren, wenn auch rechtlich weniger relevanten Begründung Platz gemacht. Einzeln betrachtet, konnten freilich auch die neu herangezogenen Erklärungen nicht überzeugen, bezogen sie ihre Triftigkeit doch eher aus einer Massierung von Behauptungen als aus erdrückenden Belegen.[23]

Musste sich die Bush-Administration schon über den Mangel an triftigen Beweisen für enge Verbindungen des Iraks zur Terrorszene hinwegmogeln, so erwuchs ihr ein weiteres Problem aus der Dürftigkeit der Belege, mit denen sie dem Irak Verstöße gegen die von den Vereinten Nationen verhängten Entwaffnungssanktionen vorwarf – Verstöße in einer Größenordnung, die den Vorwurf der Planung und Unterstützung terroristischer Kampagnen hätten plausibel machen können. Die US-Regierung «löste» dieses Problem, indem sie behauptete, über einschlägige Geheimdienstkenntnisse zu verfügen, die zwar den Feststellungen der UN-Inspektoren und den Einschätzungen der meisten NATO-Partner widersprächen, die sie jedoch nicht offen legen könne, ohne ihre Informationen zu kompromittieren oder gar zu gefährden. Sie lastete den Irakis Verstöße an, die der Chefinspekteur der Vereinten Nationen, Hans Blix, ausdrücklich nicht verifizieren konnte, im Gegenteil.[24] Einige der von der Regierung vorgelegten Beweise stellten sich als manipuliert heraus, und in einigen Fällen schien die Regierung schlicht die Unwahrheit zu sagen. Einmal abgesehen davon, dass ein solches Verhalten tiefgreifende Glaubwürdigkeitsprobleme aufwirft, wird daraus deutlich, dass die Anwendung der Logik des Präventivkriegs auf Staaten kein Kinderspiel ist.

Dieselbe kritische Sichtweise auch auf den Fall Afghanistan anzuwenden, erscheint auf den ersten Blick nicht gerechtfertigt. Das dortige Taliban-Regime hatte nachweislich terroristische Ausbildungslager gefördert und sich auch anderweitig um den Aufbau von Al Qaida verdient gemacht, möglicherweise bis hin zur Mitwirkung oder Mitwisserschaft an konkreten Anschlägen. Angesichts der ideologischen Ausrichtung der Taliban, der Existenz terroristischer Ausbildungslager und Befehlszentralen und der engen finanziellen und politischen Verflechtungen zwischen Regierung und Al Qaida sowie zwischen Mullah Omar und Osama bin Laden persönlich hätte man sich einen eindeutigeren Fall von staatlicher Unterstützung für Terrorismus kaum vorstellen können. Gewiss gab es auch hier Raum für akademische Meinungsverschiedenheiten über das Ausmaß der moralischen Mitverantwortung der Taliban für den 11. September, doch nur die wenigsten Staaten bestritten den USA das Recht, gegen die Taliban vorzugehen, galt der Angriff doch einem Regime, das nicht nur Terroristen beherbergte, sondern terroristische Verbrechen unterstützte und ausdrücklich gut hieß. Doch selbst in diesem klaren Fall gab es Probleme: Die Beseitigung des Taliban-Regimes führte nicht zur Vernichtung der Al Qaida, die sich vielmehr, mit einer zumindest teilweise intakt gebliebenen Führungsspitze, abzusetzen vermochte, um sich irgendwann irgendwo zurückzumelden. Die Logik, die hinter dem Angriff auf «Unterstützerstaaten» steht, greift zu kurz. Ein Staat mag nachweislich Terroristen beherbergen und unterstützen, doch die Eliminierung dieses Staates führt nicht zwangsläufig zur Ausschaltung der Terroristen. Sie sind nicht abhängig von einem bestimmten sie unterstützenden Staat. Terroristische Netzwerke werden oft mit Krebstumoren verglichen, die, wenn sie es irgendwann schaffen, ihren Wirtsorganismus zu zerstören, damit auch ihren eigenen Tod besiegeln; tatsächlich haben sie aber mehr mit Parasiten gemein, die einen Wirtsorganismus besiedeln, und in der Lage sind, auf immer neue Organismen überzuspringen, wenn ihre bisherigen Wirte durch Überbeanspruchung ausfallen. Das Taliban-Regime ist tot, Al Qaida lebt. Die Ära von Saddam Hussein ist vorüber, die Ära des Dschihad gegen Amerika hat gerade erst begonnen.

An neuen Unterstützerstaaten herrscht kein Mangel. Dutzende korrupter und undemokratischer Regime bieten sich dafür an, zahlreiche schwache und unstabile Regierungen und mehr als nur ein paar Völker der Dritten Welt, die sich als Opfer der Globalisierung fühlen und auf die USA schlecht zu sprechen sind. Aber auch autoritäre ebenso wie protodemokratische Regime, die mit Amerika verbündet und befreundet sind, wie die Regierungen von Ägypten, dem Jemen, Marokko, Saudi-Arabien und Pakistan, haben in der Vergangenheit Terroristen «beherbergt» und tun es auch heute noch, wenn auch manchmal unfreiwillig. Wenn die USA einem «befreundeten» Regime wie dem indonesischen oder dem philippinischen bei der Bekämpfung des Terrorismus helfen, gibt es unter Umständen einen Punkt, an dem aus diesem Kampf ein Krieg gegen den betreffenden Freund wird. Die US-Regierung stellte Eingreifkommandos in einer Truppenstärke von über 1700 Mann bereit, die dem philippinischen Präsidenten Arroyo helfen sollten, die schätzungsweise 250 Mitglieder der extremistischen Abu-Sayyaf-Gruppe aufzuspüren und auszuschalten. Die philippinische Regierung zögerte jedoch, wie sich gezeigt hat, diese Truppen ins Land zu lassen.

Welche Gefahr von diesem oder jenem Staat (sei es, dass man ihn als «Schurkenstaat», als Unterschlupfgeber für Terroristen oder lediglich als «unfreundlich» einstuft) für die Vereinigten Staaten oder andere Nationen ausgeht, muss nach allgemein akzeptierten, überprüfbaren und empirisch fundierten Kriterien beurteilt werden können, so dass internationale Körperschaften wie der UN-Sicherheitsrat oder der Internationale Strafgerichtshof den Grad der Bedrohung verifizieren und anerkennen können. Das bloße Vorhandensein eines instabilen oder despotischen Regimes (ein Attribut, das auf Dutzende von Staaten zutrifft) reicht nicht aus. Als entscheidendes Kriterium kann nicht die Wesensart eines Staates, seine Stabilität oder seine demokratische Legitimität gelten, sondern ausschließlich der Grad seiner Verbindungen zum Terrorismus. Die bloße Präsenz von Terroristen in einem Land reicht als Kriterium offensichtlich nicht aus, denn Terroristen haben in Kanada, England, Deutschland, den Vereinigten Staaten und vielen anderen westlichen Ländern Unterschlupf gefunden. Terroristen mögen in instabilen Gesellschaften gedeihen, in offenen Gesellschaften finden sie sich gleichwohl genauso gut zurecht und sind überdies schwer aufzuspüren. In den letzten Jahrzehnten galten so unterschiedliche Länder wie Irland, Italien, Deutschland, Spanien (hier insbesondere das Baskenland), Kambodscha und die ehemalige Sowjetrepublik Georgien zu jeweils bestimmten Zeiten als Bastionen des internationalen Terrorismus. Militante Gruppierungen der extremen amerikanischen Rechten und diverse paramilitärische Organisationen verübten nicht nur terroristische Anschläge in den USA, sondern schlossen auch Bündnisse mit neofaschistischen Vereinigungen in Deutschland und anderswo, wobei sie sich derselben globalen Kommunikationstechniken bedienten wie die prominenteren, global operierenden Terrornetzwerke.[25] Die vom US-Außenministerium geführte Liste terroristischer Organisationen und sie unterstützender Staaten sieht ganz anders aus als das kurze Mitgliederverzeichnis von Präsident Bushs «Achse des Bösen». In ihr tauchen auch Kuba, der Sudan und Syrien auf, dazu 28 «ausländische terroristische Organisationen», darunter Aum Shinriykyo, Kach, die Tamilischen Befreiungstiger, die baskische ETA, der Leuchtende Pfad und die Revolutionäre Bewegung Tupac Amaru.[26] Genauso wie es im Strafrecht verbindliche Kriterien gibt, nach denen ein Gericht ein bestimmtes Verbrechen als Eigentumsdelikt, Kapitalverbrechen usw. einordnen kann, brauchen wir verbindliche Kriterien, anhand derer die Organe der kollektiven Sicherheit feststellen können, wann der Tatbestand einer staatlichen Unterstützung für oder Mitwirkung an terroristischen Akten erfüllt ist. Hätten solche Kriterien im Fall des Irak zur Verfügung gestanden, so wäre es den USA entweder möglich gewesen, eine breitere Unterstützungsbasis für ihren Krieg zu erlangen, oder sie hätten den Krieg im vollen Bewusstsein dessen führen müssen, dass sie damit gegen das Völkerrecht verstießen.

Von diesen Kriterien einmal abgesehen, lässt die brüchige Logik des Präventivkriegs auch alle Abwägungen über

Risiken, über Gewissheiten und Ungewissheiten, über Verantwortung und Schuld offensichtlich äußerst unscharf werden. Staaten sind ungeeignete Objekte für Präventivkriege, weil sie Teil eines internationalen Systems sind, das sich auf das Prinzip der Souveränität sowie (gemäß der Charta der Vereinten Nationen) auf die gegenseitige Verpflichtung gründet, auf das Mittel des Krieges zu verzichten, es sei denn zum Zweck der Selbstverteidigung oder zur Abwehr einer Gefahr, die so unmittelbar droht, dass ein präventiver Angriff sich als antizipierende Selbstverteidigung rechtfertigen ließe.

Wird ein Präventivkrieg gegen einen Staat geführt, so müssen sämtliche Aspekte, die in den traditionellen Doktrinen von Abschreckung und Eindämmung eine große Rolle spielen wie Rationalität, Vorhersagbarkeit und Gewissheit bedacht werden. Für die USA bedeutet dies, dass sie sich *nolens volens* in ein Ratespiel beispielsweise über die Absichten, Motivationen und die rationale Zurechnungsfähigkeit des nordkoreanischen Regimes hineinbegeben müssen, das sich nicht wesentlich von ähnlichen Ratespielen unterscheidet, die die Konfrontation mit der Sowjetunion in der Ära des Kalten Krieges ihnen zu lösen aufgab und mit denen sie sich im Hinblick etwa auf China, Nordkorea oder Kuba bis heute beschäftigen müssen. Condoleezza Rice, die sich viele Jahre mit Sowjetologie beschäftigte, hat sich mit der von ihr verkündeten «neuen» Doktrin des Präventivkriegs womöglich gar nicht so weit von ihren akademischen Ursprüngen entfernt, wie sie selbst glauben mag. Wenn einige in der Bush-Administration Saddam immer wieder als eine Figur hinstellten, die an Stalin erinnere, trug das wohl weniger zur Dämonisierung Saddams bei als zur Verdeutlichung der Tatsache, dass man just die Strategien der Abschreckung, die man zuvor öffentlich zur Vordertür hinausgeworfen hat, klammheimlich hinten wieder hereinholt. Gewiss mögen viele sagen, der US-Präsident habe niemals ernsthaft erwogen, auf die Abschreckungsoption zurückzugreifen; tatsächlich jedoch durchzog ihre Logik das gesamte amerikanische Vorgehen gegen den Irak vor dem Angriff, und Bush wäre möglicherweise gezwungen gewesen, mit Eindämmung vorlieb zu nehmen, wenn Saddam allen an ihn gestellten Forderungen vollständig nachgekommen wäre.

Vor dem amerikanischen Einmarsch im Irak unterschied sich die Strategie des Präventivkriegs in keiner Weise von der Strategie der atomaren Abschreckung gegenüber der Sowjetunion im Kalten Krieg. Man sagte nicht: «Eure Zeit ist um; egal was ihr tut, wir werden euch auf jeden Fall angreifen und entwaffnen», sondern: «Wenn ihr nicht vollständig mit den UN-Inspekteuren zusammenarbeitet, wenn ihr nicht nachweist, dass ihr keine Waffen mehr habt, oder wenigstens demonstrative Schritte zu eurer Selbstentwaffnung unternehmt, wenn ihr nicht euer Regime auswechselt oder zumindest euren militärischen Ambitionen abschwört, werden wir euch entwaffnen.» Das ist Eindämmung, Abschreckung, die Drohung mit dem Einsatz von Gewalt, um beim Gegner bestimmte Verhaltensänderungen zu erreichen. So hart und fordernd im Ton diese Forderungen vorgebracht wurden – die ihre beabsichtigte Abschreckungswirkung letzten Endes verfehlten –, handelte es sich doch um eine spezielle Spielart des Verhandelns mit dem Feind – ungeachtet dessen, dass der Präsident hoch und heilig beteuert hatte, er werde niemals mit Terroristen verhandeln. So ausgeklügelt man diese Strategie betreiben mag, gesteht sie dem Widersacher doch immer eine wichtige Rolle bei der Entscheidung über den Ausgang der Geschichte zu. Präsident Bush erklärte unzählige Male – ob es ehrlich gemeint war, sei dahingestellt –, ob es Krieg geben werde oder nicht, liege an Saddam Hussein und ihm allein. Er müsse nur die Forderungen der UN-Resolution 1441 vollständig erfüllen – etwas, das er auch nach Auffassung derer, die den amerikanischen Einmarsch verurteilten, nicht getan hatte.

Die für den Krieg gegen den Terrorismus ausgegebene Parole hatte ganz anders gelautet: «Wir werden euch finden, euch das Handwerk legen, euch vernichten, Punkt. Nichts hängt mehr von euch ab.» Ein wirklicher Präventivkrieg bedarf keiner UN-Resolutionen und keiner Rechtfertigungen. «Ihr habt diesen Krieg begonnen», rief Präsident Bush den Terroristen zu, «wir werden ihn beenden.» Dagegen lautete seine Botschaft an die Adresse des Irak: «Wenn ihr euch nicht entwaffnet, werden wir euch entwaffnen.» Das ist keine Kriegserklärung, es ist eine Drohung. Alles Weitere hängt vom Widersacher ab. Es ist dies kein Präventivkrieg, sondern die *Drohung* mit Präventivkrieg, eingesetzt als Mittel der Eindämmung und Abschreckung. Soviel zu der Verkündung Bushs, aus der Doktrin der Eindämmung sei «die Luft raus».

Sowohl mit dem Irak als auch mit Nordkorea handelten die USA in einem gleichsam verschlüsselt ablaufenden Prozess Konditionen für eine Reihe verschiedener wünschbarer Verläufe aus. Dasselbe gilt nun für Syrien und den Iran. Wie sich zeigte, war sogar der Regimewechsel in Bagdad, ursprünglich ein *sine qua non* der amerikanischen Seite, verhandelbar. Hätte Saddam die UN-Resolution 1441 vollständig erfüllt, wäre dies in den Augen der USA ein «Regimewechsel» gewesen. Indem die Amerikaner den Irak und Nordkorea wie Staaten mit Interessen behandelten (und nicht wie nicht-staatliche Terroristen), verwandelten sie die «neue» Doktrin des Präventivkriegs in die «alte» Doktrin der Abschreckung und Eindämmung zurück.

Die vermeintliche Präventivkriegsstrategie gegenüber dem Irak ähnelt bestenfalls einem mit hohem Einsatz gespielten Bluff, dessen Glaubwürdigkeit Tag für Tag durch eine Reihe von Maßnahmen aus dem Arsenal der Abschreckung aufgepumpt wurde: durch die Massierung von Truppen und Waffen in der Region, durch die Entschiedenheit, mit der die Bush-Administration Drohungen und Warnungen aussprach, und durch die Ankündigung, dass sie bereit sei, einseitig vorzugehen, falls sie ihre Verbündeten oder die Vereinten Nationen nicht zu einer Beteiligung bewegen könne. «Multilateralismus darf nicht zu einem Vorwand für Untätigkeit werden», sagte ein resoluter Colin Powell vor den versammelten Teilnehmern des Weltwirtschaftsforums 2003 in Davos. «Wir behalten uns weiterhin unser souveränes Recht vor, alleine oder im Rahmen einer Koalition der Willigen militärische Maßnahmen gegen den Irak zu ergreifen.»[27] Die Vorkehrungen für den Präventivkrieg sollten offenkundig die andere Seite zu bestimmten Handlungen verleiten, die es den USA wiederum erlauben würden, auf die Durchführung des angekündigten Präventivkriegs zu verzichten. Es war eine verschärfte Form der Abschreckung, mit erhöhten Einsätzen gespielt. Die konditionale Logik des «wenn du nicht X tust, werden wir Y tun» wurde hier bis zum Zerreißen strapaziert. Weit davon entfernt, die Paradoxien und Widersprüche der Abschreckungspolitik abzuschütteln, verstärkt diese Strategie gerade das Problematische an der Abschreckung – und schafft dazu neue Probleme wie den Anschein der Unvereinbarkeit mit dem Völkerrecht und den Verdacht der exzeptionalistischen Einseitigkeit. Sie macht aus der passiven oder reaktiven Abschreckung, wie sie im Kalten Krieg praktiziert wurde, etwas Aggressiveres, eine «aktive Abschreckung», die von anderen als raubeinige Erpressung empfunden wird.

Gegenüber der Sowjetunion war die amerikanische Eindämmungspolitik einer eher konventionellen Abschreckungslogik gefolgt: «Wir wissen, dass ihr über die Fähigkeit verfügt, einen atomaren Erstschlag gegen uns zu führen oder in Europa einen konventionellen Krieg anzufangen in der (irrigen) Überzeugung, wir würden vor einer mit der Gefahr eines nuklearen Schlagabtauschs verbundenen Reaktion zurückscheuen. Wir erklären euch hiermit: Wagt es nicht! Denn wir werden einen Gegenschlag führen, der verheerender ist als jeder

Erstschlag, den ihr uns möglicherweise zufügt; und für den Fall, dass ihr konventionell vorgeht und unsere konventionelle Verteidigung überwinden solltet, behalten wir uns alle unsere Optionen vor, einschließlich der nuklearen. Zum Beweis: Wir haben nicht nur amerikanische Truppen als ‹Stolperdraht› entlang der Ostflanke Europas stationiert, sondern dieses Gebiet auch mit Atomwaffen bestückt.»

Wenn der Präventivkrieg auf ein Instrument aktiver Abschreckung reduziert wird, artikuliert er sich im Großen und Ganzen in derselben Sprache, nur dass die Rhetorik der Einschüchterung in diesem Fall sehr viel deftiger ist – die konditionale Logik dafür aber umso schwächer. Letztere besagt: «Wir glauben, dass ihr vielleicht einen Angriff auf uns plant, bzw. wir finden, eure Ideologie lässt darauf schließen, dass ihr dies gerne tätet, wenn ihr könntet. Wenn ihr aber die Wahrheit sagt (was wir natürlich nicht glauben) und gar nicht über Waffen verfügt, mit denen ihr uns Schaden zufügen könntet, hegen wir noch immer den Verdacht, dass ihr heimlich daran arbeitet, euch solche Waffen zu beschaffen, die euch in die Lage versetzen würden, die USA oder ihre Freunde anzugreifen, so ihr dies wollt, wovon wir ausgehen. Und selbst wenn ihr es nicht tätet, stünde es in eurer Macht, Terroristen mit diesen Waffen zu versorgen, was wir euch durchaus zutrauen.» Hier spricht nicht die Logik des wirklichen Präventivkriegs – «keine Verhandlungen, keine Kompromisse» –, aber auch nicht unbedingt die lautlose, aber nachdrückliche Logik der passiven Abschreckung. Dass die Abschreckungswirkung durch die Androhung präventiver Maßnahmen anstatt durch die Ankündigung einer Gegenreaktion versucht wird, erhöht die Anforderungen an die Plausibilität und Glaubwürdigkeit der Drohung, und dass der Kontrahent aufgefordert wird, etwas zu tun (sich zu entwaffnen, sich UN-Resolutionen zu beugen, einen Regimewechsel vorzunehmen), statt dass man ihn aufforderte, bestimmte Dinge *nicht* zu tun (nämlich anzugreifen), verleiht der ohnehin schon verwickelten Logik der Abschreckung eine zusätzliche Vertracktheit.

Von der bloßen Androhung eines Präventivkriegs geht nicht dieselbe Wucht aus wie von seiner definitiven Ankündigung. Gleichzeitig fehlt ihr die «Unschuld», die der Logik der passiven Abschreckung («solange ihr nichts tut, werden wir nichts tun») innewohnt. In den Jahrzehnten des Kalten Krieges schreckte der Tatbestand der «gesicherten gegenseitigen Zerstörung» beide Seiten von einem Erstschlag ab, weil ein verheerender Antwortschlag seitens der angegriffenen Seite als gewiss und unabwendbar galt. Doch die Botschaft an die Regierung des Irak lautete eben nicht: «Wenn ihr chemische oder biologische Waffen in einer kriegerischen Auseinandersetzung einsetzt, die uns oder unsere Verbündeten in irgend einer Weise bedrohen, riskiert ihr einen massiven Vergeltungsschlag der Vereinigten Staaten, bei dem der Einsatz atomarer Waffen nicht ausgeschlossen sein wird.» Das war praktisch die Botschaft, welche die erste Bush-Administration Saddam Hussein während des Golfkrieges infolge der Annexion Kuwaits zukommen ließ, fürchtete sie doch, die Irakis könnten in höchster Not ihre biologischen und chemischen Waffen einsetzen, um sich der Gegenoffensive der Alliierten zu erwehren. Das war Abschreckungs- und Eindämmungspolitik nach herkömmlicher Art. Zwölf Jahre später wurde der Irak von der Bush-Administration aufgefordert, bestimmte Dinge zu tun (nicht auf bestimmte Handlungen zu verzichten): «Zeigt uns die Massenvernichtungswaffen, die ihr nach unserer Überzeugung besitzt, oder liefert uns einen überzeugenden Beweis dafür, dass ihr keine habt (wobei wir definieren, was unter einem überzeugenden Beweis zu verstehen ist), andernfalls werden wir euch vernichten.» Das ist «aktive Abschreckung». Anders als bei der traditionellen Abschreckung tritt die abschreckende Seite hier in der Rolle des Angreifers auf. Die USA verlangten vom Irak, der immerhin ein souveräner Staat war (wenn auch von einem widerwärtigen und tyrannischen Regime beherrscht), sein Recht zur Entwicklung von Waffen und Strategien der Selbstverteidigung insoweit einzuschränken, wie die USA oder andere Staaten sich durch die Existenz solcher Waffen in den Händen des Irak bedroht fühlten. Das läuft auf nichts Geringeres hinaus, als dass die Vereinigten Staaten auf das Recht des Stärkeren (und nach eigener Überzeugung moralisch Überlegenen) pochen, den Schwächeren (der zugleich als moralisch minderwertig hingestellt wird) einzuschüchtern. Von der Weltgemeinschaft erwartet der Stärkere, dass sie seine Rechtsauffassung legitimiert.

So gesehen, erscheint die aktive Abschreckung durch Androhung eines Präventivkriegs als eine Strategie, die nur Erfolg hat, wenn sie fehlschlägt, und die scheitert, wenn sie erfolgreich ist. Sie erreicht die beabsichtigte Abschreckungswirkung nur um den Preis, dass der Präventivkrieg nicht stattfindet – wenn die Prävention angedroht, aber nicht praktisch durchgeführt wird. Und sie funktioniert als Präventivkrieg nur, wenn sie als Mittel der Abschreckung versagt – wie etwa im Fall des Irak, wo das Saddam-Hussein-Regime sich durch die amerikanische Präventivkriegsdrohung nicht bis zur totalen Folgsamkeit einschüchtern ließ und daraufhin angegriffen wurde. Diese paradoxe Logik des Präventivkriegs als Mittel der Abschreckung charakterisierte der Autor eines Leitartikels in der *New York Times* am Vorabend des Irak-Krieges treffend mit den Worten: «Wenn die Bush-Administration das Ziel verfolgt, den Druck auf Hussein aufrecht zu erhalten, um ihn zu einer vollständigeren Zusammenarbeit mit den Inspekteuren oder zur Einwilligung in einen diplomatischen Handel zu bewegen, könnte die Strategie konstruktive Ergebnisse zeitigen. Wenn Washington aber ein schnelles militärisches Vorgehen in den allernächsten Wochen plant, sei es auf eigene Faust oder mit ausschließlich britischer Unterstützung, sollte man sich das noch einmal überlegen.»[28] Anders ausgedrückt: Es ist schön und gut, mit

Präventivkrieg zu drohen, um einen Krieg zu verhindern (auch wenn dies bedeutet, dass der Präventivkrieg sich vielleicht erübrigt und in diesem Sinne «fehlschlägt»), solange man den Krieg nicht wirklich führt (denn wenn es zum Krieg käme, hätte ja die Abschreckung nicht funktioniert). Aber natürlich kann man nicht glaubwürdig mit Krieg drohen, wenn man nicht voll und ganz – und sichtbar – für den angedrohten Krieg gerüstet ist. Der endgültige Beweis für die Glaubwürdigkeit der Drohung besteht dann darin, dass man tatsächlich losschlägt.

Einige der Paradoxien, die sich aus der Anwendung des Präventivkriegs als Mittel der Abschreckung ergeben, resultieren aus den Widersprüchen der Abschreckungsdoktrin selbst. Wenn liberale Kritiker der Politik von George W. Bush mit einer gewissen Wehmut an die Politik der Eindämmung und Abschreckung in der Ära des Kalten Krieges zurückdenken, entbehrt das nicht einer gewissen Ironie – als hätten eben diese Liberalen nicht damals zu den schärfsten Kritikern der Abschreckungspolitik gehört und als wäre diese Politik nicht ebenfalls mit außerordentlichen Risiken behaftet gewesen, mit deren ständiger Anprangerung viele jener Kritiker damals ihren Lebensunterhalt verdienten. Max Boot hat darauf hingewiesen, dass die praktische Umsetzung der damaligen Eindämmungspolitik «ein ganzes Stück schmutziger» war, als die liberalen Nostalgiker von heute es wahrhaben wollen, bedeutete diese Politik doch nicht zuletzt auch «Unterstützung für die griechischen Obristen, die argentinischen Generäle, den Schah, Pinochet, Marcos, Somoza und andere unappetitliche Charaktere, die in ‹unserem› Lager waren. Zu ihr gehörten unsere Mithilfe an den Umstürzen von Mossadegh im Iran, Arbenz in Guatemala und Allende in Chile ... (Und) zu ihr gehörten große Kriege gegen Nordkorea und Nordvietnam ... (und) Invasionen in der Dominikanischen Republik und in Grenada.»[29]

Tatsächlich resultieren die Prämissen, auf denen die neue Strategie des Präventivkriegs beruht, aus demselben rationalistischen strategischen Denken, das sowohl dem Gleichgewicht des Schreckens als auch den Argumenten seiner Kritiker zugrunde lag und aus dem die Debatten über Rationalität, Vorhersagbarkeit und Gewissheit, die viele zu Zweiflern am guten Sinn der Abschreckungspolitik werden ließen, ihre Nahrung saugten. Dieselben «Geburtsfehler», die in der Ära des Kalten Krieges die Strategie der Eindämmung und der passiven Abschreckung zu einem so zweischneidigen Schwert machten, dass manche strategischen Denker heute den Präventivkrieg als die womöglich bessere Alternative in Betracht zogen, sind dafür verantwortlich, dass die heutige Strategie des Präventivkriegs und der aktiven Abschreckung so katastrophal schief läuft. Wenn die Abschreckung funktionierte, dann nicht nur weil sie ein gutes politisches Konzept war, sondern auch weil das nötige Glück hinzu kam, und der Preis für ihr Funktionieren war das Risiko eines Atomkriegs, der das Ende der menschlichen Zivilisation hätte bedeuten können.

Es hatte auch mit Glück zu tun, dass die Vereinigten Staaten und die Sowjetunion trotz der paradoxen Glaubwürdigkeitsspiele, die der Politik der Abschreckung stets den Anstrich einer todernsten pubertären Mutprobe verliehen, überlebten. Abschreckung kann nur funktionieren, wenn *glaubwürdige* Drohungen im Raum stehen, und die Glaubwürdigkeit von Drohungen hängt zur Gänze davon ab, ob die andere Seite glaubt, dass der Abschreckende seine Drohung tatsächlich wahrmachen wird, selbst um den Preis der gegenseitigen Vernichtung. Will man die eigene Glaubwürdigkeit maximieren, so muss man die Wahrscheinlichkeit eines unverzüglichen, unzweideutigen und unzweifelhaften Wahrmachens der eigenen Abschreckungsdrohung maximieren (und zwar nicht die objektive, sondern die von der Gegenseite wahrgenommene Wahrscheinlichkeit, denn einzig auf die Wahrnehmung kommt es an). Wenige Wochen vor dem amerikanisch-britischen Einmarsch im Irak hielt Premierminister Blair den Skeptikern im britischen Unterhaus das klassische Argument gegen ein Nachgeben im globalen Nervenspiel entgegen: «Wenn wir jetzt Schwäche zeigen», sagte er, «wird niemand uns je wieder glauben, wenn wir in der Zukunft Stärke zu zeigen versuchen.»[30] Zu Zeiten des Kalten Krieges waren die Spieleinsätze noch höher.

Die Notwendigkeit, glaubwürdig zu bleiben, warf damals wie heute ein Problem auf: Hätten die USA nach einem verheerenden atomaren Erstschlag der Sowjets den angedrohten vernichtenden Vergeltungsschlag gegen die Sowjetunion tatsächlich durchgeführt, dann hätten sie damit das wahnwitzige Zerstörungswerk, das schon der Erstschlag angerichtet haben würde, fortgesetzt und multipliziert. Die ganze Abschreckungsstrategie hätte jedoch nicht funktioniert, wenn nicht beide Seiten überzeugt gewesen wären, dass der Kontrahent den Gegenschlag tatsächlich führen würde, selbst um den Preis eines globalen nuklearen Infernos. Nur dadurch, dass man der Drohung mit einem potenziell verheerenden Vergeltungsschlag eisernen Nachdruck verlieh, konnte man das Risiko eines Krieges reduzieren. Es galt: Umso lockerer der Finger am Abzug war und umso verheerender die zu erwartenden Zerstörungen, desto stärker würde die Abschreckungswirkung sein – desto katastrophaler aber auch die Folgen, wenn die Abschreckung versagte. Die Androhung einer massiven Vergeltung «funktionierte» in den Zeiten des Kalten Krieges, weil keine Seite es wagte, die wahnwitzige Logik, auf der die Strategie beruhte, auf die Probe zu stellen. Ihre Glaubwürdigkeit, und damit ihre Rationalität, beruhte auf ihrer «Unglaublichkeit» und Irrationalität: «Wenn einem sowjetischen Atomschlag Hunderte Millionen unschuldiger Amerikaner zum Opfer fielen, würden die Vereinigten Staaten Hunderte Millionen unschuldiger Russen abschlachten, obwohl sie damit keinen einzigen

Amerikaner retten könnten?!» Je irrationaler das Szenario, desto glaubwürdiger die Drohung.

Die logische Quintessenz aus dem Strategem der «gesicherten gegenseitigen Vernichtung» war die surreale Idee einer «Weltuntergangsmaschine». Diese Maschine wurde von zynischen Kritikern der «gesicherten gegenseitigen Vernichtung» als hypothetische Vorrichtung empfohlen. Sie sollte aus einem weltumspannenden System von Sensoren und Wasserstoffbomben bestehen, das so eingestellt wäre, dass es in dem Augenblick, da irgendwo auf der Welt eine Atomwaffe eingesetzt würde, eine atomare Kettenreaktion in Gang setzen würde, die in einer gigantischen Kernschmelze den ganzen Planeten verschlänge. In der vollkommenen Unvorstellbarkeit der «gesicherten gegenseitigen Vernichtung» lag in Wahrheit das Geheimnis ihres glaubwürdigen Abschreckungspotenzials, und der moralisierende Unterton der Kalte-Kriegs-Rhetorik half in gewisser Weise mit, der Strategie Glaubwürdigkeit zu verleihen: Der Kommunismus war eine «totalitäre» Ideologie, die Sowjetunion ein «Reich des Bösen». In der Auseinandersetzung mit einem solchen Gegner musste man zu extremen Mitteln greifen. Allerdings vertrug sich die Strategie der «gesicherten gegenseitigen Vernichtung» nicht mit der Doktrin des gerechten Krieges.[31] Sie verhieß mehr als «nur» die Tötung Unschuldiger, drohte sie doch letzten Endes mit dem Weltuntergang als Strafe für einen atomaren Erstschlag.

Das ist gleichsam die dunkle Seite der Strategie der Abschreckung, an deren Wahnwitzigkeit es nichts ändert, ob sie von «den Guten» oder von «den Bösen» praktiziert wird. So gesehen, kann man unschwer verstehen, dass manche besonnenen Beobachter wie Robert Jay Lifton heute gewisse bizarre Parallelen zwischen dem Nihilismus der Terroristen und den von amerikanischen Strategen erdachten Varianten einer präventiven Entwaffnung sehen. In den Augen Liftons bedienen sich Hamas und andere einer «apokalyptischen Gewalt, ... die auf Zerstörung in großem Stil und auf eine Erneuerung des Weltgeists abzielt ... Aber dasselbe findet man auch hier in den Vereinigten Staaten bei denen, die aus der terroristischen Gefahr den Anspruch auf militärische Weltherrschaft ableiten.»[32]

Eine *Pax Americana*, die auf den beiden Säulen einer neuartigen Präventivkriegsstrategie und einer traditionellen Doktrin der Abschreckung ruht, wird einen furchtbaren Preis kosten, selbst wenn sie kurzfristig zu Erfolgen führt. (Nach meiner Auffassung kann sie langfristig ohnehin nicht funktionieren.) Nach Liftons Auffassung handeln die gegensätzlichen Lager – sowohl im Kalten Krieg wie im heutigen zwischen den USA und den Terroristen – in auffälliger Übereinstimmung, indem sie selbstgerecht «Anklage gegeneinander erheben». Ich teile nicht die Befürchtung Liftons, dass «ein Krieg gegen den Terror, ohne zeitliche oder örtliche Begrenzungen, uns der Anwendung apokalyptischer Gewalt einen Schritt näher bringt ...». Meine Sorge ist eher die, dass wir uns, wenn wir versuchen, die intrinsischen Gewissheiten eines (notwendigen) Präventivkriegs gegen den Terrorismus auf das viel unsicherere Terrain der «aktiven Abschreckung» gegen souveräne Staaten zu übertragen, die gravierenden Gefahren der Kalte-Kriegs-Ära wieder ins Haus holen, erweitert um die Dimension des nicht-staatlichen Terrorismus. Wie Charles Krauthammer ausgeführt hat: «Selbst unter den günstigsten Bedingungen war die Abschreckung psychologisch abstumpfend, in sich instabil und hochgradig gefährlich. Sie aus freien Stücken in dieser Ära der Massenvernichtungswaffen zur Grundlage unserer Sicherheitspolitik zu machen, ist der schiere Widersinn.»[33] Das gilt heute sicherlich in nicht geringerem Maß als zu Zeiten des Kalten Krieges.

Beide Doktrinen, die der Abschreckung und die des Präventivkriegs, erwecken oft den Eindruck, sie beruhten auf der Prämisse einer vollkommenen menschlichen Rationalität – auf der Überzeugung, es gebe so etwas wie eine öffentliche Checkliste der guten und der schlechten Dinge, der Schmerzen und Lüste, der Strafen und Anreize, die universelle Geltung besitzt und innerhalb jeder Kultur, jedes Zeitalters und jeder Ideologie angewendet werden kann. Die nationale Sicherheitsstrategie der Vereinigten Staaten funktionierte häufig nach dem einfachen Prinzip von Zuckerbrot und Peitsche, und daran hat sich nach dem 11. September 2001 weniger geändert, als man es hätte erwarten dürfen. Geld sei Trumpf in Afghanistan, schwärmte der Kommandant einer amerikanischen Sondereinheit zur Terrorismusbekämpfung in der Anfangsphase des Krieges gegen das Taliban-Regime. Warlords oder Unterkommandeure mit Dutzenden oder Hunderten von Kämpfern könnten bereits mit 50 000 Dollar in bar angeheuert werden. «Wenn wir das richtig anstellen, können wir erheblich mehr Taliban auskaufen, als wir töten müssen.»[34] Nach demselben Prinzip (und mit ähnlich geringem Erfolg) setzten die USA auf die Ergreifung Osama bin Ladens eine Belohnung von 25 Millionen Dollar aus. Zwei Jahre später war er noch immer auf freiem Fuß, sehr zur Verblüffung mancher Amerikaner, die nicht glauben können, dass niemand sich das Kopfgeld verdienen wollte.

Der Glaube an das Prinzip von Zuckerbrot und Peitsche lässt sich als eine weitere Facette der Hobbes'schen Philosophie deuten, aus der die Lehre vom Gesellschaftsvertrag abgeleitet ist. In der Moralphilosophie spricht man von «psychologischem Hedonismus». Die Lehre vom psychologischen Hedonismus (die ihrerseits ein Ableger der klassischen utilitaristischen Theorie ist) wurde eineinhalb Jahrhunderte nach Hobbes von Jeremy Bentham perfektioniert, jenem brillanten und leidenschaftlichen Erforscher der menschlichen Rationalität. Bentham sah in der menschlichen Vernunft ein Werkzeug, ja eine Sklavin unserer «Leidenschaften», eine Rechenmaschine, mit der wir die wahrscheinlichen Folgen und Rückwirkungen unseres Handelns vorauskalkulieren und abschätzen, wie viel Schmerz bzw. Lust es uns bereiten wird.

Ganze philosophische Denk- und politische Rechtssysteme sind auf diesem einfachen Fundament errichtet worden. Unsere vermeintlich so unbestechliche Rationalität ist lediglich Ausdruck und Diener unserer Leidenschaften und Bedürfnisse, und letzten Endes lässt sich das Verhalten aller Menschen auf dieselben Abwägungen und Berechnungen reduzieren. Das gilt für die Srategen hinter den US-Regierungen ebenso wie für die Guerilleros des Vietcong, für irakische Generäle ebenso wie für al-Qaida-Terroristen. Sie alle unterliegen letzten Endes der bewussten oder unbewussten Steuerung durch Belohnungen und Bestrafungen, Zuckerbrot und Peitsche.[35]

Ein nationalistischer Aggressor, dem die verbündeten Truppen seiner Nachbarländer eine blutige Nase verpassen, wird daraus lernen, dass man gut daran tut, sich an bestehende Nichtangriffspakte zu halten. Serbien etwa lernte diese Lektion von der NATO.

Jedes Beispiel, das zu belegen scheint, dass die Beweggründe des menschlichen Handelns universellen Regeln der Vernunft und der Berechnung unterliegen, dass Anreize und Strafen beabsichtigte Wirkungen erzielen können und dass Abschreckung sinnvoll ist, lässt sich mit einem Gegenbeispiel konterkarieren. Denken wir etwa an den Ausbruch des Ersten Weltkriegs trotz des vorausgegangen Jahrhunderts der Diplomatie und Verständigung, nach dem man zuversichtlich glaubte, so etwas könne nicht passieren. (*August 1914*, Barbara Tuchmans Schilderung der Irrungen und Wirrungen, die zum Ausbruch dieses Krieges führten, ist nach wie vor höchst lesenswert. Als der Krieg dann ausgebrochen war, glaubte man – wieder irrtümlicherweise –, dies sei der letzte aller Kriege, «a war to end war».) Der Vietnamkrieg ist vielleicht das schlagendste Beispiel für die Grenzen der menschlichen Rationalität. Als die Amerikaner mit ihren Bombenangriffen auf Ziele in Nordvietnam begannen, um für die Machthaber in Hanoi den Kriegseinsatz so hoch zu schrauben, dass sie das Interesse an der Fortführung des Bürgerkriegs im Süden verlieren würden, zeigten diese sich keineswegs geschockt und eingeschüchtert, sondern legten im Gegenteil einen noch eiserneren Widerstandswillen an den Tag. Saddam Hussein lieferte mit seinem Überfall auf Kuwait, den er trotz der überwältigenden Übermacht der voraussehbaren Gegner dieser Aktion unternahm, ein weiteres Gegenbeispiel. Gar nicht zu reden vom anhaltenden «Erfolg» der von palästinensischen Terroristen in Israel organisierten Selbstmordattentate, durchgeführt unter den Augen einer bis an die Zähne bewaffneten Ordnungsmacht, die alles versucht, um durch abschreckende Strafmaßnahmen diese Anschläge zu verhindern, indem sie etwa die Familien der Attentäter obdachlos macht und die palästinensische Bevölkerung als Ganze für den Fanatismus der Extremisten einen hohen Preis an Sachwerten, Sicherheit und Freiheit bezahlen lässt. Die Regierung Sharon ist (oder war mindestens einmal) überzeugt, keine «rationale» terroristische Organisation oder pro-terroristische Regierung könne einem so überwältigenden Präventions- und Abschreckungsterror Paroli bieten. Sie sollte zur Kenntnis nehmen, dass die Palästinenser dieses instrumentelle Verständnis von Rationalität offenbar nicht teilen.

Weshalb funktioniert Abschreckung nicht immer? Weil Menschen keine identischen, berechnenden Maschinen mit ein und demselben Katalog von Bedürfnissen, Wünschen und Leidenschaften sind. Weil unterschiedliche Kulturen mit Schmerz und Lust unterschiedlich umgehen. Weil in manchen Weltanschauungen (darunter auch in einigen Varianten unserer eigenen) das eigene Weiterleben nicht das höchste aller Güter und der Tod nicht die schlimmste aller Strafen ist. «Gebt mir die Freiheit, oder gebt mir den Tod», lautete einmal ein amerikanischer Aphorismus, der dazu beitrug, ein überlegenes britisches Heer zu besiegen, das die «Irrationalität» einer solchen Denkweise nicht verstand und dagegen nicht ankam. Die moderne Abschreckungstheorie begeht genau jene Denkfehler, die der kluge John Stuart Mill seinem Landsmann Jeremy Bentham ankreidete. Bentham hatte den Menschen eine so makellose Rationalität unterstellt, dass er sogar mathematische Modellgleichungen aufgestellt hatte, mit denen menschliches Verhalten in Abhängigkeit von diversen individuellen und situativen Faktoren berechnet werden konnte.[36] Für Mill war damit klar, dass Bentham den Menschen praktisch zu einer Rechenmaschine mit Leidenschaften und Bedürfnissen erniedrigte, einem «Wesen, das für Eindrücke der Lust und Schmerz empfänglich ist und in allen seinen Handlungen teils durch die verschiedenen Modifikationen seines persönlichen Interesses und die Leidenschaften, die man gewöhnlich egoistische nennt, [...] bestimmt wird. Und dabei bleibt seine Auffassung der menschlichen Natur stehen. [...] Den Menschen erkennt er nie als ein Wesen an, das fähig ist, geistige Vollkommenheit als einen Endzweck anzustreben und die Übereinstimmung seines eigenen Charakters mit seinem Ideal der Vortrefflichkeit um ihrer selbst willen zu suchen, ohne Hoffnung auf etwas Gutes oder Furcht vor etwas Schlimmem, das aus einer anderen Quelle als seinem eigenen inneren Bewusstsein entspringt.»[37]

Von der griechischen Antike bis in die jüngste Vergangenheit und die Gegenwart, die Jahrzehnte des Kalten Krieges und die Ära des Terrorismus, haben strategische Planer bei der Wahrnehmung ihrer Feinde die verengte Sichtweise Benthams an den Tag gelegt. König Kreon von Theben glaubte, er könne Antigone mit Drohungen oder Bestechung dazu bringen, sich ihm unterzuordnen, doch Antigone hörte auf die Stimme der Götter, nicht auf die der Menschen. Die Briten des späten 18. Jahrhunderts waren sicher, mit ihrem Militärapparat die schlecht ausgebildeten und bewaffneten Milizen der gegen sie aufbegehrenden Amerikaner niederschlagen zu können. Die Amerikaner glaubten aber inbrünstiger an ihre Sache. Menschen sind nun einmal keine auswechselbaren Charakterklone, und es ist einfach nicht wahr, dass «jeder Mensch käuflich ist», wenn man nur den richtigen Preis bietet. Das menschliche Gewissen, gleich ob es moralische Werte als seine Richtschnur nimmt oder einen fanatischen religiösen Dogmatismus oder einen altmodischen Nationalismus, der zum Widerstand gegen jeden Eindringling drängt, selbst wenn dieser im Namen der Freiheit auftritt, widersetzt sich rationalen Berechnungen und Einschüchterungsstrategien. So oft Letztere in konkreten Einzelfällen zum Erfolg führen mögen, auf lange Sicht schlagen sie doch meistens fehl. Dass Saddam Hussein sich weigerte, im Angesicht der sicheren Niederlage seines Landes und seines sicheren eigenen Untergangs oder Exils klein beizugeben, war gewiss «irrational» im Verständnis der Benthamisten, und das gilt erst recht für die wilde Entschlossenheit Tausender, für diesen befleckten Tyrannen bis zum bitteren Ende zu kämpfen. In Dingen des Krieges ist es wahrscheinlich klüger, von irrationalem anstatt von rationalem Verhalten auszugehen, was nichts anderes bedeutet, als dass die Unberechenbarkeit das wohl wichtigste Kennzeichen des Krieges ist.

Irrationalität bedeutet Unberechenbarkeit. Selbst die Kriegspartei, die nominell alle Trumpfkarten in der Hand hält und sich in der unangefochtenen Übermacht befindet, weiß nicht und kann nicht wissen, wie ihr Verhalten und ihre Äußerungen in der individuellen oder kollektiven Psyche der Gegenpartei ankommen. Jeder Krieg birgt eine erhöhte Wahrscheinlichkeit, dass das Unerwartete, das Unvorhergesehene geschieht. Harry Trumans Diktum, dass der Krieg den Frieden, in dessen Namen er gewöhnlich geführt wird, nicht herbeizitieren kann, wurde aus bitterer Erfahrung geboren. Aus dem Sieg gegen Nazideutschland resultierte der lange Kalte Krieg gegen die Sowjetunion. Aus der Niederlage der Sowjetunion ging der seltsame neue Krieg gegen den Terrorismus hervor. Die Überwindung Saddams brachte Anarchie, Unordnung, Verbitterung und Enttäuschung – und vielleicht folgt eines Tages auch die Demokratie, vielleicht aber auch nicht. Weil Gewissheiten über Konsequenzen und Ergebnisse eigenen Handelns sich in dem Maß verwischen, wie Zeithorizonte sich entfernen, lässt sich die wahrscheinliche Auswirkung eines bestimmten Verhaltens auf einen Gegner – selbst wenn dieser die eigenen kulturellen Werte und Traditionen teilt – nicht immer vorhersagen oder kontrollieren. Führende Leute der al Qaida haben erklärt, in ihren Augen seien die Vereinigten Staaten schwach, weil ihre Menschen Angst vor möglicherweise tödlichen Kriegseinsätzen in fremden Ländern hätten. Dass sie sich täuschten, zeigt ein weiteres Mal, welch schwerwiegende Folgen solche Fehlkalkulationen haben können.

Diejenigen, die überzeugt sind, den Gang der Dinge unter allen Umständen voll und ganz kontrollieren zu können – auch unter dem Regiment der Angst oder den Bedingungen von Anarchie und Krieg –, erliegen nicht nur einer Illusion, sondern laufen große Gefahr, selbst die ersten Opfer ihrer Hybris zu werden. Die Französische Revolution begann als eine Reformbewegung, getragen von fortschrittlichen Aristokraten, die hofften, größeren Einfluss auf das monarchische Regime zu gewinnen, und endete mit dem Untergang sowohl des monarchischen Regimes als auch der Aristokratie. Kein Wunder, dass sich der Ausspruch «Es kommt immer anders, als man denkt» in Frankreich besonderer Beliebtheit erfreut – in einem Land, das mit Krieg und Revolution auf vertrautem Fuß steht, entspricht es der Erfahrung, dass meist das Unerwartete passiert. Wie Winston Churchill einmal nüchtern festhielt: «Der Staatsmann, der sich vom Kriegsfieber anstecken lässt, muss wissen, dass er, sobald der erste Schuss gefallen ist, nicht mehr Herr der Politik ist, sondern Sklave unvorhersehbarer und unkontrollierbarer Ereignisse.» Wie fragmentarisch unsere Menschenkenntnis ist und wie begrenzt unsere Fähigkeiten und Möglichkeiten, daran werden wir allzu oft erinnert. Wenige Wochen vor dem amerikanischen Einmarsch im Irak zerbrach die Raumfähre Columbia beim Wiedereintritt in die Erdatmosphäre nach einer sechzehntägigen Mission im Orbit. Am Tag nach dem Unfall verkündete der Pressesprecher des Weißen Hauses, Ari Fleischer, der Präsident sehe in diesem Verlust eine «Tragödie, die das Leben der Amerikaner berührt hat, und eine Erinnerung an die Gefahren der Raumfahrt». Dann beeilte er sich hinzuzufügen, Bush sehe «keine Verbindung» zwischen dieser Katastrophe und «anderen Vorgängen auf der Erde».[38] In der Selbstgewissheit des Präsidenten schwingt ein Hauch von Ikarus mit, von nicht gelernten Lektionen, die Katastrophen heraufbeschwören können.

Dass Kriege mit viel Ungewissheit befrachtet sind, hat George W. Bush im Übrigen selbst eingeräumt. Wie er Bob Woodward sagte, hatte er sich bewusst kriegserfahrene Berater gesucht, die «in Situationen gesteckt haben, wo der Plan nicht so aufging, wie er vorgesehen war».[39] Die Art und Weise freilich, wie der Präsident Entscheidungen traf, ließ kaum einen Anflug von Demut erkennen. Seine Einsicht in die Unwägbarkeiten des Krieges hatte wenig erkennbaren Einfluss auf sein Handeln. Sein unphilosophisches Naturell macht ihn unempfänglich für feine Nuancen und komplexe Zusammenhänge, dafür umso anfälliger für schnelle Entscheidungen und für ein zügiges Umsetzen dieser Entscheidungen in den praktischen Vollzug; und es verleiht ihm die Fähigkeit, nach einmal getroffener Entscheidung den eingeschlagenen Weg beharrlich weiterzugehen. Das sind nützliche Qualitäten, wenn es um die Führung von Kriegen geht, die den Vereinigten Staaten von anderen aufgezwungen worden sind, aber in Situationen, in denen Handlungsalternativen bestehen, lassen sie die Neigung, gegen andere in den Krieg zu ziehen, übermächtig werden. Im Falle des Krieges gegen den Terrorismus, den andere vom Zaun gebrochen hatten, waren es diese Eigenschaften Bushs, die «Kalzium in das Rückgrat» seiner Administration injizierten, wie er selbst es ausdrückte. Doch wo es um potenzielle Lösungen der komplexen Probleme in Nahost und in Ostasien geht, besteht die Gefahr, dass dieselben Qualitäten das Rückgrat der Administration versteinern lassen und sie starr und unflexibel machen.

Vor zwölf Jahren hatte ein nüchterner Analytiker der Kosten einer möglichen Besetzung des Irak und einer Beseitigung des Regimes von Saddam Hussein im Zuge der Befreiung Kuwaits die Warnung ausgesprochen: «Wenn ihr dort hineingeht und Saddam Hussein zu stürzen versucht, müsst ihr nach Bagdad gehen. Habt ihr Bagdad in der Hand, dann ist nicht klar, was ihr dann macht. Es ist nicht klar, was für eine Art von Regierung ihr an die Stelle des jetzt herrschenden Regimes setzt. Wird es ein Regime der Schiiten, eines der Sunniten oder eines der Kurden sein? Oder eines, das sich an der Baath-Partei orientiert, oder eines, das sich an den islamischen Fundamentalismus anlehnt? Wie viel Glaubwürdigkeit wird diese Regierung besitzen, wenn sie von einem dort befindlichen US-amerikanischen Militärregime eingesetzt worden ist? Wie lange muss das US-Militär dort bleiben, um die Menschen zu schützen, die sich für diese Regierung exponieren, und was passiert mit ihr, wenn wir einmal abziehen?»[40] Der nüchterne Realist war der damalige Verteidigungsminister Dick Cheney, und seine Meinung über die Unwägbarkeiten des Krieges und seiner Folgen in so komplizierten Regionen wie dem Nahen Osten sollte sich der heutige Vizepräsident Dick Cheney zu Herzen nehmen, wenn er sich vergegenwärtigt, was vom Bagdad Saddam Husseins übrig geblieben ist.

Je fremdartiger die Kultur des Gegners, desto komplexer werden die offenen Fragen, desto kontrastierender die Wertmaßstäbe, desto variabler die relevanten Zeithorizonte. Keine Bilanzierung von Anreiz und Strafen, keine Aufrechnung strategischer Arsenale und militärischer Ressourcen vermag eine verlässliche Voraussage für den Fort- und Ausgang des Konflikts zu liefern. Vor dem amerikanischen Einmarsch im Irak schenkte Saddam, so schien es wenigstens, der aufgeheizten, an ihn adressierten moralischen Rhetorik der Bush-Administration viel zu wenig Beachtung, während die nordkoreanische Führung viel zu viel hineininterpretierte und überzeugt war, die USA planten einen Angriff auf das Regime in Pjöngjang. Die fälschliche Anwendung der Präventivkriegsdoktrin auf einen Staat, der sich in leichtsinniger Rhetorik gefiel, verfehlte nicht nur ihren ursprünglichen Adressaten, den Terrorismus, sondern versetzte auch noch ein anderes, eigentlich nur als Zuschauer gedachtes feindseliges Regime in Panik. Sie beschwor das Risiko eines keinesfalls gewollten Krieges gegen dieses Regime herauf, eines Krieges, der wahrscheinlich nichts zur Ausrottung des Terrorismus beitragen wird.

So gesehen, ist die Doktrin des gleichsam bedingungslosen Präventivkriegs schlimmer als die seiner Androhung zum Zwecke der Abschreckung. Denn während in der Abschreckungsvariante lediglich das «souveräne Recht» (wie Colin Powell es Anfang 2003 in Davos nannte) der drohenden Partei auf einen Präventivschlag in Anspruch genommen wird, macht sie in der bedingungslosen Variante von diesem Recht praktischen Gebrauch, womit sie mögliche Abschreckungswirkungen gegenstandslos macht, weil der Militärschlag ohne Ansehen der Reaktionen des Gegners durchgeführt wird. Der Angreifer zahlt für den Krieg einen hohen Preis, ohne sich sicher sein zu können, dass die variablen und gänzlich ungewissen Vorteile, die der Krieg bringen soll, diesen Preis wert sind, selbst nach den Maßstäben des eigenen, auf das rationalistische Menschenbild eingeengten Kalküls. In diese Richtung zielte wohl die besonnene Warnung Dick Cheneys vor einer Einnahme Bagdads im Frühjahr 1991. Wer einen Präventivkrieg führt, zahlt die unausweichlichen Kosten des Krieges, ohne sich darauf verlassen zu können, dass die erhofften Früchte des Friedens tatsächlich heranreifen. Wie schon die konditionale Logik des Präventivkriegs suggeriert, betritt derjenige, der ihn führt, den Kampfplatz unter einer Reihe von Wahrscheinlichkeiten. Wenn diese nicht eintreffen, kann ein solcher Krieg sich als ein sehr schlechtes Geschäft erweisen.

Nach der Erfahrung des 11. September sprach vieles für die Richtigkeit der Annahme, dass Nichtstun teurer sein würde als Handeln, «selbstmörderisch» in einem ganz unmittelbaren Sinn (wie Präsident Bush bei der Ankündigung des Einmarschs in den Irak sagte). Das Dumme war nur, dass der Irak weder die Anschläge vom 11. September durchgeführt hatte, noch eine nachweisliche Bedrohung für die USA darstellte. Kein irakischer Soldat hatte seinen Fuß auf fremdes Territorium gesetzt, seit die Republikanischen Garden 1991 aus Kuwait zurückgedrängt worden waren, kein irakischer Agent war dabei erwischt worden, wie er irgendwo auf der Welt terroristische Umtriebe anstiftete, und weder haben die UN-Waffeninspektoren vor dem Krieg noch die amerikanische Besatzung danach Massenvernichtungswaffen gefunden – zumindest in den ersten Monaten nicht. Dennoch entschieden sich die USA dafür, Bagdad zur Zielscheibe ihres eigentlich dem Terrorismus gewidmeten Präventivkriegs zu machen. Sie nahmen damit hohe «Anlaufkosten» in Kauf (Verprellung der Vereinten Nationen und etlicher eigener Bündnispartner, Verärgerung der islamischen Welt, nach Kriegsbeginn Verwundete und Tote in den eigenen Reihen und in der irakischen Zivilbevölkerung, Plünderungen von Museen, Bibliotheken und Universitäten, enorme Kriegs- und Kriegsfolgekosten), Kosten, denen Erträge gegenüberstehen (Demokratie im Irak? Einschüchterung anderer Schurkenstaaten? Behinderung von Terroristen? – Jedenfalls nicht in Riad oder Casablanca.), von denen man nicht weiß, ob und wann sie eingefahren werden. Der Krieg gegen den Irak hat die USA von anderen strategischen Zielsetzungen abgelenkt – von der Pflege der eigenen Allianzen, von der Stärkung der Vereinten Nationen, von dem Bemühen, dem Iran, Syrien und Nordkorea den Zugang zu Atomwaffen zu verwehren, die zu entwickeln alle drei zweifellos in der Lage sind, und von der zielgerichteten Bekämpfung wirklicher (wenn auch geographisch nicht lokalisierbarer) Terroristen, die nach wie vor erfolgreich aktiv sind. Diese Kosten addieren sich zu einem sehr hohen Preis, den wir für ungewisse langfristige Vorteile zahlen.

Verstünde man den Krieg gegen den Terrorismus als einen Selbstverteidigungskrieg im traditionellen Verständnis – auch wenn es ein mit nicht-traditionellen Mitteln gegen unkonventionelle (nämlich nicht-staatliche) Gegner geführter Krieg wäre –, könnte man sagen, dass der Nutzen immer den Einsatz aufwiegt, weil derjenige, der sich verteidigt, den durch den Gegner bereits angerichteten und noch zu erwartenden Schaden bewerten kann. Im Fall eines «echten» Präventivkriegs ohne vorherige offene Aggressionshandlung eines Gegners ist es andersherum: Die Kosten sind sicher, der Nutzen ungewiss.

Die Geschichte entfaltet sich im Zeichen dessen, was Hegel einmal die «List der Vernunft» genannt hat, und sie tut das auf Wegen, die kein einzelner handelnder Akteur planen oder nach eigenem Wunsch steuern kann. Einerseits hat das gestrige Amerika in vielen Fällen den fruchtbaren Boden bereitet, auf dem seine heutigen Feinde gedeihen. Viele Waffen, die sich im Arsenal des Irak befinden oder befanden, darunter auch Anthrax, gelangten unter direkter Beihilfe der Vereinigten Staaten dorthin und wurden in Zeiten, in denen unser Zerwürfnis mit dem Iran die Feinde des Iran zu unseren Freunden machte, mit stillschweigender Billigung unserer damaligen Regierung eingesetzt. (Donald Rumsfeld stattete Saddam Hussein in den frühen 80er Jahren einen Besuch ab, also genau zu der Zeit, als Saddam diese Waffen einsetzte.) Amerika unterstützte und bewaffnete die Mudschaheddin in ihrem Kampf gegen die sowjetischen Besatzungstruppen in Afghanistan in den 1980er Jahren und erntete dafür ein Jahrzehnt später den Undank der Taliban, die offen Al Qaida unterstützten.

Andererseits verloren die USA den Krieg gegen Nordvietnam, unterhalten mit diesem Staat heute aber gute Handelsbeziehungen, und die nordvietnamesische Regierung verhält sich angesichts der gegenwärtigen amerikanischen Querelen mindestens neutral. Ghaddafis Libyen, einst der verschrienste «Schurkenstaat» der Welt, kooperiert heute mit den Vereinigten Staaten im Krieg gegen den Terrorismus und stellt die Vorsitzende der Menschenrechtskommission der Vereinten Nationen (was allerdings nicht unbedingt amerikanischer Unterstützung geschuldet ist). Gerry Adams, der Vorsitzende von Sinn Féin und damit der politische Kopf der berüchtigten IRA, trifft sich heute zu Gesprächen mit Regierungschefs.

Kuba, ein Land, das die USA seit Jahrzehnten mit Sanktionen überziehen und mit militärischen Interventionen, politischen Mordanschlägen und hartnäckigen Feindschaftsbekundungen bedrohen und das einmal nahe daran war, den Anstoß zu einem nuklearen Schlagabtausch zwischen den USA und der Sowjetunion zu liefern, steht noch heute, lange nach dem Untergang der Sowjetunion, unter der Herrschaft von Fidel Castro und dessen militant kommunistischer Ideologie. Und in Afrika, wo die Amerikaner vor einem Jahrzehnt von einem blutrünstigen Warlord aus Somalia verjagt und im Sudan von einer ihnen feindlich gesonnenen Regierung verraten wurden, betrachten die USA heute das Horn von Afrika als eine der weniger problematischen Regionen der Welt. Die Regierung des Sudan, eines Landes, das noch vor wenigen Jahren als Hochburg des Terrorismus galt, bot nach dem 11. September 2001 zumindest in begrenztem Maß ihre Mithilfe bei der Suche nach Terroristen an. Dagegen sind Ägypten, über Jahrzehnte hinweg von den USA großzügiger gefördert als irgendein anderes Land auf der Welt (mit Ausnahme Israels), und Saudi-Arabien, der wichtigste und engste Erdöl-Partner der USA, heute mehr als unzuverlässige Kantonisten. Durch seine Unterstützung des militanten Wahhabi-Islams, seine repressive Monarchie und durch die Rolle seiner aufgebrachen Bürger bei terroristischen Aktivitäten außerhalb – und neuerdings auch innerhalb – des Königreiches spielt Saudi-Arabien beim Aufstieg von Al Qaida möglicherweise eine bedeutendere, wenn auch verdeckte Rolle als irgendein Mitglied von Bushs «Achse des Bösen».[41] Das mit Amerika verbündete Pakistan kommt mit größerer Wahrscheinlichkeit als Lieferant von Massenvernichtungswaffen an Terroristen in Frage als der Irak; so amerikafreundlich der Präsident des Landes ist, so misstrauisch ist die große Mehrheit seiner Bevölkerung gegenüber den USA eingestellt. Es wimmelt in Pakistan von Kriegsflüchtlingen aus Afghanistan, deren Kinder in fundamentalistischen Madrasas erzogen werden und die die Vereinigten Staaten als ihren schlimmsten Feind betrachten. Ein 22-jähriger Afghane, der vor den amerikanischen Befreiern aus seinem Land geflohen war und den ein amerikanischer Reporter beim Mülleinsammeln antraf, antwortete auf die Frage, was er von den Amerikanern halte: «Wenn ich der Herrscher der Welt wäre, würde ich sie alle umbringen.»[42] Die «List der Vernunft» lässt diejenigen blitzdumm aussehen, die ihre Kriegspläne für narrensicher halten und den Wunsch nach Frieden als kindisch abtun.

In einer Demokratie gehört es sich, dass die Regierung ihre Zweifel an vorgeblich gesichertem Wissen den Bürgern mitteilt. Die Einsicht, dass wir unrecht und unsere Gegner recht haben könnten, gehört schließlich zum Kernbestand jeder demokratischen Kultur. In einer Welt des unumstößlichen Wissens würden platonische Philosophen – Pächter der Wahrheit – herrschen; in einer Welt ohne unumstößliche Sicherheit des Wissens verkörpert der Zweifel ein überzeugendes Plädoyer für die Demokratie: Die absolute Wahrheit, wenn es so etwas denn gäbe, wäre das Eigentum einiger weniger; der Irrtum gehört uns allen, unsere politischen Führer eingeschlossen. Wenn man an die Geschichte den Maßstab des demokratischen Zweifels anlegt und sie mit einem Blick für die Logik unbeabsichtigter Konsequenzen studiert, ergeben sich daraus eindeutige politische Handlungsanweisungen. Man fühlt sich dann nämlich einer Politik verpflichtet, die es nach Möglichkeit vermeidet, große Risiken vorzufinanzieren, in der Hoffnung auf langfristige Vorteile, die vielleicht nie eintreten werden.

Die antizipierende Analyse von Kausalketten und Ereignisverknüpfungen, die für die Führung eines Präventivkriegs erforderlich ist, beinhaltet ein weitaus größeres Maß an Ungewissheit und lässt viel mehr Raum für Willkür und Zufall als die Analysen, die im Kontext traditioneller Abschreckungspolitik angestellt wurden (und die freilich immer noch kompliziert und gefährlich genug waren). Der Präventivkrieg birgt daher wesentlich größere Risiken. Wie unstet Bush in seinem Umgang mit Ungewissheit und Risiko war, zeigte sich deutlich bei einer Pressekonferenz am 7. November 2002, in der er sich mühte, einerseits den Amerikanern zu versichern, dass der Krieg nicht unvermeidlich sei, andererseits aber Saddam mit einer unverhüllten Kriegsdrohung einzuschüchtern. Bushs erste Sätze atmeten noch eine Klarheit, die seinen eigenen stählernen Willen reflektierte: «Wir haben eine Verpflichtung, zu führen ... Und ich habe die Absicht, dieser Verpflichtung, nämlich die Welt friedlicher zu machen, nachzukommen.» Was heißen könnte: Die Drohung mit einem Präventivkrieg soll als verschärfte Form der Abschreckung Krieg verhindern. Dann aber:

«Alles, was wir tun, ist mit Risiken behaftet. Aber das Risiko, nichts zu tun, ist für mich keine Alternative. Untätigkeit erzeugt größere Gefahren als die Pflicht zu erfüllen, die Welt friedlicher zu machen.» Nun würden Soziologen und Politologen ohne weiteres zugeben, dass die Entscheidung, nichts zu tun, eben auch eine Entscheidung ist, die Konsequenzen haben kann. Indem der Präsident sich aber einer Möglichkeitslogik bedient, wird die Vision, die er auszumalen versucht, verschwommen: «Offensichtlich habe ich alle Konsequenzen abgewogen», versicherte er seinen begierig lauschenden Zuhörern, als glaubte er, sie würden ihm seine Aussage über die Risiken des Nicht-Handelns vielleicht nicht glauben. Noch immer bekundete er die Hoffnung, dass «wir dies friedlich regeln können», fügte aber eilig hinzu: «Verstehen Sie mich nicht falsch ... Falls die Welt kollektiv zusammenkäme, um dies zu tun [die Dinge friedlich beizulegen] und Druck auf Saddam Hussein auszuüben, damit er sich entwaffnet, bestände eine Chance, dass er dem nachkäme.» Am Ende seiner Ausführungen versank der Präsident in einen Morast von Verwirrtheit: «Und Krieg ist nicht meine erste Wahl, nicht dass Sie ..., verstehen Sie, er ist meine letzte Wahl. Aber er ist nichtsdestotrotz eine, er ist eine Option, um die Welt zu einem friedlicheren Ort zu machen.»[43]

Die verhaspelte Syntax dieser Sätze reflektierte nicht einfach nur die Schwierigkeiten, die dieser Präsident gelegentlich mit dem gesprochenen Wort hat, sondern die viel tiefer gründende Verschrobenheit der Logik des Präventivkriegs als Werkzeug der Abschreckung. Im Irak hat sie, selbst wenn sie tatsächlich zu diesem Zweck gedacht war, versagt. Dies liegt zum Teil daran, dass die Quadratur des Kreises nicht gelingen kann: Der eigentliche Zweck der Übung besteht darin, eine Drohung anzuwenden, die den Widersacher so einschüchtert, dass von ihm keine Gefahr mehr ausgeht. Es besteht dabei jedoch die reale Gefahr, dass man gerade mit den Verhaltensweisen, die die Drohung erst richtig glaubwürdig machen, die Gegenseite der Möglichkeit einer rationalen Reaktion beraubt. In diesem Fall ist sie nämlich nicht mit diplomatischem Druck, der eine Verhaltensänderung herbeiführen will, konfrontiert, sondern mit einem *fait accompli*, d. h. einer Situation, in der es nicht mehr darauf ankommt, wie sie sich verhält. Dann ist sie versucht, vor ihrer absehbaren Vernichtung noch alle Register zu ziehen, was die von ihr ausgehende Gefahr natürlich erhöht. So lief es im Falle des Irak, nur dass Saddam Hussein seine Register, warum auch immer, nicht zog. Die eskalierende Logik bewirkte, dass die US-Regierung es vor dem Krieg ablehnte, den Einsatz von Atomwaffen gegen den Irak grundsätzlich auszuschließen, während sie zugleich darauf beharrte, dass es ihr vor allem darum gehe, den Irak an der Entwicklung und am Einsatz solcher Waffen zu hindern.[44]

Seiner expliziten Logik nach soll der Präventivkrieg die Gegenseite von feindseligen Handlungen abschrecken. In Wirklichkeit provoziert er solche Handlungen. Amerika bedient sich strenger moralischer Verweise, die ein präventives Eingreifen rechtfertigen und den Gegner eben dadurch einschüchtern sollen, zeigt sich jedoch überrascht, wenn sich der Gegner daraufhin alarmiert zeigt. Es gehört zur Selbstgerechtigkeit der Amerikaner, dass sie selbst vollkommen überzeugt sind, sie würden ihre Drohungen nur wahr machen, wenn sie gar keine andere Wahl mehr hätten. Paradoxerweise ist es just diese Selbstgerechtigkeit, die bei den Gegnern Amerikas die Überzeugung weckt, die USA würden ihre Drohungen auch dann wahr machen, wenn kein Grund dafür bestünde.

Ein Land, das sich zu dem Grundsatz bekennt, ein Krieg müsse in jedem Fall moralisch gerechtfertigt sein, und das sich in seiner Tugendhaftigkeit allen anderen überlegen fühlt, muss sich wohl oder übel gefallen lassen, dass an sein Verhalten, insbesondere wenn es in den Krieg zieht, sehr hohe Maßstäbe angelegt werden. Demokratien, die sich traditionell dazu bekennen, dass der Krieg ein letztes Mittel ist, zulässig nur im Fall der Selbstverteidigung oder in Reaktion auf eine unmittelbare Bedrohung – so unmittelbar, dass sie einem Angriff gleichzusetzen ist –, müssen diesen hehren Maßstäben selbst folgen. Weil das so ist, schließen Präventivkrieg und Demokratie einander aus. Wie kann eine Demokratie den Respekt, den sie dem Zweifel und der menschlichen Fehlbarkeit schuldet, und ihr aus der Erfahrung gewonnenes Wissen um die Unvermeidlichkeit unbeabsichtigter Konsequenzen eigenen Handelns mit einer strategischen Doktrin vereinbaren, die keinen Raum für Irrtümer lässt?

ZWEITER TEIL

Lex Humana oder präventive Demokratie

6
Präventive Demokratie

«Das Band unseres gemeinsamen Menschseins ist stärker als die spaltende Kraft unserer Ängste und Vorurteile. Gott verleiht uns die Fähigkeit, eine Wahl zu treffen. Wir können uns dafür entscheiden, Leid zu lindern. Wir können uns dafür entscheiden, zusammen für den Frieden zu wirken.»
Jimmy Carter, Ex-Präsident der USA, 2002[1]

Eingebettet in die verquere Logik des amerikanischen Exzeptionalismus, gestützt auf den Glauben an die Rechtschaffenheit der *Pax Americana* und die Wirksamkeit einer Waffe namens Angst, beinhaltet die Doktrin des Präventivkriegs nicht nur das Motto «Amerika zuerst!», das nicht geeignet ist, die Gewinnung von Sicherheit in einer Welt der Interdependenz zu befördern, sondern auch das Glaubensbekenntnis «Amerika allein!», das die Vereinigten Staaten mit Vorrechten ausstattet, die keinem anderen souveränen Staat auf der Erde zugestanden werden. Gewiss muss jede dem Kampf gegen den Terrorismus gewidmete Doktrin den Vereinigten Staaten das Recht einer souveränen Nation einräumen, die Bedingungen ihrer eigenen Sicherheit selbst zu definieren. Dabei dürfen jedoch nur Mittel eingesetzt werden, die mit den liberalen Traditionen der Vereinigten Staaten und mit den Geboten des Völkerrechts (beide laufen im Wesentlichen auf dasselbe hinaus) übereinstimmen.

Eine wirksame nationale Sicherheitsstrategie muss die USA vor dem Terrorismus schützen, ohne die Freiheit zu gefährden, in deren Namen der Kampf geführt wird; sie muss den Terror besiegen, ohne selbst die Welt in Angst und Schrecken zu versetzen. Sie muss ein praktikables Modell vorlegen, das sich jede souveräne Nation, die um ihre eigene Sicherheit besorgt ist, zum Vorbild nehmen kann. Sie muss realistisch sein, nicht idealistisch. Eine gut gemeinte Politik, die das moralische Recht und das Gesetz auf ihrer Seite hat, aber terroristische Angriffe nicht zu verhüten vermag, ist nur wenig besser als eine Politik, die dem Terror vorbeugt, aber die Werte zerstört, um deren willen der Kampf gegen ihn geführt wird. Für eine strategische Doktrin, die diesen Anforderungen gerecht wird, schlage ich die Bezeichnung «Präventive Demokratie» vor.

«Präventive Demokratie» geht davon aus, dass das Einzige, was die Vereinigten Staaten (und nicht nur sie, sondern alle Staaten der Welt) vor Anarchie, Terrorismus und Gewalt zu schützen vermag, die Demokratie selbst ist – Demokratie im Innern ebenso wie Demokratie in den Konventionen, Institutionen und Vertragsbeziehungen, die die Verhältnisse zwischen den Staaten definieren und regeln. Was Demokratie bedeutet, ist natürlich strittig, und ich werde im Folgenden noch ausführlich zeigen, dass sie weit mehr bedeutet als nur Wahlen und Majoritätsprinzip und dass ihre Errichtung einen langwierigen und mühsamen Prozess darstellt.

Es ist eine Binsenweisheit, dass Demokratien selten Krieg gegeneinander führen. Dazu kommt, dass auf demokratischem Boden kaum jemals internationaler Terrorismus und internationale Gewalt gedeihen. Gewiss gibt es sektiererische Gewalt zur Durchsetzung ethnischer oder separatistischer Bestrebungen und deren gewaltsame Abwehr *innerhalb* einer Demokratie – man denke an die IRA in Nordirland, die ETA in der spanischen Baskenprovinz oder an die Aktivitäten gewisser Milizen in den Vereinigten Staaten. Auch können radikale

Ideologien wie die der Baader-Meinhof-Bande in Deutschland oder der Roten Brigaden in Italien politische Turbulenzen in ansonsten stabilen Demokratien auslösen. Doch die große Mehrzahl der Kräfte, die auf der vom US-Außenministerium geführten Liste «terroristischer Organisationen» aufgeführt sind, operiert entweder aus undemokratischen Ländern heraus oder wird von solchen unterstützt und gefördert. Ihre Aktionen richten sich im Allgemeinen gegen demokratische Regierungen, nicht zuletzt weil demokratische Gesellschaften ihnen die günstigsten Voraussetzungen für ein unbehindertes und anonymes Agieren bieten und durch terroristische Aktivitäten sehr viel verwundbarer sind als die undemokratischen Regime, an denen sich ihr Zorn ursprünglich entzündet haben mag. (Zum Teil begründen sie ihren Terror gegen demokratische Gesellschaften auch damit, dass diese mit repressiven Regimen oder Besatzungsmächten in anderen Ländern verbündet seien.) Wo anders als in den USA hätten Terroristen, die einen verheerenden Anschlag planten, eine so arglose Aufnahme finden und sich die für die Durchführung ihrer Mission notwendigen Fertigkeiten (Pilotentraining, Programmierkurse) aneignen können, sich frei bewegend zwischen den Menschen, deren Tötung sie planten?

Entgegen ihrer früheren Antipathie gegen eine Politik des «nation building» hat die Bush-Administration inzwischen erkannt, welchen vorbeugenden Schutz die Demokratie gegen das Fußfassen terroristischer Bewegungen bietet. Daraus erklärt sich, dass sie jetzt den Ehrgeiz hat, in Ländern mit einst amerikafeindlichen Regimen, wie Afghanistan und dem Irak, demokratische Strukturen aufzubauen und einen demokratischen Dominoeffekt in Gang zu setzen, mit der Wunschvorstellung, die Demokratie könne sich wie ein ansteckendes gutartiges Virus über den ganzen Nahen Osten verbreiten. Allein, die Demokratie lässt sich nicht von einer wohlmeinenden Besatzungsmacht mit vorgehaltenem Gewehr erzwingen. Sie erhebt sich nicht aus der Glutasche des Krieges, sondern entwickelt sich entlang einer Geschichte politischer Kämpfe, staatsbürgerlichen Engagements und des Aufbaus wirtschaftlicher Grundlagen. Ein per Präventivkrieg aufgepfropftes Staatswesen ist sehr wahrscheinlich kein günstiger Nährboden für sie. Die Vorstellung, eine funktionierende Demokratie lasse sich aus Bausteinen, die eine einmarschierende amerikanische «Befreiungstruppe» mitbringt, nach Gebrauchsanweisung anfertigen – womöglich unter Aufsicht amerikanischer Privatunternehmen und nichtstaatlicher Organisationen –, scheint naiv. Zu den Firmen, die ursprünglich aufgefordert wurden, Angebote für den Wiederaufbau des Irak einzureichen, gehörten Bechtel (und ein Tochterunternehmen, das zum Teil der «anständigen» Seite der bin Laden-Familie gehört), die Parson Corporation und die Washington Group International sowie Kellog, Brown & Root, eine Tochtergesellschaft des Halliburton-Konzerns, in dessen Vorstand der heutige Vizepräsident Dick Cheney einst saß und der unter anderem Zellentrakte für die in Guantanamo Bay internierten mutmaßlichen Al Qaida-Kämpfer geliefert hat.[2] Demokratie wächst langsam und nur dort, wo die Menschen um sie kämpfen, wo staatsbürgerliche Traditionen und Institutionen entstehen und ein Geist der Verantwortung für das Gemeinwesen gepflegt wird, der vorwiegend auf der Grundlage von Erziehung und Bildung wachsen kann. Die Unstimmigkeit, die der Ansatz, privates Kapital für öffentliche Aufgaben einzusetzen, in sich birgt, brachte Lawrence Summers 1995 auf den Punkt, als er vor dem US-Kongress erklärte: «Für jeden Dollar, den der amerikanische Staat der Weltbank zur Verfügung gestellt hat, haben amerikanische Unternehmen Lieferaufträge im Wert von 1,35 Dollar erhalten.»[3] Zyniker könnten ohne Weiteres auf den Gedanken kommen, dass Unternehmen, die einst die Republikaner im Wahlkampf finanziell unterstützt haben, heute jeden Dollar durch Aufträge für den Wiederaufbau des Irak millionenfach zurückerstattet bekommen könnten.[4]

Die Geschichte Deutschlands und Japans als zweier aus den Trümmern besiegter Diktaturen aufgebauter Vorzeigebeispiele einer gelungenen Demokratisierung und Liberalisierung von außen ist gewiss bewegend und lehrreich, und man versteht, warum diejenigen, die sich mit dem Wiederaufbau Afghanistans und des Irak nach siegreich beendetem Krieg befassen, sich darauf berufen. Diese Geschichte handelt freilich von Ländern mit gescheiterten Weltmachtambitionen, die nach einem halben Jahrhundert Krieg weltweit isoliert dastanden. Der Boden, auf dem ihre bösartigen Ideologien einst gediehen waren, war ausgedörrt. Die Nachkriegsgeschichte ist eine Geschichte der Kooperation, der massiven wirtschaftlichen Unterstützung, der gründlichen Schulung in Demokratie und eines langfristig angelegten personellen Engagements der USA (deren Truppen auch heute noch, fast sechzig Jahre nach Ende des Zweiten Weltkriegs, in beiden Ländern und Regionen stationiert sind). Und es ist eine Geschichte der wichtigen (und sehr teuren) Selbstverpflichtung der Amerikaner zum Aufbau auf Dauer angelegter internationaler Institutionen und verbindlicher völkerrechtlicher Regelungen, die einen verlässlichen Rahmen für wirtschaftliche Genesung, staatliche Entwicklung und demokratischen Wandel in den beiden Regionen bereitstellten.[5] Das internationale Engagement der USA war der Rahmen, der die Erfolgsgeschichten im Europa und Asien der Nachkriegszeit überhaupt erst möglich machte. Die Geschichte Europas seit dem Zweiten Weltkrieg ist eine einzigartige Geschichte der präventiven Demokratie, was vielleicht erklären hilft, weshalb man in Europa der amerikanischen Präventivkriegsdoktrin so wenig abgewinnen kann. Die Lippenbekenntnisse der Bush-Administration zu einem neuen Marshall-Plan werden erst dann glaubwürdig, wenn die US-Regierung unter Beweis stellt, dass sie es ernst meint – indem sie Personal, Geld und Geduld in den Nahen Osten investiert. Doch die Wirklichkeit scheint anders auszusehen. In einer Sprache, die überzeugte Anhängerschaft für den Irak-Krieg nicht verleugnen kann, präsentierten die Herausgeber der Zeitschrift *New Republic* nach dem Krieg eine Titelstory unter der Schlagzeile «Mission NICHT erfüllt: Bush bereitet den Rückzug aus dem Irak vor.»[6]

Die präventive Demokratie als strategische Doktrin beinhaltet zwei gleich wichtige Komponenten: zum einen eine militärische und nachrichtendienstliche Komponente, die man mit der Formel «Präventivkrieg gegen nichtstaatliche Gegner» charakterisieren könnte. Bei dieser begrenzten Variante eines Präventivkriegs werden ausschließlich terroristische Individuen, Zellen, Netzwerke oder Organisationen und ihre Ausbildungslager und Waffendepots ins Visier genommen und vernichtet. Man könnte darüber streiten, welche Gruppen oder Individuen als terroristisch eingestuft werden können, doch ihre Verfolgung stellt keine Verletzung der Souveränität unabhängiger Staaten dar. Die zweite Komponente ist das globale Bemühen um den Aufbau demokratischer Strukturen mit dem Ziel, die präventive Demokratie einzuüben. Es existieren weltweit bereits zahlreiche Programme – erwähnt sei hier nur das Projekt CivWorld –, die darauf abzielen, innerstaatliche und zwischenstaatliche Bedingungen herzustellen, die der Entwicklung «endogener» demokratischer Institutionen und Praktiken im Innern und globaler Formen und Organe der Zusammenarbeit zwischen den Nationen förderlich sind.

Der Präventivkrieg gegen nichtstaatliche Akteure folgt der Logik des Präventivkriegs, wie sie ursprünglich angelegt war, nämlich als Krieg gegen nichtstaatliche Desperados, Terroristen und Organisationen, die den USA und/oder ihren Verbündeten praktisch den Kampf angesagt haben. Streng genommen, hat der Präventivkrieg unter diesen Bedingungen einen weniger vorbeugenden als vielmehr defensiven Charakter. Er richtet sich grundsätzlich und immer gegen den erklärten Feind – den Terrorismus – und nie gegen andere Verdächtige, die für ihn in Sippenhaftung genommen werden, so etwa keinesfalls gegen Staaten, die den Terrorismus möglicherweise finanziell oder durch Unterschlupfgewährung unterstützt haben, es sei denn sie hätten nachweislich eine de facto kriegerische Handlung begangen (zum Beispiel einer einen Angriff auf die USA planenden Gruppe eine Atombombe zur Verfügung gestellt). Wenn ins Visier genommene Terroristen sich auf dem Territorium eines nicht-befreundeten Landes aufhalten (oder auch eines befreundeten), wie im Fall des ranghohen Terroristen, der bei einer Autofahrt im Jemen von einer amerikanischen Rakete getroffen und getötet wurde, muss alles Erdenkliche getan werden, um die Souveränität dieses Staates nicht zu kompromittieren und ein Einschreiten gegen sie als Ausnahmefall zu deklarieren. Die beste Lösung wäre, solche Aktionen nur mit vorheriger Billigung des betreffenden Landes durchzuführen, was allerdings nicht immer möglich sein wird. Man erreicht damit, dass der Staat, dessen territoriale Integrität durch eine antiterroristische Aktion verletzt worden ist, von einer unmittelbaren Verantwortung für das Tun und Lassen des auszuschaltenden Terroristen freigesprochen wird – das ist das genaue Gegenteil dessen, was die USA derzeit mit ihrer Politik des gegen Staaten gerichteten Präventivkriegs tun. Ein solches Vorgehen vermittelt die Botschaft, dass ein internationaler Terrorist, der auf dem Territorium des Staates X operiert, sich außerhalb des Souveränitätsbereichs dieses Staates bewege und daher ein rechtmäßiges Angriffsziel sei.

Eine solche Taktik beruht natürlich auf einer Illusion, denn die Intervention verletzt die Souveränität des Staates, auf dessen Territorium der Zugriff erfolgt. Manchmal bedarf es aber solcher Illusionen, um nach außen hin Legitimität und Legalität aufrechtzuerhalten. Auch wenn diese Taktik auf einem gewollten Selbstbetrug und damit auf Unwahrhaftigkeit beruht, ist sie der Strategie des Präventivkriegs gegen souveräne Staaten bei weitem vorzuziehen. Man könnte in diesem Zusammenhang von der «Osirak-Option» sprechen, nach dem heiß diskutierten «chirurgischen» Schlag, mit dem die Israelis 1981 den im Bau befindlichen irakischen Atomreaktor in Osirak in Schutt und Asche legten. Die völkerrechtliche Legitimität dieses Angriffsschlages war sehr zweifelhaft, aber weil die Israelis sich auf ihn beschränkten und weil er sich punktuell gegen eine Anlage richtete, die der Produktion atomarer Massenvernichtungswaffen hätte dienen können, und somit eindeutig darauf ausgerichtet war, eine Gefahr zu beseitigen (und nicht einen Staat anzugreifen), kamen sie damit durch.

Ein ähnlich gelagerter Fall ergab sich, als Anfang 2003 im Nordirak eine der Bewegung Ansar Al Islam angeschlossene terroristische Zelle operierte, deren Rädelsführer (unter ihnen der gefährliche Abu Musaab Al Zarqawi) in Bagdad (und davor in Syrien, im Iran und in anderen Nachbarländern des Irak) gesehen worden waren. Die USA hatten zwei Optionen. Für die eine entschied sich Außenminister Powell, als er die Information benutzte, um bei seinem Auftritt vor dem UN-Sicherheitsrat im Februar 2003 sein Plädoyer für einen Präventivkrieg gegen den Irak um einen weiteren Anklagevorwurf zu bereichern. Die andere Option wäre die angemessenere gewesen: ein sofortiger Präventivschlag gegen das Domizil der Zelle im nordirakischen Khurmal (in einem ohnehin nicht vom Saddam-Regime kontrollierten Gebiet). Noch ein Jahr vorher hatte sich Präsident Bush darüber lustig gemacht, wie unnütz es sei, mit sündteuren Raketen leere Zelte in der Wüste zu beschießen; tatsächlich kann man einen wirksamen Krieg gegen den Terrorismus nur führen, wenn man die richtigen Zelte beschießt, und zwar bevor ihre Insassen das Weite gesucht haben. Ansar Al Islam gehörte zu den wirklichen Feinden der USA, und ihre Ausbildungslager waren legitime und angemessene Ziele, nicht die Regierungen der diversen Länder, in denen sich Rädelsführer der

Gruppe tummelten, in denen sie sich ärztlich behandeln ließen, Kontakte anbahnten und Geld auftrieben (was sie alles ohne weiteres in Ländern tun konnten, die mit den Vereinigten Staaten befreundet oder verbündet waren). Als Khurmal im Verlauf des Irak-Krieges eingenommen wurde, gab es von terroristischen Bewohnern dort keine Spur.

Nur ein Präventivkrieg, der sich gegen nichtstaatliche Akteure richtet, kann die die Grenzen der Legitimität strapazierende Kühnheit der neuen Doktrin rechtfertigen. Diese Form des Präventivkriegs verkörpert die militante oder militärische Komponente jener Strategie, die ich als «präventive Demokratie» bezeichne und die den Terrorismus wie einen Parasiten behandelt, der im Körper eines Wirtsorganismus (mit oder ohne dessen Einverständnis) lebt, ohne von ihm abhängig zu sein. Die Liquidierung des Wirtes ließe den Schmarotzer unbeschädigt und zwänge ihn lediglich, sich einen neuen Wirt zu suchen. Man muss entweder den Schmarotzer isolieren und vernichten (durch antiterroristischen Präventivkrieg) oder dafür sorgen, dass der Wirtsorganismus für den Schmarotzer unbewohnbar wird.

Die präventive Demokratie zielt darauf ab, die Gesundheit eines infizierten Wirtskörpers wiederherzustellen und ihn damit für Parasiten unwirtlicher zu machen. Die wichtigsten langfristigen wirksamen Mittel, mit denen sie arbeitet, sind demokratischer, wirtschaftlicher, kultureller und diplomatischer Natur. Dieser Ansatz visiert langfristig eine Welt von Demokratien an, die in einer demokratisierten Welt interagieren. Eine Welt voll gesunder demokratischer Gemeinwesen wäre eine Welt ohne Terror. Eine Welt, die ihre zwischenstaatlichen Beziehungen auf wirtschaftlicher, sozialer und politischer Ebene demokratisch regeln würde, wäre verhältnismäßig immun gegen die Gefahren, die aus krassen Ungleichheiten oder bitterer Armut resultieren, und daher weniger anfällig für systembedingte Gewalt.

Das treibende Motiv einer auf der Doktrin der präventiven Demokratie fußenden nationalen Sicherheitsstrategie und das Kriterium, an dem sie sich messen lassen muss, ist die äußere und innere Sicherheit der Nation, sei es der USA oder irgend einer anderen Nation. Ein weiteres wichtiges Kriterium ist die Sicherheit der anderen, ein drittes das System von Werten und Normen, durch das die Demokratie sich in ihrer besten (ob amerikanischen oder nicht) Verkörperung definiert, ergänzt durch die Normen eines gesetzmäßigen und gerechten internationalen Systems (die hoffentlich mit denen der innerstaatlichen Demokratie im Großen und Ganzen kommensurabel sind). Diese Bündel von Zielen sollten miteinander harmonieren, aber gleich ob sie dies tun oder nicht, muss der alles überragende Gedanke jeder nationalen Verteidigungspolitik die Sicherheit sein – nicht irgend ein metaphorischer Ersatz für Sicherheit, nicht Werte wie Freiheit oder Gerechtigkeit, die aus sich heraus keine Sicherheit schaffen können. Von keiner Nation, sie mag noch so idealistisch gesinnt sein, kann man erwarten, dass sie sich vorsätzlich einer Gefahr aussetzt, geschweige denn sich für die eigenen Werte aufopfert, so teuer sie ihr sein mögen. Die präventive Demokratie erfüllt diese strenge Anforderung. Ihre Vorteile zeigen sich deutlich, wenn man dreizehn Regeln als Maßstab an sie anlegt, die sich aus dem, was die Geschichte uns lehrt, herausdestillieren und aus der Logik des Präventivkriegs, wie wir sie bis hierher in unserem Plädoyer für die präventive Demokratie entwickelt haben, ableiten lassen. Misst man die Präventivkriegsdoktrin der Regierung Bush an eben diesen dreizehn Kriterien, offenbaren sich die Unzulänglichkeiten, die sie zu einem so unkalkulierbaren Risiko für die Sicherheit der Vereinigten Staaten machen.

Dreizehn Regeln für nationale Sicherheit im Zeitalter des Terrors:
1. *Staaten sind nicht der Feind – weil Terroristen keine Staaten sind.*
2. *Krieg ist irrational; sein Verlauf und seine Ergebnisse lassen*

Präventive Demokratie 169

sich nicht aufgrund von Regeln, die für rationales Verhalten gelten, voraussagen. Nichthandeln kann ebenso ungeplante Folgen haben wie Handeln.
3. *Krieg ist ein letzter Ausweg – eher ein Zeugnis für das Versagen als ein Werkzeug der Politik.*
4. *Wer zuerst schlägt, zahlt zuerst: Einen Krieg anzufangen, beschert einem sichere Kosten; diese wiegen zwangsläufig schwerer als die ungewissen Vorteile, die man aus einem gewonnenen Krieg ziehen kann, einfach deshalb, weil diese Kosten aufgebracht werden müssen. Daraus folgt auch, dass Demokratien einer besonderen Verantwortung unterliegen, die Kosten des Abwartens zu tragen.*
5. *Terrorismus und konventionelle militärische Kriegführung sind inkommensurabel; konventionelle Waffen sind nicht in der Lage, Terrorismus zu besiegen.*
6. *Die einzige Waffe des Terrorismus ist die Angst; eine wirksame nationale Sicherheitsstrategie sollte Angst eher vermindern als sie verstärken; Angst kann man nicht mit Angst besiegen.*
7. *Terroristen sind international agierende Verbrecher; man sollte alles daran setzen, sie zu fassen, und wenn man sie gefasst hat, sollte man sie nach den Regeln des Völkerrechts behandeln.*
8. *Massenvernichtungswaffen eignen sich auf keinen Fall für einen «Erstschlag»; ein «taktischer» oder vorbeugender Einsatz strategischer Massenvernichtungswaffen ist undenkbar.*
9. *Rechtmäßige Verteidigungsstrategien sind generalisierbar. Exzeptionalismus darf kein Fundament für sie sein.*
10. *Eine vorbeugende Bekämpfung darf sich nur gegen präzise umschriebene Ziele richten; präventive Anti-Terror-Maßnahmen müssen im Interesse der Wahrung der Souveränität betroffener Staaten auf Zielpersonen beschränkt bleiben, bei denen es sich zweifelsfrei um terroristische Straftäter handelt.*
11. *Ein angestrebter Regimewechsel darf kein Grund für einen Präventivkrieg gegen den Terrorismus sein; der Sturz einer Regierung durch Einwirkung von außen verletzt die Souveränität von Nationalstaaten, ohne den Terrorismus ins Mark zu treffen.*
12. *Ein auf Zwangsmittel gestütztes Inspektionsregime ist allemal besser als Krieg; es schränkt die Fähigkeit zur Kriegführung ein, ohne die nationalstaatliche Souveränität eklatant zu verletzen.*
13. *Eine unilaterale Sicherheitsstrategie ist ein Widerspruch in sich; Unilateralismus ist eine Ausgeburt staatlicher Souveränität, kann aber in einer Ära der Interdependenz keine Sicherheit garantieren*

Die präventive Demokratie schneidet, wenn man diese Regeln als Maßstab anlegt, in allen Punkten besser ab als die Doktrin des Präventivkriegs. Sie zu praktizieren, ist freilich sehr viel kniffliger als man es angesichts der Schlagwörter, die im Zusammenhang mit ihr oft verwendet werden, vermuten möchte. Tatsächlich hat sich gezeigt, dass die praktische Umsetzung der präventiven Demokratie fast ebenso schwierig ist wie die des Präventivkrieges. Sie hat aber zwei entscheidende Vorteile: Sie ist keine Gefangene des Imperiums der Angst, weil sie den Schutz vor dem Terror eben nicht durch Verabreichung des Impfstoffs Angst herzustellen versucht. Und sie funktioniert.

7
Man kann nicht McWorld exportieren und es Demokratie nennen

«Wenn die Globalisierung nur durch die Gesetze des Marktes im Sinne der Mächtigen geregelt wird, hat diese negative Folgen.» Papst Johannes Paul II.[1]

«Der globale Kapitalismus trägt Fortschritt und Wohlstand nicht notwendigerweise bis in die Peripherie ... Ausländisches Kapital ... ist auch eine mächtige Quelle der Bestechung und Korruption.» George Soros[2]

Der Wunsch, demokratische Strukturen aufzubauen, ist ein wesentlicher Bestandteil der präventiven Demokratie in ihrer Funktion als Instrument nationaler Sicherheitspolitik. Oft jedoch wird die Förderung der Demokratie verwechselt mit dem Bestreben, den Kapitalismus zu exportieren und/ oder neue Märkte für die globale Wirtschaft zu erschließen. Viele Menschen glaubten, dass Freihandel und Privatisierung von Kapital in den Nachfolgestaaten der Sowjetunion die Morgendämmerung nach einer langen finsteren Nacht ankündigen würden. In den Clinton-Jahren wurde ebenso häufig wie zuvor unter der Präsidentschaft Reagans der Begriff der «Marktdemokratie» verwendet, um zu suggerieren, Demokratie sei gleichbedeutend mit «freier Marktwirtschaft», als sei es eine ausgemachte Sache, dass eine Wirtschaftspolitik der «kalten Dusche», mit handstreichartiger Privatisierung gesellschaftlichen Wohlstands und politischer Macht, die Sünden der staatlichen Zwangswirtschaft wegwaschen konnte. Weil der Kommunismus den Begriff des Gemeinwohls auf totalitäre Weise pervertiert hatte, schien auf einmal die Vorstellung von einem organisierten Gemeinwesen als solche diskreditiert.

Demokratisierung auf wirtschaftliche Liberalisierung zu reduzieren, heißt die Ausbreitung der Freiheit mit der Ausbreitung von McWorld zu verwechseln. Unter Letzterem verstehe ich jene verführerische Kombination aus amerikanischer Geschäftstüchtigkeit, amerikanischer Konsumfreude und amerikanischen Produkten und Marken, die, wie ich anderswo dargestellt habe, im Prozess der Globalisierung eine Schrittmacherrolle gespielt hat. Wenn die Wertvorstellungen des Disney-Konzerns zu Äquivalenten für die Ethik der Freiheit werden und wenn man anfängt, den Konsumenten mit dem Staatsbürger gleichzusetzen, dann gerät die Demokratisierung auf ein falsches Gleis. Diese Gleichsetzung von Demokratisierung und «Vermarktung» bildet den Kern jener Strategie des «nation building», welche die Nachkriegspolitik der USA in Ländern wie Afghanistan und Irak prägt. Ihre zentrale Prämisse lautet, die freie Marktwirtschaft werde freie Frauen und Männer hervorbringen, ja Markt und Demokratie seien so ziemlich dasselbe. Selbst nachdenkliche Kritiker der Globalisierung verwechseln zuweilen den Aufbau demokratischer Strukturen mit der Einführung marktwirtschaftlicher Spielregeln. So beschreibt Amy Chua, Professorin an der Juristischen Fakultät der Universität Yale, in einem ansonsten überzeugenden Essay, wie der Export der freien Marktwirtschaft «ethnischen Hass und globale Instabilität» heraufbeschwöre: «Die Ausbreitung von Marktwirtschaft *und Demokratie* [Hervorhebung von B.B.] über die ganze Welt ist eine wesentliche, verschärfende Ursache für Hass zwischen Gruppen und Gewalt zwischen Ethnien.» Sie wirft Marktwirtschaft und Demokratie in einen Topf und kritisiert diejenigen, die in beiden ein «Allheilmittel» sehen.[3]

Auch Fareed Zakaria huldigt einer simplifizierenden und negativen Sicht der Demokratie, die er auf Wahlen und sonst nichts reduziert; als Verfechter der Marktwirtschaft weist er zugleich warnend darauf hin, die wirkliche Gefahr gehe von Demokratietheoretikern aus, die heute zumeist «Radikale mit einer Vorliebe für die totale, entfesselte Demokratie»[4] seien. Für Zakaria, anders als für Chua werden die der Demokratie innewohnenden Gefahren durch die Liberalisierung der Märkte nicht verschärft, sondern domestiziert. Die liberale Marktwirtschaft ist für Zakaria nicht das Problem, sondern die Lösung. «Was wir heute in der Politik brauchen», schreibt er (aus der entgegengesetzten Richtung zur selben Schlussfolgerung wie Chua gelangend), «ist nicht mehr Demokratie, sondern weniger.»[5]

Vergegenwärtigt man sich, wie oft amerikanische Regierungen die Begriffe «Marktwirtschaft» und «Demokratie» in einem Atemzug genannt haben, und bedenkt man die Überzeugung Zakarias, einzig der neoliberale Freihandel und die weitere «Vermarktung» der Welt könnten die Demokratie vor sich selber retten, überrascht es nicht, dass andere Kritiker der Demokratie die Unterschiede zwischen aggressivem Kapitalismus und aggressiver Demokratie nicht mehr erkennen können. Diese Leute laufen freilich Gefahr, das Kind der Freiheit mit dem Badewasser des freien Unternehmertums auszuschütten, wie auch Frau Chua es tut.

Wie gut sich die Einführung der Marktwirtschaft vom politischen Demokratisierungsprozess trennen lässt, dafür bieten die Planungen der Bush-Administration für den Nachkriegs-Irak ein anschauliches Beispiel. Schon vor dem Einmarsch der amerikanischen Truppen hatte die US-Regierung einige große Privatunternehmen aufgefordert, sich mit Angeboten um die Durchführung von Wiederaufbauprojekten im Irak zu bewerben. Die Kritik, die dieser Schritt auslöste, konzentrierte sich auf die offensichtlichen persönlichen Beziehungen zwischen Mitgliedern der Regierung und einigen der angesprochenen Unternehmen (zum Beispiel dem Halliburton-Konzern); weniger Beachtung fand hingegen der an sich schwerer wiegende Umstand, dass der Wiederaufbau privatisiert und «amerikanisiert» wurde – internationale Nichtregierungsorganisationen und weltgemeinschaftliche Institutionen tauchten in den Nachkriegsplanungen von Präsident Bush so gut wie nicht auf, stattdessen zunächst ein militärischer und zugleich ziviler Gouverneur (der Ex-General Jay Garner, im Pentagon Chef des neu geschaffenen Amtes für Wiederaufbau und Humanitäre Hilfe), der dem militärischen Oberbefehlshaber, General Tommy R. Franks, understand; dann aber folgte ein Zivilist, Lewis Palmer Bremer III., der indes wesentlich militanter zu sein schien. Das ist nicht gerade das, was man sich unter einer Zivilverwaltung vorstellt.

Chuas Eindruck, dass die Orientierung auf Märkte der Demokratie auf globaler Ebene den Rang abgelaufen hat, mag zutreffen, aber vergessen wir nicht, dass die Demokratie einmal der Laufstall des Kapitalismus gewesen ist. Die geschichtliche Gleichzeitigkeit, die Demokratie und Kapitalismus miteinander synchronisierte und den demokratischen Nationalstaat zum effektivsten Regulator und Bändiger der freien Marktwirtschaft machte, gehört der Vergangenheit an. Die Marktwirtschaft hat sich, ohne jemanden um Erlaubnis zu fragen, globalisiert, einfach weil das Marktgeschehen in der Lage ist, poröse Staatsgrenzen zu durchdringen, und sich von den Barrieren staatlicher Souveränität ebenso wenig bremsen lässt wie das SARS-Virus, das organisierte Verbrechen oder der Terrorismus. Dagegen ist die Demokratie nach wie vor ins Korsett des Nationalstaates eingezwängt, mit der Folge, dass auf globaler Ebene niemand dem Kapital Einhalt gebieten kann. Die Vereinigten Staaten widmen sich heute nicht mehr der Mission, die marktwirtschaftliche Demokratie in alle Welt zu exportieren; sie exportieren vielmehr freie Marktwirtschaft und globalisieren staatlich geschütztes Kapital, nennen es aber Demokratie.

Die Geschichte des Kapitalismus und der freien Marktwirtschaft war über einen langen Zeitraum eine Geschichte der Synergie mit den Institutionen der Demokratie. Synergie ist aber nicht dasselbe wie Identität. Freie Marktwirtschaften sind unter den Bedingungen der Demokratie herangewachsen und wurden von demokratischen Staaten gefördert, reguliert und im Zaum gehalten. Historisch gesehen, war die Demokratie eine Vorbedingung für den freien Markt, nicht umgekehrt. Je demokratischer das Wahlrecht und die parlamentarische Vertretung wurden, desto besser gedieh auf ihrem Boden der Unternehmer-Kapitalismus. Erst im 19. Jahrhundert, lange nachdem die (ungeschriebene) britische Verfassung eindeutig demokratische Züge angenommen hatte, wurden kapitalistische Industrieproduktion und Freihandel zu Markenzeichen der britischen Wirtschaft und des britischen Weltreichs. Der freie Markt, dem nachgesagt wird, er sei eine Stütze der politischen Freiheit und fördere ein gesundes Konkurrenzdenken im politischen Bereich, hatte seinerseits historisch die Einrichtung von demokratischen Institutionen zur Vorraussetzung. In den Vereinigten Staaten kam der industrielle Kapitalismus erst nach dem Bürgerkrieg in Fahrt, nach der Einführung des allgemeinen Wahlrechts (für Männer). Bürgerliches Gesetzbuch, Arbeitsrecht, staatsbürgerliche Zusammenarbeit und bürgerschaftliches Engagement auf lokaler Ebene haben mitgeholfen, das darwinistische Antlitz des Kapitalismus zu vermenschlichen und seine Tendenz zur Monopolbildung, Ungleichverteilung und zu selbstzerstörerischen Widersprüchen einzudämmen. Das goldene Zeitalter der kapitalistischen Räuberbarone war erst zu Ende, als Theodore Roosevelt, Woodrow Wilson und später Franklin D. Roosevelt das freie Unternehmertum der regulierenden Aufsicht des demokratischen Staates unterwarfen – nicht um den Kapitalismus zu beseitigen, sondern um ihn vor seinen Widersprüchen zu beschützen. Heute ist in der internationalen Sphäre das Zeitalter der Räuberbarone – oder nennen wir sie Räuberbankiers und gesetzlose Spekulanten – wiedergekehrt. Denn der radikal asymmetrische Charakter der Globalisierung gab dem Kapitalismus die Chance, aus dem Käfig des demokratischen Nationalstaats auszubrechen, sich der Aufsicht demokratischer

Institutionen zu entziehen und sein Heil in räuberischen Praktiken und globaler Anarchie zu suchen.

Manche sagen, die Globalisierung habe eine zivilisierende und demokratisierende Wirkung auf die internationalen Beziehungen; in Wirklichkeit hat sie sie eher brutalisiert, so dass Papst Johannes Paul II. sich gezwungen sah, vor einer Form von Globalisierung zu warnen, die allein durch die Gesetze des Marktes im Sinne der Mächtigen geregelt werde. Die neoliberale Privatisierungsideologie, die seit einigen Jahrzehnten das politische Denken dominiert und den unausgesprochenen ideologischen Kontext für die amerikanische Variante der weltweiten «Demokratisierung» bildet, hat in Wirklichkeit korrodierende Auswirkungen auf die demokratische Regierungsform gezeigt. Im Gegensatz zu den religiösen Fundamentalisten, die den Terrorismus nähren und dem Kapitalismus mit Zerstörungseifer entgegentreten, haben die Fundamentalisten der Marktwirtschaft sich meist mit der Demokratie verbündet. Dabei hat der marktwirtschaftliche Fundamentalismus aber wenig für die Demokratie getan. Demokratische Regulierungsmaßnahmen lehnt er aus dogmatischer Überzeugung ab. Auf seine Art hängt der Neoliberalismus ebenso hingebungsvoll an der globalen Anarchie wie die verbrecherischen Syndikate und terroristischen Organisationen, die er bekämpft.

Die neoliberale Orthodoxie geht davon aus, dass der Markt so ziemlich alles richten kann, was freie Männer und Frauen zum Leben brauchen, während Regierungen so gut wie nichts hinkriegen. So gesehen, müsste es ein wichtiges Ziel jeder Demokratisierung sein, staatliche Verwaltungsapparate und Institutionen abzubauen, anstatt sie zu stärken, und staatliche Dienstleistungen eher zurückzuschrauben als zu verankern. Da viele derjenigen Gesellschaften, die gerade erst aus dem Klammergriff kommunistischer oder fundamentalistischer Ideologien befreit worden sind, den Staat nur in seiner tyrannischen Inkarnation erlebt haben, ist es nicht schwer, ihnen eine solche antistaatliche Marktwirtschaftsideologie zu verkaufen. Die Kritik am starken Staat und an der Bürokratie schlägt so im Handumdrehen in Kritik an der Demokratie selbst um. Die Parole «Wir sind das Volk!» verwandelt sich in die Klage über den schrecklichen Staat, und was wie der Siegeszug der Demokratie aussieht, entpuppt sich zunehmend als die Aushöhlung der Volkssouveränität (und nicht allein als Abbau von Kommandowirtschaften). Der Angriff auf autoritäre Regierungen geht über in einen Angriff auf das demokratische Regieren an sich.

Die neoliberale Ideologie macht Menschen empfänglich für die freiwillige Unterwerfung unter die Regeln des Marktes. Sie bringt sie soweit, dass sie Kapital und Investitionen als Nutzbringer für die damit jonglierenden Finanzkapitalisten akzeptieren und vergessen, dass sie auch zum Nutzen demokratischer Gesellschaften und ihrer Interessen eingesetzt werden könnten. Sie unterminiert den solidarischen Gedanken des Gesellschaftsvertrages, der bei der Geburt der Vereinigten Staaten Pate stand und der auch den Grundstein jeder internationalen Ordnung bilden sollte. Anstatt den Gemeinwillen mit Macht auszustatten und das Gemeinwohl über die Anarchie privater Machtstrukturen zu stellen, stellt sie eine keinem Gesetz, keiner Regulierung und keinem Staat unterworfene private Macht als das höchste Gut hin. Sie behauptet, Freiheit lasse sich am besten nicht durch gute Gesetzgebung und demokratische Rechtspflege sichern, sondern durch den Verzicht auf diese Errungenschaften. Sie verwirft mit Nachdruck die traditionellen Einsichten, die hinter dem historischen Bekenntnis Amerikas zu Multilateralismus und zum Aufbau internationaler Institutionen standen. Sie ignoriert das «Geheimnis der langen und glanzvollen Karriere der USA als führender Weltmacht». Dieses Geheimnis – so G. John Ikenberry – sei die «Fähigkeit und Bereitschaft» der Vereinigten Staaten, «ihre Macht im Rahmen internationaler Bündnisse und multinationaler Strukturen auszuüben, was ihre Macht und ihre Programme für ihre Verbündeten und für andere wichtige Länder der Welt akzeptabler machte».[6]

Im Bereich der internationalen Beziehungen führt die Logik der Privatisierung zwangsläufig zu einem «generellen Wertverlust internationaler Vereinbarungen, Verträge und Sicherheitspartnerschaften». Der Unilateralismus ist in der Tat nichts anderes als eine in die Sphäre der internationalen Beziehungen übertragene Ideologie der Privatisierung. Privatisierer handeln lieber bilateral als multilateral. Die besten Geschäfte macht man immer noch unter vier Augen. Am allerliebsten ist ihnen aber der Unilateralismus, der darauf hinausläuft, dass irgendwann alle Verträge nur noch die Unterschrift einer Partei tragen, nämlich der Partei, welche die Macht hat, sie zu diktieren. Wie Joseph E. Stiglitz über die bilateralen Praktiken des Internationalen Währungsfonds (IWF) schrieb: «In der Theorie unterstützt der IWF in den Ländern, denen er Beihilfe leistet, demokratische Einrichtungen. In der Praxis jedoch untergräbt er die demokratische Entwicklung, indem er politische Vorgaben macht. Offiziell sind die Vorgaben des IWF natürlich unverbindlich. Er hat die Bedingungen, an die er seine Kredite knüpft, ja nur ‹ausgehandelt›. Dabei ist jedoch die Verhandlungsmacht höchst einseitig verteilt.»[7]

Ob man Ikenberry zustimmt oder nicht, wenn er die Befürchtung äußert, eine «entfesselte US-Macht, ihrer Legitimität entkleidet und aus den Normen und Institutionen der internationalen Nachkriegsordnung herausgelöst», werde «bewirken, dass die internationale Staatenwelt feindseliger eingestellt und es künftig viel schwerer sein wird, amerikanische Interessen durchzusetzen» – plumpe Macht wird höchstwahrscheinlich nirgendwo die Demokratie voranbringen. Denn wer der Ansicht ist, individuelle Freiheit definiere sich nicht durch das Vorhandensein eines rechenschaftspflichtigen, transparenten demokratischen Staatswesens, sondern durch möglichst wenig oder gar keinen Staat und einen wenig oder gar nicht gezügelten Markt, der setzt Freiheit faktisch mit Anarchie gleich. Da die Anarchie das gesetzlose Biotop ist, das auch Verbrecher und Terroristen am liebsten bewohnen, entpuppen sich die Neoliberalen letzten Endes als unwillentliche Komplizen ihrer schlimmsten Feinde. Das Gebot zur Privatisierung drängt den öffentlichen Sektor in die Defensive, sowohl im Staat selbst als auch auf der Ebene der Ethik zwischenstaatlicher Beziehungen.

Die Privatisierung besorgt innerhalb des Nationalstaats das ideologische Geschäft einer globalen Marktwirtschaft, welche die Privatinteressen von Unternehmen und Banken vorrangig bedient und das organisierte Gemeinwesen in Misskredit bringt. Der Staat wird tendenziell reduziert auf die Rolle eines Erfüllungsgehilfen des privaten Sektors, anstatt ein Forum für die Teilnahme der Menschen am öffentlichen Sektor zu sein. So zurechtgestutzt, dient der Staat nur noch als nützliches Werkzeug global operierender Firmen, Banken und Märkte, als Vertreter ihrer Interessen in internationalen Körperschaften wie der Welthandelsorganisation und dem Internationalen Währungsfonds, die auf dem Papier zwar demokratische politische Organisationen, betrieben von souveränen Staaten, sind, de facto aber Diener globaler Wirtschaftsinteressen, die sich weder nationalen Souveränitäten noch demokratischen Instanzen unterordnen, sondern diese im Gegenteil unterminieren. Privatisierung führt nicht zu dezentralisierter Macht; sie baut nicht Macht ab, sondern verlagert sie aus der Sphäre der Öffentlichkeit in den privaten Sektor, wo sie undurchsichtig und nicht mehr rechenschaftspflichtig ist. Im Namen der Freiheit beschädigt sie die Demokratie, indem sie die öffentliche Sache (*res publica*) entwertet, die das konstitutive, namengebende Element der demokratischen Republik gewesen ist.

Unter den durch die Privatisierung geschaffenen Verhältnissen kommt der Bürger nicht leichter und näher an die

Macht heran, sondern wird auf größere Distanz zu ihr gehalten. Etwas Derartiges vollzog sich nach 1989 in der ehemaligen Sowjetunion: Politische Macht wurde korrupten und bestenfalls nur scheinlegitimierten öffentlichen Instanzen entwunden und in die Hände von Privateigentümern gelegt, die aber eher noch korrupter waren und erst recht keine Legitimität besaßen. Private hierarchische Bürokratien an Stelle unfähiger oder korrupter staatlicher Bürokratien zu betrauen, mag ein Triumph in Sachen Effektivität sein, ein Sieg für die Demokratie ist es sicherlich nicht. Als Präsident Clinton 1996 verkündete, die Vereinigten Staaten hätten «das Ende der Ära des starken Staates» erreicht, proklamierte er damit unglücklicherweise nicht so sehr die Befreiung der Amerikaner von staatlicher Bürokratie und politischer Korruption als den Anbruch der neuen «Enron-Ära» privater Bürokratien und korporativ organisierter Korruption. So half er unabsichtlich mit, den offenen Kampf der Marktwirtschafts-Fundamentalisten gegen den ineffektiven Staat in einen verdeckten Krieg gegen die Demokratie selbst zu verwandeln.

Die «Vermarktung» der Politik führt nach Überzeugung der Privatisierungsbefürworter zu mehr Wahlfreiheit, indem sie dem einzelnen Konsumenten die Chance eröffnet, durch Abstimmung nicht an der Wahlurne, sondern an der Registrierkasse, nicht mit dem Stimmzettel, sondern mit Dollars, Euros und Yen demokratisch zu partizipieren. Der freie Markt verkörpert dieser Anschauung zufolge eine «Marktdemokratie», eine Verbraucherdemokratie, deren «Bürger» durch ihre Kaufentscheidungen ihre Präferenzen bekunden. Wenn freie Auswahl das eigentliche Wesensmerkmal der Demokratie wäre, könnte man den frei entscheidenden Verbraucher sicherlich als vorbildlichen und mündigen Staatsbürger betrachten. Richtig ist jedenfalls, dass die globale Marktwirtschaft, indem sie sowohl das Einkaufen als auch das Konsumieren globalisiert, «Weltbürger» heranzieht, auch dort, wo es solche vorher nicht gab.

Diese Substitution der Bürgerdemokratie durch eine Verbraucherdemokratie beruht allerdings auf zwei Fehlschlüssen: zum einen auf einer Fehldeutung dessen, was Wahlfreiheit ist, zum anderen auf einem falschen Verständnis des entscheidenden Unterschiedes zwischen öffentlicher und privater Willensentscheidung. Entscheidungen können nur frei sein, wenn sie keinen Einschränkungen unterliegen. Man muss nicht auf die falsche These vom «falschen Bewusstsein» zurückgreifen (die behauptet, die meisten Menschen wüssten nicht, was sie tun, wenn sie Konsumentscheidungen treffen), um zu erkennen, dass die Menschen in ihren Kaufentscheidungen nicht immer so frei sind, wie sie sich dünken mögen. «Bewahre uns vor dem, was wir besitzen wollen!», lautet eines der bekanntesten säkularen Stoßgebete der Postmoderne. Die Psychologie der Wünsche und Bedürfnisse in einer Ära des allgemeinen Konsumfetischismus lehrt uns, den Begriff der Freiwilligkeit kritisch zu beleuchten. Die vermeintliche Wahlfreiheit des Verbrauchers unterliegt manipulativen Einflüssen – nicht umsonst werden Milliardenbeträge für Marketing, Werbung, Merchandising und Verpackung ausgegeben, stets mit dem Ziel, die Kauflust der Verbraucher auf die Waren zu lenken, die sie nach dem Willen der Hersteller und des Handels kaufen sollen. Während der Countdown für den Irak-Krieg lief, gaben amerikanische Verbraucher viel Geld für Klebeband, Abdichtfolie, abgefülltes Wasser, Taschenlampen und sogar Gasmasken aus – das neu geschaffene Ministerium für Heimatschutz hatte diese Vorsorgemaßnahmen empfohlen. Handelte es sich hier um freiwillige Kaufentscheidungen?

In seiner klassischen Phase erzeugte der Kapitalismus Waren, welche die angenommenen Bedürfnisse der Volksmassen befriedigen sollten; beim postmodernen Kapitalismus hat es oft den Anschein, als erzeuge er überhaupt erst Bedürfnisse, um eine Nachfrage nach Waren zu schaffen, für die die breite Masse der Menschen eigentlich keinen Bedarf hat. Das «Bedürfnis», Klebeband zu kaufen, resultierte aus dubiosen Ratschlägen der Regierung, die Bevölkerung möge sich darauf vorbereiten, im Falle eines feindlichen Angriffs mit chemischen oder biologischen Waffen Fenster und Türen ihrer Häuser abdichten zu können. (Das Sicherheitsministerium distanzierte sich sehr schnell von dieser Empfehlung.) Auch die Nachfrage nach DVD-Rekordern, bulligen Großraumfahrzeugen, Mineralwasser in Designerflaschen oder UMTS-Handys beruht auf Bedürfnissen fragwürdiger Provenienz. Vieles von dem, was die Verbrauchsgüterindustrie anbietet, dient der Erfüllung von Bedürfnissen, welche die Warenproduzenten selbst geweckt haben. Selbst der argloseste Befürworter der kapitalistischen Konsumkultur dürfte einsehen, dass die Werbemilliarden, die heute speziell für die Zielgruppe der Kinder bis sechs Jahren ausgegeben werden, jedenfalls nicht dazu dienen, diese jungen Menschen zu mündigen Nutzern des freien Warenmarkts und zu einem aufgeklärten Verbraucherverhalten zu erziehen.

Selbst wenn sich demonstrieren ließe, dass die Kaufentscheidungen, die Verbraucher treffen, immer freie Willensentscheidungen sind und einzig und allein Ausdruck dessen, was die Leute «wirklich» wollen und brauchen, bleiben sie notwendigerweise eine private Angelegenheit des Einzelnen. Solche privaten Wahlentscheidungen, ob autonom getroffen oder nicht, sind keinesfalls ein zureichender Ersatz für die rationale gesellschaftliche Diskussion und Entscheidungsfindung. Der Kern des demokratischen Prozesses ist nicht die individuelle, privat getroffene Entscheidung, sondern die im öffentlichen Diskurs vorgenommene Abwägung der gesellschaftlichen Folgen privater Konsumentscheidungen und Verhaltensweisen und die daraus abgeleitete, nach Möglichkeit intelligente gesellschaftliche Weichenstellung.

Als Bürger ihres Gemeinwesens müssen sich die Verbraucher mit den Folgen ihres eigenen privaten Konsumverhaltens auseinandersetzen. Selbst klassische Apologeten der freien Marktwirtschaft wie Milton Friedman räumen ein, dass privates Handeln einen «Nachbarschaftseffekt» zeitigen kann, der sich durch privates Handeln allein nicht kontrollieren lässt – die Umweltverschmutzung ist zum Beispiel ein solcher Effekt.[8] Die Unterscheidung zwischen der privaten Entscheidung und ihren gesellschaftlichen Folgen macht den Kern dessen aus, was staatsbürgerliche Verantwortung ist. Die meisten Menschen verstehen dies auf Anhieb. Viele Amerikaner haben den echten Wunsch, eine bullige Großraumlimousine zu besitzen, und es gibt unter ihnen sicherlich einige, die überzeugt sind, ein solches Fahrzeug aus (triftigen oder weniger triftigen) Gründen der Sicherheit, der Offroad-Tauglichkeit, der Ladekapazität usw. zu brauchen. Doch selbst für einen, der ein solches Vehikel unbedingt fahren möchte, wäre es vollkommen vernünftig, sich in seiner Eigenschaft als Bürger dafür einzusetzen, dass die Gemeinschaft den Erwerb und Betrieb eines solchen Fahrzeugs zu einem extrem teuren Vergnügen macht. Als Bürger bedenkt der Einzelne die gesellschaftlichen und öffentlichen Implikationen dessen, was er als Verbraucher tut. Der Verbraucher sagt: «Ich fühle mich in einer Großraumlimousine sicherer.» Der Bürger sagt: «Das sei dir zugestanden, aber die statistischen Daten zeigen, dass du in Wirklichkeit nicht sicherer bist, dass zudem Großraumlimousinen eine Gefahr für die Insassen anderer, kleinerer Fahrzeuge sind. Wir werden also zum Beispiel vorschreiben, dass die Stoßstangen von Großraumlimousinen der allgemeinen Norm entsprechen müssen.» Der Verbraucher sagt: «Ich finde dieses V-8-Beschleunigungserlebnis traumhaft!» Der Bürger sagt: «Schön und gut, aber wir müssen unsere Abhängigkeit von ausländischem Öl, von Ländern wie dem Irak und Saudi-Arabien, verringern und mehr tun, um die Abgasemissionen, die zur globalen Erwärmung beitragen, abzustellen. Wir werden also den Benzinverbrauch unserer Automotoren senken, indem wir diese Kisten nicht mehr als leichte Transportfahrzeuge, sondern als Personenwagen einstufen, so dass sie bessere Abgaswerte nachweisen müssen.»

Das mag nach Schizophrenie klingen, beschreibt aber schlicht und einfach den Unterschied zwischen dem Verbraucherego und dem Bürgerego als zwei Seelen, die in einer Brust wohnen. Man könnte diesen Unterschied auch als einen zwischen einem Denken in Ich-Form und einem Denken in Wir-Form beschreiben, womit wir wieder beim Gegensatz zwischen privatem und öffentlichem Denken, zwischen Verbraucherlogik und Bürgerlogik wären. Es ist einer der Vorzüge der Demokratie, dass sie auf dem Vorrang der Wir-Form über die Ich-Form, der Bürgerlogik über die Verbraucherlogik, besteht. Diese beiden auszutarieren, ist die ureigene Aufgabe jeder demokratischen Politik, aber die richtige Balance zwischen den beiden lässt sich nur finden, wenn wir sie zuvor sauber getrennt haben.

Die Globalisierung der Märkte und der Verbrauchermentalität hat zur Folge, dass im globalen Diskurs die private Verbraucherlogik zunehmend an die Stelle der öffentlichen Bürgerlogik zu treten beginnt. In der Auseinandersetzung mit dem Problem des global vagabundierenden finanziellen Kapitals zum Beispiel lautet die relevante Frage gemäß Verbraucherlogik: Wie kann man den privaten Anleger schützen? Dabei müsste sie eigentlich lauten: Wie kann man das Gemeinwesen schützen, dem der Privatanleger durch seine Investitionen vorgeblich nützen will, in der Praxis aber oft Schaden zufügt? Ein einseitig auf die Wohlfahrt der Märkte fixiertes System wie das gegenwärtige globalisierte, wird durch eine verordnete Haushaltsdisziplin die Wohlfahrt einer notleidenden Bevölkerung opfern, um spekulatives Kapital vor Schaden zu bewahren. Wenn Anleger, die hoch riskante Investitionen tätigen, als Prämie für ihr Risiko hohe Erträge erwarten, ist das eine Sache; doch hier geht es darum, dass Investoren auf hohe Erträge bei möglichst geringem Risiko aus sind und im Endeffekt dafür sorgen, dass die tatsächlichen Risiken an ausländischen Regierungen hängen bleiben. Auf diese Weise bringt der moderne globale Kapitalismus es fertig, die Profite zu privatisieren und die Risiken zu vergesellschaften.

Die neoliberale Ideologie besagt, dass regulierende Vorschriften, die zum Schutz des Gemeinwohls erlassen werden, die Freiheit auf unfaire Weise beschneiden, welche die notwendige Voraussetzung für das freie Strömen von Kapital, Arbeit und Waren ist. Mit ganz ähnlichen Argumenten wurden im späten 19. Jahrhundert die damals aufkommenden Gewerkschaften bekämpft. Die Arbeiterschaft zu organisieren und hinter der Fahne ihrer gemeinsamen Interessen zu scharen, wurde als Angriff einerseits auf die Freiheit der Unternehmer gebrandmarkt, Arbeitskräfte zu «marktüblichen» Löhnen einzustellen, und andererseits auf das freie Recht des einzelnen Arbeiters, eine Stelle zu den angebotenen Konditionen zu übernehmen oder abzulehnen.

Der Markt bietet sowohl auf lokaler als auch auf globaler Ebene perfekte Voraussetzungen für die Artikulierung wirtschaftlicher Präferenzen und für die Austarierung der Beziehungen zwischen Anbietern und Verbrauchern. Doch selbst im günstigsten Fall, wenn sich der Mechanismus von Angebot und Nachfrage unbeeinträchtigt von ungleichen Machtverhältnissen oder von Monopolen entfalten kann und die Bedürfnisse und Wünsche der Verbraucher nicht durch massives Marketing und Merchandising pervertiert werden, ist der Markt nicht in der Lage, öffentliche Dienstleistungen zu erbringen oder zuverlässig die allgemeine Wohlfahrt zu befördern. Die Fundamentalisten der freien Marktwirtschaft haben stets behauptet, durch ein geheimnisvolles Zusammenwirken der vielen verschiedenen privaten Bedürfnisse und Willensentscheidungen würde der Markt genau das erzeugen, was dem Gemeinwohl dienlich sei – Adam Smith sprach in diesem Zusammenhang von einer Manipulation durch eine «unsichtbare Hand» – doch das war nie mehr als ein Traum, eine wenig überzeugende Rationalisierung für eine Politik, die diejenigen privilegierte, die vom marktwirtschaftlichen Geschehen am meisten profitierten.

Die Demokratie ist der Mechanismus, der dafür sorgen kann, dass private Macht und persönliche Bedürfnisse in mit dem Gemeinwohl verträgliche Bahnen gelenkt werden. Eine bloße Anhäufung privater Interessen kann diese Aufgabe nicht lösen, weil mit ihr normalerweise eine Zusammenballung von Macht einhergeht, die zu ungleichgewichtigen und unfairen Ergebnissen führt. Die Theorie des freien Marktes blendet das Problem der Macht einfach aus. Sie setzt Chancengleichheit und einen weitgehend fairen Wettbewerb als gegeben voraus. Die Macht ist aber das Elixier aller Beziehungen zwischen Menschen und fließt in jede «freiwillige» Entscheidung und in jeden «frei vereinbarten» Vertrag ein. Das Allgemeinwohl ist nicht einfach die Summe aller privaten Wünsche und Bedürfnisse, sondern das Ergebnis eines Ausgleichs, in den neben dem Faktor Macht auch verbindliche Regeln der Fairness und Gerechtigkeit einfließen müssen, Regeln, die der Markt niemals aus sich heraus hervorbringen kann.

Die gefährlichsten Formen der Tyrannei sind die, die unter der Fahne der Freiheit errichtet werden. Nicht von ungefähr warnte Papst Johannes Paul II. eindringlich vor «Formen der Sklaverei, die neu und subtiler sind als frühere; für viel zu viele Menschen bleibt Freiheit ein Wort ohne Bedeutung.»[9] Um nur eines der schreiendsten Beispiele zu nehmen: Wenn sich das Wort Freiheit mit der Privatisierung von Dingen verbindet, die so offensichtlich der Allgemeinheit zustehen wie das menschliche Genom, sind die vom Papst geäußerten Befürchtungen berechtigt. Freiheit muss mehr bedeuten als Gewinnmaximierung und freie Auswahl in der Warenwelt.

Vor mehr als zweihundert Jahren schrieb der weitsichtige James Madison: «Die Freiheit kann durch den Missbrauch der Freiheit ebenso in Gefahr geraten wie durch den Missbrauch der Macht, ... und es liegt auf der Hand, dass die Vereinigten Staaten eher vor Ersterem auf der Hut sein müssen als vor Letzterem.» Nirgendwo zeichnet sich der Missbrauch der Freiheit deutlicher ab als in der globalisierten Marktwirtschaft amerikanischer Machart, wo im Namen der Freiheit Monopolisierung, Habgier, Narzissmus und Anarchie freigesetzt werden und wo global operierendes Privatkapital, eitles Verbraucherverhalten und allgegenwärtiger Konsumismus als Vorboten einer globalen Demokratie durchgehen.

Als Eule möchte man hoffen, dass die Dinge, die nach einem «Befreiungskrieg» passieren, genauso wichtig genommen werden wie das, was in seinem Verlauf passiert. Die Bush-Administration hat sich öffentlich zur Demokratisierung bekannt. Aber der Glaube, mit dem Export von McWorld und der Globalisierung der Märkte hätte man den Aufbau freier Gesellschaften und einer demokratischen Welt bereits so gut wie geschafft, ist ein gefährlicher Irrtum, der den optimistischen Ansatz des «nation building» durchaus unterlaufen könnte. Um Nationen, die gerade erst der Despotie entronnen sind, zu demokratisieren und eine anarchische globale Unordnung in eine rechtsstaatliche und zivilgesellschaftliche Ordnung zu überführen, bedarf es mehr als einfach nur eines exportierten Kapitalismus. *Lex humana* und *Pax Americana* sind zwei verschiedene Dinge, die man nicht verwechseln oder gar gleichsetzen darf. Die präventive Demokratie muss anderswo nach Rezepten Ausschau halten, um den Terrorismus auszutrocknen und sowohl Sicherheit als auch Freiheit zu bringen.

8
Man kann nicht Amerika exportieren und es Freiheit nennen

«Die auf lange Sicht beste Strategie, um unsere Sicherheit zu garantieren und einen dauerhaften Frieden zu errichten, besteht darin, den Vormarsch der Demokratie anderswo zu unterstützen.» Präsident Bill Clinton 1994[1]

«Es ist besser, sie es machen zu lassen, wie unvollkommen auch immer, als es selber zu machen, wie perfekt auch immer, denn es ist ihr Land, ihr Weg, und eure Zeit ist kurz.»
T. E. Lawrence[2]

Die Erschließung von Exportmärkten oder die weltweite Propagierung neoliberaler Ideologien wird, so viel ist klar, nicht zur Demokratisierung anderer Nationen oder zu einer weltweiten Erstarkung des demokratischen Lagers führen. Aber auch als Gesellschaftsentwurf eignet sich die Demokratie nicht für den Export. Gewiss ist die Zielvision der präventiven Demokratie eine demokratisierte Welt, doch lässt sich diese nicht dadurch erreichen, dass man die amerikanische Demokratie gleichsam als Fertigprodukt ausführt. Es ist erfreulich, dass die Bush-Administration trotz ihres Faibles für kriegerische Lösungen und ihrer Vorurteile gegen «nation building à la Clinton» eingesehen hat, dass destabilisierte und militärisch gedemütigte Länder, selbst wenn man alle Terroristen und Massenvernichtungswaffen aus ihnen entfernt hat, keine zuverlässigen Aktivposten für die Sicherheit der Vereinigten Staaten und ihrer Verbündeten sind. Allerdings hat sie noch nicht begriffen, dass der Versuch, dem «nation building» mit Gewalt nachzuhelfen und anderen Nationen die Freiheit aufzunötigen, kaum gelingen kann.

Man kann ihnen nicht einfach eine Dublette der amerikanischen Demokratie verpassen.

Die Regierung Bush hat dem besiegten Irak Stabilität und Demokratie versprochen – wie zuvor schon Afghanistan und eine frühere US-Regierung Kuwait. Die Entwicklung in diesen beiden Ländern weckt allerdings keine großen Hoffnungen, dass die Rechnung aufgeht. Die Menschen in Kuwait warten seit zwölf Jahren vergeblich auf versprochene Reformen. Zwar fanden 1992, 1996 und 1999 Parlamentswahlen statt, doch waren dabei von den 860 000 Einwohnern Kuwaits lediglich 14 Prozent stimmberechtigt (weil Frauen, Gastarbeiter und Einwohner anderer Nationalität nicht wählen dürfen). Gewählt worden ist ein Parlament, in dem, wie die *Washington Post* feststellte, «die maßgeblichen politischen Kräfte konservative Stammesführer sind, die mit islamischen Fundamentalisten taktieren und von denen manche sogar offen ihre Sympathie für palästinensische Selbstmordattentäter und Osama bin Laden bekunden».[3] Die Entwicklung in Afghanistan zu beurteilen, mag noch zu früh sein; doch es gibt zu denken, dass der Kongress für das laufende Jahr lediglich Maßnahmen im Wert von 157–295 Millionen Dollar bewilligt hat, obwohl die USA ursprünglich zusätzliche Finanzhilfen für Afghanistan in Höhe von 3,3 Milliarden Dollar über einen Vierjahreszeitraum zugesagt hatten (was rund 850 Millionen Dollar pro Jahr entspräche).[4] Die US-Regierung zeigte auch kein Interesse daran, für das erklärte Ziel des «nation building» im Irak die UN als Legitimität spendendes Vehikel einzusetzen oder verbündete Staaten als Partner dafür zu gewinnen. Sie zieht es offensichtlich vor, mit diesen Aufgaben amerikanische Privatunternehmen und ihr ideologisch nahestehende wohltätige Organisationen wie die christliche Caritas von Frank Graham zu betrauen. In Afghanistan haben Gruppen wie Children of War, der Islamische Hilfsfonds, CARE, Save the Children, CAP ANAMUR oder Terre des Hommes, aber auch UN-Organisationen wie das UN Center for Human Settlements und die UN-ESCO zu verschiedenen Zeitpunkten an verschiedenen Stellen eine Rolle beim Wiederaufbau übernommen. Präsident Karzais älterer Bruder gründete die Bewegung Afghans for Civil Society, ein Mittelding zwischen politischer Denkfabrik und humanitärer Organisation; sie verkörpert den Versuch, das unsichere Demokratieexperiment Afghanistans auf das Fundament einer privaten Stiftung zu stellen. Im Irak hingegen standen die ersten Bemühungen um einen Wiederaufbau nach den Verwüstungen des Krieges noch ganz im Zeichen der amerikanischen Alleingangspose. Das undiplomatische Beharren darauf, die Vereinten Nationen und Alliierte wie Frankreich, Deutschland und die Türkei dafür zu bestrafen, dass sie der «Koalition der Willigen» die kalte Schulter gezeigt haben, macht es schwierig, diese Akteure oder mit ihnen verbundene Nichtregierungsorganisationen am Aufbau eines demokratischen Irak zu beteiligen.

Die Umstände, unter denen sich die «Befreiung» eines Volkes vollzieht, können das Bemühen um Demokratisierung zusätzlich erschweren. Jedem, der sich mit Geschichte beschäftigt, müsste klar sein, dass es nicht angeht, einem Land die Demokratie mit Waffengewalt aufzuzwingen oder in den Nachwirren eines Angriffskrieges aufzudrängen, auch nicht wenn dieser Krieg ausdrücklich im Namen der Freiheit und eines gut gemeinten Regimewechsels geführt worden ist. George Packer hat aufgezeigt, dass von achtzehn von außen erzwungenen Regimewechseln im Verlauf der letzten hundert Jahre, an denen die USA beteiligt waren, nur fünf in eine demokratische Entwicklung mündeten. Wenn man die Fälle auswählt, in denen die USA ohne internationale Unterstützung intervenierten, bleibt sogar nur ein Erfolgsbeispiel (Panama) übrig.[5] Das siegreiche Land, das ein anderes gerade von einem tyrannischen Regime befreit hat, eignet sich nicht unbedingt als Betreuer eines Demokratisierungsprozesses in dem befreiten Land – wohl aus dieser Überlegung heraus zog T. E. Lawrence die autonome Unvollkommenheit der oktroyierten Perfektion vor. Die *Lex humana*, in deren Namen wir den Internationalismus und die globale Demokratie vorantreiben müssen, lässt sich nicht durchsetzen, indem wir die *Lex Americana* exportieren – die spezifisch amerikanische Ausprägung des Rechtsstaates und der Demokratie.[6]

Die Demokratie eignet sich auch deshalb nicht als Exportgut, weil Rechte sich nicht importieren lassen. Der belgische Bürgerrechtsaktivist Dyab Abou Jahjah mag den Europäern mit seiner zornigen Rhetorik Angst einjagen, doch in zumindest einem Punkt spricht das Manifest seiner Arabisch-Europäischen-Liga eine unbequeme Wahrheit aus: «Gleichberechtigung bekommt man nicht gewährt», heißt es dort, «man nimmt sie sich.»[7] Das proklamierten einst auch die Amerikaner, als sie 1776 ihre Absicht erklärten, ihre Gleichberechtigung und ihre Demokratie im bewaffneten Kampf gegen England zu erstreiten. Die Franzosen leiteten ihren beschwerlichen Weg zur Demokratie mit einer brutalen und gewalttätigen Revolution gegen eine absolute Monarchie ein. Das postkoloniale «nation building» in Afrika und Asien nach dem Zweiten Weltkrieg entsprang aus bewaffneten Kämpfen; sie wurde den nach Unabhängigkeit strebenden Kolonien nicht etwa von unter Druck geratenen Kolonialmächten geschenkt, denn nicht einmal in demokratisch verfassten Kolonialstaaten gab es einen solchen Druck. Die Demokratie lässt sich einem widerstrebenden Volk nicht schenken und nicht auf eine Kultur übertragen, die nicht reif für sie ist. Sie kann nur dort Fuß fassen, wo eine nach Freiheit strebende Bevölkerung sich mit Leidenschaft für sie engagiert, nicht dort, wo wohlmeinende ausländische Vormünder sich großzügig herablassen, Freiheit zu gewähren. Premierminister Blair zog, an Äußerungen aus der Bush-Administration anknüpfend, Vergleiche zwischen dem Irak und dem Vorgehen der USA und Großbritanniens gegen

Nazi-Deutschland im Zweiten Weltkrieg. Er warnte vor einer Politik des «Appeasement» gegenüber einem «Schurkenregime», das in der Lage sei, der Welt großes Unheil zuzufügen. Im Irak und in seinen arabischen Nachbarländern überzeugte dieser Vergleich wenige. Viele (die ansonsten keinen Narren an Saddam Hussein gefressen hatten) sahen den Irak eher in der Situation Polens, als ein Land, dessen territoriale Integrität von einem mächtigen, vorgeblich in Notwehr handelnden Feind bedroht wurde – keine ideale Voraussetzung für den Beginn eines Demokratisierungsprozesses.

Die wichtigste Tugend der Demokratie ist die Geduld; sie ist eine der essentiellen Voraussetzungen für jede demokratische Entwicklung. Alexis de Tocqueville interpretierte die Französische Revolution von 1789 weniger als Beginn denn als Abschluss eines Prozesses der Zentralisierung und der rationalen Bürokratisierung, der erst die notwendigen Voraussetzungen für eine Demokratisierung schuf. Der langsame Fortschritt in Richtung Moderne hatte schon viele Jahre vorher mit der Abschaffung der feudalen *parlements* auf Provinzebene und der Durchsetzung zentralistischer königlicher Prärogativen auf Kosten der alten Rechte der feudalen Aristokratie begonnen.[8] In den Vereinigten Staaten waren der Kodifizierung einer Verfassung, die übrigens nur halbwegs demokratischen Charakter hatte, 150 Jahre einer allmählichen Weiterentwicklung lokaler demokratischer Institutionen in den dreizehn Kolonien vorangegangen.[9] Weitere 125 Jahre vergingen nach der Unabhängigkeitserklärung der USA, bis sich eine Ordnung etabliert hatte, die an eine voll ausgebildete Demokratie erinnerte, wobei die demokratischen Errungenschaften in dieser Zeit freilich nur der Minderheit der weißen Männer zustanden. Der Mehrheit der Amerikaner blieb das volle Bürgerrecht noch sehr lange vorenthalten. Mit den aufblühenden demokratischen Errungenschaften auf lokaler Ebene, die Tocqueville so sehr beeindruckten, koexistierte ein System der Sklavenhaltung, dem erst ein verheerender Bürgerkrieg ein Ende zu setzen vermochte. Dessen ungeachtet sind viele Amerikaner heute offenbar der Ansicht, andere, in Demokratie völlig ungeübte Völker müssten innerhalb weniger Monate erlangen, wozu die Amerikaner und andere ausgereifte Demokratien Jahrhunderte gebraucht haben. Keine Zeit für Fehlentwicklungen, keine Zeit für die Errichtung bürgerschaftlicher Fundamente, die einen demokratischen Überbau zu tragen vermögen, keine Zeit, um Frauen und Männer durch Erziehung und Bildung auf die Rolle mündiger Bürger vorzubereiten, keine Zeit für den mühseligen Prozess, die Tugenden heranzubilden, die eine wesentliche Voraussetzung für das Bestehen demokratischer Bewährungsproben sind. In den modernen, von den Medien angeheizten Zeitplänen nach Art vierteljährlich vorzulegender Unternehmensbilanzen, die das heutige Amerika in seinen Demokratisierungsszenarien für andere aufstellt, ist alles vorgesehen, nur keine Zeit. Wie konnten die politisch Verantwortlichen im Weißen Haus wirklich glauben, eine an Gewalt gewöhnte, instabile, multikulturelle Gesellschaft wie die des Irak, die dreißig Jahre lang durch eine brutale Tyrannenherrschaft zusammengehalten wurde, lasse sich über Nacht nicht nur befreien, sondern auch liberalisieren? Die Bevölkerungsmehrheit stellen im Irak die von der Macht verdrängten Schiiten, während die Sunniten die politische Macht monopolisiert haben. Der Irak ist ein in Stämme, ja Sippen und damit in viele sektiererische Loyalitäten gespaltenes Land. Seine staatliche Integrität wird von kurdischen und anderen Minderheiten im Norden und Süden in Frage gestellt, deren einzige «nationale» Ambitionen Loslösung und Autonomie sind, desgleichen von der Türkei im Norden und dem schiitischen Iran im Osten, die beide eigene Expansionspläne hegen. Kann man sich vorstellen, dass sich ein solches Land innerhalb weniger Monate zu einer nahöstlichen Demokratie mit Vorbildcharakter umkrempeln lässt? Oder in ein paar Jahren oder Jahrzehnten? Chronische Instabilität, Plünderungen und organisiertes Verbrechen (Anstalten und Gefängnisse haben ihre Insassen freigegeben), Machtkämpfe zwischen Stämmen und Sippen und Bürgerkriege von der Art, wie sie in Jugoslawien nach dem Untergang des Kommunismus tobten, sind im Irak wahrscheinlicher als Demokratie im Handumdrehen. Ein solcher Zerfall der Nation hat bereits die Einrichtung einer Interimsregierung verzögert und könnte eine länger anhaltende Militärherrschaft der USA erforderlich machen – nicht gerade die beste Voraussetzung für eine irakische Demokratie.[10]

Ich will damit nicht andeuten, was Autoren wie Samuel Huntington oder Bernard Lewis postuliert haben: dass Demokratie und Islam oder Demokratie und nicht-westliche Kultur einander so unvereinbar gegenüberstehen, dass eine Demokratisierung in Ländern der islamischen Welt höchst unwahrscheinlich, wenn nicht überhaupt unmöglich sei (siehe unten). Der Ökonom Amartya Sen hat sich kritisch mit der Behauptung auseinander gesetzt, Asien sei in einem engen Korsett autoritärer Werte gefangen. Er verweist dagegen auf die Diversität, die man in allen Kulturen finden kann, und hat aufgezeigt, dass und wie man vermeintlich westlichen Werten wie Toleranz oder Freiheit in buddhistischen oder konfuzianischen Kulturen begegnen kann. «Tatsache ist», schreibt er, «dass in jeder Kultur die Menschen offenbar gern miteinander streiten und genau das auch häufig tun – vorausgesetzt man erlaubt es ihnen. Das Phänomen Dissidenten macht es problematisch, so eindimensional von dem ‹wahren Charakter› der Werte einer Region zu sprechen. Dissidenten gibt es wohl in jeder Gesellschaft.»[11] Islamische Gesellschaften, die durch lange Zeiträume der Unterdrückung zurückgeworfen worden sind und noch nicht die kulturelle Reife besitzen, um aus sich heraus moderne politische Institutionen aufrecht erhalten zu können, brauchen vielleicht nur eine oder zwei Generationen, um sich zu vollwertigen Mitgliedern der demokratischen Welt zu entwickeln, also viel weniger Zeit, als etwa England, Frankreich und Amerika brauchten, um ihre einstmals engstirnigen christlichen Monokulturen zu demokratisieren und zu domestizieren. Sie werden dahin kommen, aber nicht nach einem ihnen von den USA vorgeschriebenen Fahrplan. Nicht morgen und nicht bis zum nächsten Sommer.

Ihre eigene Geschichte der langsam voranschreitenden Demokratisierung vergessend, verlangen die Amerikaner allzu oft von anderen, den demokratischen Wandel nicht nur schnell und mühelos zu vollziehen, sondern auch nach amerikanischer Art, als ob Demokratisierung und Amerikanisierung ein und dasselbe wären, als ob die Vereinigten Staaten die Demokratie erfunden hätten und ein politisches Patent auf sie besäßen. Gewiss gibt es universelle Ideale, die dem menschlichen Kampf um Freiheit, gleich wo er geführt wird, zugrunde liegen; doch die Formen, die die Demokratie annehmen kann, sind ebenso vielfältig wie die Kämpfe, durch die sie errungen wird, und ebenso «eigenartig» wie die unzähligen Kulturen, in denen um Demokratie gerungen wird. Die Durchsetzung und Bewahrung dieser Ideale ist ebenso schwierig wie die Durchsetzung und Bewahrung aller vornehmen menschlichen Bestrebungen. In den Jahren vor der amerikanischen Revolution und in der Zeit zwischen der Unabhängigkeitserklärung und der Verabschiedung der Verfassung hatte das puritanische Massachusetts ebenso eine eigene Verfassung wie das fortschrittliche Pennsylvanien und das freisinnige Rhode Island und die südlichen Kolonien mit ihrer Plantagen- und Sklavenwirtschaft. In manchen Kolonien gab es weit weniger Freiheit als in anderen, und einige waren kaum weniger autokratisch als die britische Kolonialverwaltung, unter deren Joch sie alle ächzten. Innerhalb der regionalen und lokalen Institutionen Amerikas gibt es bis zum heutigen Tag Unterschiede und Eigenarten, die sich auf diese frühen geschichtlichen Divergenzen zurückführen lassen.

Das Hauptargument der präventiven Demokratie besagt, dass der Krieg gegen den Terrorismus nur in einer aus friedfertigen Demokratien bestehenden Welt erfolgreich geführt werden kann. Krieg und die Missachtung nationaler Souveränität sind alles andere als ideale Instrumente für die Umwandlung tyrannischer in demokratische Regierungsformen. Ebenso wenig sind Soldaten ideale Lotsen für den verschlungenen Weg zur Demokratisierung, zumal in den Fällen, in denen der angestrebten demokratischen Entwicklung ein Krieg vorausgeht. Vertreter der Siegermacht eignen sich nicht besonders gut als Berater der Besiegten in so empfindlichen Fragen wie der Wiederherstellung von Autonomie und innerer Glaubwürdigkeit oder der Erlangung globaler Legitimität, erst recht nicht in einer Situation, in der eine Gesellschaft auf mehreren Ebenen zugleich radikal umgestaltet wird. So dachte auch einmal mit Recht Richard Cheney, als er 1991 die Frage stellte, ob ein von den USA eingesetztes irakisches Nachkriegsregime überhaupt die Chance habe, legitim auszusehen. Eine kluge Politik müsste heute dafür eintreten, dass Präventivkriege nur mit Unterstützung der Vereinten Nationen geführt werden dürfen, damit für die anschließende Friedenszeit die Mitwirkung und Unterstützung der Vereinten Nationen gewährleistet ist. Terroristen aus einem Land zu vertreiben – vielleicht noch gegen den Widerstand dieses Landes –, kann dem Aufbau der Demokratie dienlich sein und mag insofern einen antiterroristischen Präventivschlag rechtfertigen. Doch ein Regime zu stürzen, so unappetitlich und brutal dessen Herrschaft sein mag, ist eher geeignet, den Aufbau der Demokratie zusätzlich zu erschweren, als ihn zu erleichtern – eine Lektion, die die US-Regierung in den zunehmend chaotischen Wochen nach dem militärisch einfachen Sieg im Irak mühsam lernen musste.

Demokratien wachsen von innen nach außen und von unten nach oben, nicht umgekehrt. Das ist einer der Gründe dafür, dass Demokratisierungsprozesse so lange dauern. Es legt auch den Gedanken nahe, dass das Ziel derer, die sich eine demokratischere Welt wünschen, nicht die Herstellung von «Demokratie» im Singular (und nach amerikanischem oder irgendeinem anderen Vorbild) sein sollte, sondern das Gedeihen von «Demokratien» im Plural. Schließlich haben sich selbst innerhalb des engen Kanons des westlichen Demokratieverständnisses Praktiken und Modelle entwickelt, die so unterschiedlich und eigenartig sind wie die diversen europäischen und nordamerikanischen Kulturen, aus denen sie erwachsen sind. Die Schweiz pflegt zum Beispiel ein gemeinschaftsorientiertes, fast kollektivistisches Verständnis von Freiheit und Bürgerrechten, das mit der starken Betonung individueller Rechte und Freiheiten in der angloamerikanischen Welt stark kontrastiert. Der Gemeinnutz hatte in der Schweiz zu allen Zeiten Vorrang etwa vor privaten Eigentumsrechten, was vielleicht etwas mit der großen Bedeutung der Milchwirtschaft in der Geschichte des Landes zu tun hat, wo gemeinschaftliche Weiderechte einen höheren Wert hatten als die für eine ackerbaulastige Landwirtschaft typischen individuellen Eigentumsrechte. Diese Betonung der Rechte und Freiheiten der Gemeinschaft hat den politischen Institutionen der Schweiz eine stark gemeinnützige Prägung gegeben, die mit der radikal individualistischen Orientierung des amerikanischen Gesellschaftsmodells wenig gemein hat.[12] Dem entspricht, dass die Schweizer die kollektive Führung der individuellen vorziehen (das Präsidentenamt üben die sieben Mitglieder des Bundesrats im Turnus nacheinander aus) und die Bevölkerung als ganze zum gesetzgebenden Organ erster Instanz gemacht haben – bis zu mehreren Dutzend Mal im Jahr stimmen die Bürger per Referendum auf nationaler, kantonaler oder lokaler Ebene über Gesetzesänderungen ab. Das repräsentative System, das aus amerikanischer Sicht eine so tragende Säule der Demokratie ist, kann gegenüber der direkten Demokratie, wie sie in der Schweiz praktiziert wird, keinen Vorbildcharakter geltend machen.

Aufschlussreich ist auch ein Vergleich zwischen dem französischen System der Rechtsfindung und Rechtssprechung und dem angloamerikanischen: Das französische beruht auf einer Cartesianischen Philosophie der Wahrheit – der justiziable Vorgang wird dabei von einem Gremium aus objektiven, ermittelnden Richtern recherchiert und im Rahmen eines kodifizierten, auf das römische Gesetzbuch zurückgehenden Rechts beurteilt. Im angloamerikanischen Verständnis ist die Rechtssprechung (wie der ihr zugrunde liegende Wahrheitsbegriff) hingegen subjektiv und «verhandelbar». Was «Recht» ist, wird durch argumentative Gefechte zwischen Ankläger und Verteidiger, die konträre Standpunkte vertreten, ausgefochten. In dieser Rechtstradition sind es die Bürger (in ihrer Eigenschaft als Geschworene) und nicht fachlich versierte Richter, welche die letzte Entscheidung über Schuld oder Unschuld fällen. Weder das französische Justizsystem noch die direkte, partizipatorische Demokratie der Schweiz sind demokratischer oder weniger demokratisch als ihre amerikanischen Gegenstücke. Alle diese Systeme dienen dem Schutz von Rechten und Freiheiten, auch wenn sie sich nach Definitionen und Gewichtungen unterscheiden. Die Souveränität des Volkes ist in allen diesen Systemen der Ausgangspunkt für die Legitimität der gesetzgebenden und rechtsprechenden Organe; der Unterschied besteht unter anderem darin, dass diese Souveränität sich in mehr oder weniger direkter Form manifestiert. In jeder Demokratie sind Gesetze dazu da, Gerechtigkeit zu gewährleisten; mit welchen Mitteln eine Justiz arbeitet, um ein möglichst hohes Maß an Gerechtigkeit hervorzubringen, darüber kann es innerhalb der demokratischen Staatengemeinschaft durchaus unterschiedliche Auffassungen geben. Es gibt, um es auf einen kurzen Nenner zu bringen, nicht *die* westliche Demokratie, sondern es gibt westliche Demokratien.

Diese Pluralität innerhalb der westlichen Welt spricht dafür, dass man auch im Hinblick auf Demokratisierungsprozesse in sich entwickelnden Gesellschaften außerhalb Europas und Nordamerikas Vielfalt akzeptiert und zulässt. Amartya Sen hat darauf hingewiesen, wie entscheidend wichtig es ist, Diversität sowohl innerhalb als auch zwischen Kulturen anzuerkennen.[13] Es kann für Nationen und Kulturen, die gerade dabei sind, sich aus undemokratischen Traditionen zu befreien, im Hinblick auf die Erlangung von Freiheit und Demokratie produktiver sein, aus einheimischen Traditionen und Institutionen zu schöpfen, als dem Vorbild anderer Länder nachzueifern und wichtige politische Instrumente von außen zu importieren.

Die Gründerväter der Vereinigten Staaten ließen von Anfang an keinen Zweifel daran, dass die amerikanische Republik ein «Experiment» sein würde, etwas, das im Übrigen auf jede demokratische Pioniertat zutrifft. Die Autoren der *Federalist Papers* gaben sich große Mühe, darzulegen, weshalb die überlieferten politischen Theorien der Europäer und ihre langjährigen Erfahrungen mit Verfassungen von geringer Bedeutung für die Neue Welt seien. Nach ihrer Ansicht waren die europäischen Demokratien immer nur «Schauspiele des Aufruhrs und Streits» gewesen. Madison wollte keinesfalls miterleben, dass Amerika in sich eine «Vielzahl kleiner, eifersüchtiger, verfeindeter, turbulenter Gemeinwesen, unsägliche Brutstätten dauernder Zwietracht» vereinte, wie man es aus der Geschichte Europas kannte.[14] Die Amerikaner würden sich stattdessen an ihren eigenen Erfahrungen als Kolonien orientieren, an ihren Einwohnerversammlungen, ihren Bürgermilizen, ihren Experimenten mit parlamentarischer Vertretung und Gewaltenteilung, und sie würden das Wagnis eingehen, eine neuartige Verfassung, abgestimmt auf die neuartige Situation Amerikas, auf die Beine zu stellen. Das Besinnen auf die eigenen besonderen Umstände war eine der gesünderen Blüten, die der amerikanische Exzeptionalismus trieb, doch das heutige Amerika vergisst allzu oft, dasselbe Recht anderen Nationen zuzubilligen. Die Vereinigten Staaten, die selbst bewusst auf Distanz zu den offensichtlichen britischen Grundlagen ihrer Verfassung gegangen sind, sollten sich nicht so schwer damit tun, zu verstehen, dass und warum andere heute auf Distanz zu den ebenso offensichtlichen amerikanischen Vorbildern für ihre eigenen Unabhängigkeits- und Demokratiebestrebungen gehen wollen. Auch wenn sie, wie es jeder intelligenten neuen Demokratie wohl ansteht, die Vereinigten Staaten bewundern und Anleihen bei ihnen machen, tun sie gut daran, in ihren einheimischen Institutionen und ihrer eigenen Geschichte nach Anregungen für innovative demokratische Praktiken zu suchen, die in der Lage sind, ihrer neu errungenen Freiheit etwas Typisches, nur ihnen Gehörendes einzuhauchen. Eine Übersetzung der Bill of Rights nach Kabul zu expedieren oder einen Plan für ein Zwei-Kammer-Parlament per E-Mail nach Bagdad zu schicken, hilft sicherlich nicht viel weiter.

Traditionelle politische Praktiken können, auch wenn sie aus vordemokratischen Zeiten stammen, durchaus protodemokratische Elemente enthalten, die sich in ein modernes demokratisches Modell einbauen lassen. In Afrika etwa stellen Stammesversammlungen eine praktische Möglichkeit der Teilhabe und Gemeinschaftsbildung dar, die sich in den Aufbau demokratischer Strukturen auf höherer Ebene integrieren lässt. Im alten, tribalistisch organisierten Afghanistan gab es die Institution der Loja Dschirga, einer in unregelmäßigen Abständen stattfindenden Versammlung aller Stammesführer des Landes, bei der Konflikte und Spannungen zwischen rivalisierenden Stämmen erörtert und nach Möglichkeit geschlichtet wurden; die Wiederbelebung dieser Praxis birgt, wie sich gezeigt hat, die Möglichkeit, innere

Rivalitäten, die den Weg zur nationalen Einheit im heutigen Afghanistan zu verbauen drohen, zu entschärfen. Einige der fehlgeschlagenen Demokratieexperimente in Afrika lassen sich mit der Art und Weise erklären, wie europäische Kolonialmächte unter Missachtung traditioneller Stammesgebiete künstliche nationale Grenzen markierten; die Berücksichtigung solcher Stammesgebiete bei der Definierung administrativer Zuständigkeiten kann zu einer Versöhnung zwischen tribalistischen Strukturen und den Anforderungen einer modernen Demokratie beitragen. Die indische Dorfgemeinschaft ist ein gleichsam natürlich vorgegebenes Vehikel für eine basisdemokratische Mitbestimmung auf lokaler Ebene und, wie schon Gandhi gesehen hat, für die Festigung der Demokratie in Indien vielleicht wichtiger und zweckdienlicher als die administrativen Strukturen, die das britische Empire dem Land künstlich aufgepfropft hat. In Russland entstanden zu Beginn des 20. Jahrhunderts Arbeiterräte – Sowjets –, die, bevor sie zu einem Instrument der bolschewistischen Einparteienherrschaft degenerierten, Keimzellen einer möglichen Demokratisierung des ins Taumeln geratenen Zarenreichs zu werden versprachen.

Sogar die Wiedererrichtung einer traditionellen Monarchie (mit durch eine Verfassung begrenzten Machtbefugnissen) kann den Übergang eines Landes von einer brutalen Tyrannei in eine liberale Demokratie erleichtern, indem sie für Solidarität und Patriotismus sorgt, wie die geschichts- und gesichtslosen Institutionen einer neu geschaffenen Demokratie es nicht könnten. Ein König, auch wenn er in eine konstitutionelle Ordnung eingebunden ist, mag manchem als ein seltsamer Tandempartner der Demokratie erscheinen, doch schließlich ist auch keine der anderen traditionellen Einrichtungen, die hier aufgezählt worden sind, im strengen Sinn demokratisch. Tatsächlich hat sich gezeigt, dass die Restaurierung einer konstitutionellen Monarchie in einem Land, dessen Bevölkerung zuvor unter einer bösartigen Des-

potie leiden musste, eine wertvolle Rolle im Sinne einer
Rückkehr zu staatlicher Legitimität spielen kann. Lokal ver-
wurzelte Institutionen bergen ein demokratisches Potenzial
in sich und haben den weiteren großen Vorzug, die neuen
Elemente einer demokratischen Verfassung mit traditionellen, vielleicht bislang nur informell praktizierten Formen
der Teilhabe zu verknüpfen, die durch ihre Altehrwürdigkeit
Legitimität besitzen. Im 19. Jahrhundert entstanden in vielen US-amerikanischen Städten politische Vereine, die, auch
wenn sie manche ihrer Kritiker eher an Banden erinnerten,
vielen Einwanderern und gesellschaftlichen Außenseitern
erste Erfahrungen in praktisch-politischer Mitsprache vermittelten, wenn auch zugegebenermaßen um den Preis der
Hierarchiebildung und Korruption. Analog dazu könnten
auch anderswo auf der Welt lokal gewachsene Institutionen,
selbst wenn ihr demokratischer Charakter zu wünschen
übrig lässt, im Übergang begriffenen Gesellschaften als wichtige Zwischenstufen im langwierigen Prozess der Einübung
wahrhaft demokratischer Verhaltensweisen und Praktiken
dienen. Der kurze und schnelle Weg zur Demokratie führt
oft nicht zum Ziel, sondern lässt eine zu schnell und ungeduldig vorangetriebene Entwicklung leicht entgleisen. Ein
langsameres, bedächtigeres Tempo kann dafür sorgen, dass
der verschlungene Weg, den die Geschichte meistens wählt,
ohne größeres Unglück durchfahren wird, und lässt den
neuen Institutionen, die auf althergebrachte Praktiken aufgepfropft worden sind, genügend Zeit, anzuwachsen. Es
braucht Zeit, bis eine Demokratie feste Wurzeln geschlagen
hat; streut man ihre Samen auf zu harten und trockenen Boden, so wird sie beim ersten politischen Sturm fortgeweht
werden.

Die Demokratie ist ein Prozess, kein Endzustand, und
zwar ein Prozess, der sich stufenweise vollzieht. Diejenigen,
die sich auf diesen Prozess eingelassen und sich damit auf
eine schwierige Reise begeben haben, müssen wissen, dass

Geduld eine unerlässliche Voraussetzung für den Erfolg dieses Prozesses ist. Wenn der vorgefertigte Demokratisierungszeitplan einer Macht, die sich zum Vormund der Entwicklung aufgeschwungen hat, der Ungeduld Vorschub leistet, kann dies verhängnisvoll sein, besonders wenn die zeitlichen Parameter aufgrund von Erfahrungen mit anderen Demokratisierungserfolgen, die unter nicht vergleichbaren Bedingungen erzielt wurden, erstellt werden. Wenn eine Organisation wie Amnesty International sich des Problems Korruption annimmt, kann sie nur dann wirkliche Bedeutung gewinnen, wenn sie berücksichtigt, dass ein gewisser Grad von Korruption im Prozess der Öffnung einer bislang geschlossenen Gesellschaft unvermeidlich ist. Die Gewährung von Entwicklungshilfe und Darlehen an Fortschritte beim Aufbau einer rechtsstaatlichen und politischen Infrastruktur zu knüpfen, wie die Weltbank und das amerikanische Außenministerium es tun, ist sinnvoll, solange man nicht aus dem Auge verliert, dass die Gruppen und Institutionen, die in der Lage und willens sind, eine solche Infrastruktur aufzubauen, eben dafür bereits finanzielle Unterstützung benötigen. Wenn sich eine Gesellschaft in die richtige Richtung bewegt, nämlich in die Richtung von mehr und nicht weniger Freiheit, so muss dies bereits als Kriterium für die Mittelbewilligung anerkannt werden. Dies sollte nicht gelten für äußerlich eindrucksvolle, aber oberflächliche und zerbrechliche Demokratisierungsfortschritte, die nur darauf beruhen, dass die Mächte, welche die Demokratisierung beaufsichtigen und finanzieren, ihren Mündeln nicht so viel Zeit zugestehen, wie sie einst für ihre eigene Demokratisierung gebraucht haben.

Die traurigerweise kurze Geschichte der urwüchsigen demokratischen Ansätze im östlichen deutschen Staat, der DDR, die so entscheidend zu dem Gärungsprozess beitrugen, der den Zusammenbruch des kommunistischen SED-Regimes herbeiführte, kann als Beispiel für den Preis der Ungeduld dienen – des Versuchs, die Demokratie im Schnellgang einzuführen. Die lokalen Bürgerforen und die zahlreichen örtlichen Mini-Medienöffentlichkeiten und öffentlichen Versammlungen unter der Ägide des *Neuen Forums*, von denen die Impulse für den erfolgreichen Widerstand gegen das SED-Regime ausgingen, wurden nach dem Fall der Mauer rasch durch aus der Bundesrepublik in den Osten übertragene (bzw. ihn in Besitz nehmende) politische Institutionen, Parteiorganisationen und Medienkonzerne verdrängt. Die Folge war, dass der Zauber, der dem Demokratisierungsprozess bis dahin inne wohnte, verflog und an seine Stelle eine Ungeduld und eine Hybris traten, die bewirkten, dass sich zwischen den frisch vereinigten Deutschen in Ost und West eine Kluft auftat. Die Energie, mit der die DDR-Bürger die Mauer zum Einsturz gebracht hatten, machte allzu schnell einer lähmenden Resignation Platz, die sich zu dem auswuchs, was in der Folge als «die Mauer im Kopf» bezeichnet wurde. Diese mentale Mauer trennte die Ostdeutschen im psychischen Bereich so gründlich von den Westdeutschen, wie die Berliner Mauer es zuvor physisch getan hatte. Sie transformierte die ehemaligen Bürger der DDR, die doch eigentlich demokratische Staatsbürger eines neuen, vereinten Deutschlands werden sollten, in zynische und ohnmächtige Komparsen einer «demokratischen Politik», die sie nicht als ihre eigene wiedererkannten. Kein Wunder, dass so viele von ihnen nach wenigen Jahren als Wähler wieder bei der linken Partei landeten, welche die politische Nachfolge der diskreditierten Kommunisten angetreten hatte, oder gar bei irgendwelchen Rechtsparteien, die das antidemokratische Fallobst aufsammelten.

Dieselbe Unfähigkeit der Westdeutschen, die Besonderheiten des deutschen Ostens wahrzunehmen (von seiner kommunistischen Vergangenheit einmal abgesehen), ist auch den leidenschaftlichen Anhängern der These Samuel Huntingtons vom «Zusammenprall der Zivilisationen» zu eigen. Sie behaupten, in der «antimodernen» Kultur gäbe es keinen Raum für demokratische Entwicklungen.[15] Wenn man Kritiker wie Huntington genau liest, reduziert sich ihre These auf die Behauptung, in islamischen Gesellschaften sei kein Raum für eine Demokratie amerikanischen Typs, etwa für die strikte Trennung von Kirche und Staat, wie die Gründer der USA sie dem Land aus tiefster säkularistischer Überzeugung verordneten, für die nonchalante Laissez-faire-Politik im moralischen und religiösen Bereich, die diese Dinge als im Wesentlichen «private» Angelegenheiten trivialisiert, oder für die relativistische Überzeugung, Religion sei etwas durch und durch Subjektives und Persönliches. Dies sind sicherlich voreingenommene Manifestationen des gegenwärtigen amerikanischen Zeitgeistes. Es gibt demgegenüber Beispiele genug, die zeigen, dass Gesellschaften sich ausdrücklich zu einer «öffentlichen» Religion bekennen können, ohne an demokratischer Qualität zu verlieren, denken wir nur an die katholischen Demokratien in Italien und Lateinamerika oder an die USA im 19. Jahrhundert.

Zu den Grundpfeilern der modernen politischen Theorie gehört die These, dass Demokratien, denen es an einem in ethischen und religiösen Überzeugungen verankerten Wertebewusstsein fehlt, Gefahr laufen, ihren Zusammenhalt und ihre Einheit, und zu guter Letzt auch ihre Lebensfähigkeit zu verlieren. Gerade weil die Demokratie politische Freiheit und Meinungsvielfalt garantiert und damit bewusst das Wirken sprengender Kräfte in Kauf nimmt, braucht sie die einigende Kraft gemeinsamer moralischer oder religiöser Überzeugungen (wie Tocqueville in *Über die Demokratie in Amerika* aufgezeigt hat). Weil freie Gesellschaften tendenziell gespalten und brüchig, pluralistisch und offen sind, greifen sie in dem Bemühen, eine alle einschließende, gemeinsame «Bürgergesinnung» zu etablieren, oft auf einen Fundus kollektiver Überzeugungen zurück, der so etwas wie eine «Zivilreligion» darstellt. Die «Zivilreligion» der Amerikaner verkörpert sich in einem bürgerlichen Katechismus, zu dessen wichtigsten Elementen die Unabhängigkeitserklärung, die Verfassung mit der Bill of Rights, Elizabeth Cady Stantons Erklärung von Seneca Falls, die Proklamation der Sklavenbefreiung, die Gettysburger Rede Lincolns und die Rede Martin Luther Kings mit dem Motto «I Have a Dream» gehören. Aus der Sicht derer, die nach amerikanischer Lesart aus der Finsternis der «Theokratie» herausgeführt werden müssen, sieht es freilich häufiger so aus, als bestehe die Staatsreligion Amerikas aus einem aggressiven marktwirtschaftlichen Materialismus und einem intoleranten Säkularismus. Weshalb sollte sich eine islamisch (oder auch eine jüdisch oder christlich) geprägte Gesellschaft davon nicht ebenso bedroht fühlen wie die säkularen liberalen Gesellschaften des Westens von den aggressiven Theokratien der islamischen Welt? Evangelische Fundamentalisten in den Vereinigten Staaten empfinden die säkulare amerikanische Konsumkultur unter Umständen als ebenso beängstigend, wie sie auf fromme Moslems in Teheran oder Kairo wirken mag. Im Übrigen sorgen sich in den USA auch Eltern, die selbst im Milieu der Einkaufszentren groß geworden und durchaus weltlich orientiert sind, darum, dass ihre Kinder zu wenig lesen, zu viel einkaufen und die wesentlichen Werte, nach denen sie ihr Leben ausrichten werden, eher aus dem Fernsehen als aus der Schule beziehen.

Wenn man die Sache leidenschaftslos betrachtet, scheint klar zu sein, dass es keinen leichten Weg, und schon gar keinen Königsweg zur problemlosen Koexistenz von Religion und demokratischen Institutionen gibt. Im Übrigen sind die Gegensätze zwischen dem Islam und dem Westen, zwischen islamischer Kultur und offener Gesellschaft keineswegs ein historischer Einzelfall. Ähnliche Konflikte finden sich in der Geschichte des Christentums, des Judentums, des Buddhismus und des Hinduismus, die alle zu verschiedenen Zeiten darum rangen, ihre Theologie den Anforderungen einer freiheitlichen, weltlichen politischen Ordnung anzupassen. Der hinduistische Fundamentalismus von heute, wie er sich in der fanatischen Ideologie der in Indien regierenden Baratiya Janata Party (BJP) manifestiert, stellt die indische Demokratie vor Herausforderungen, die nicht weniger ernst sind als die, denen sich einige islamische Länder gegenübersehen. Die Christenheit hat sich zwar schon vor sehr langer Zeit, unter dem mittelalterlichen Papst Gregor, für eine Politik der «zwei Schwerter» entschieden, nämlich eine saubere Aufteilung von Machtbefugnissen und Zuständigkeiten zwischen der kirchlichen und der weltlichen Sphäre (zwischen Papst und Kaiser also). Doch nicht einmal die rigorose Trennung von Kirche und Staat, wie sie in der amerikanischen Verfassung verankert ist, hat die verknäuelten Fäden völlig zu entwirren vermocht. Die christliche Welt mit ihrer buntscheckigen Geschichte der Konflikte zwischen religiösem Anspruch einerseits, Demokratie und säkularer Kultur andererseits liefert uns wertvolle Anschauungsbeispiele dafür, wie eine einst intolerante und anmaßende Theologie sich zu einer die Entwicklung demokratischer Institutionen nicht nur akzeptierenden, sondern unterstützenden Lehre wandeln kann.

Die Spannungen, die aus dem Nebeneinander von Religion und Politik zwangsläufig erwachsen, resultieren aus den Unverträglichkeiten zwischen den verschiedenen menschlichen Lebenswelten, die das Wesen gesellschaftlicher Pluralität ausmachen – zwischen dem Profanen und dem Geistlichen, zwischen Privatsphäre und Öffentlichkeit, zwischen dem Weltlichen und dem Transzendenten. Einen Pol verkörpert die Gefahr der Theokratie – der Triumph der Religion über die Politik und die daraus logisch folgende Zerstörung all der Schutzwälle, die normalerweise, in einer gesunden Kultur, die verschiedenen Lebenswelten voneinander trennen. Den anderen Pol bildet freilich die Gefahr eines radikalen Säkularismus – der Triumph der Märkte und des aggressiven

Materialismus über Sitten, Gebräuche und Religion. Hier besteht ebenfalls die Gefahr, dass Trennwände, die für die gesellschaftliche Hygiene gut sind, niedergerissen werden.

Der Islam schließt die Demokratisierung einer Gesellschaft ebenso wenig aus, wie der Säkularismus sie garantiert. Unterschiedlich weit gediehene Stadien einer demokratischen Entwicklung sehen wir in moslemischen Staaten wie Bangladesh, der Türkei, Bahrain, Tatarstan, Indonesien, Marokko und Tunesien, und in Pakistan vertreten sogar schiitische Mullahs prodemokratische Positionen. Seraj ul-Haq zum Beispiel, hochrangiger Vertreter der größten religiösen Partei Pakistans (Jamaat-e-Islami) und amtierender Minister in einer der Provinzen des Landes, erklärte vor kurzem: «Wir sind noch immer Islamisten, aber wir sind auch Demokraten ... In unserem Wahlkampf haben wir versprochen, dem Volk die Scharia [die islamische Justiz] zu bringen, aber das bedeutet nicht abgehackte Hände, sondern die Errichtung eines Wohlfahrtsstaates.»[16] Die Wege, die zur Demokratie führen, sind zahlreich, keine Nation besitzt ein Monopol darauf. Respekt vor Andersartigkeit und Vielfalt ist ebenso wichtig wie Geduld beim Gedeihenlassen ungewohnter Spielarten von Demokratie. Religion kann den Zusammenhalt und den Gemeinschaftsgeist einer freien Gesellschaft stärken und ihr eine feste Grundlage für ihre moralischen und politischen Imperative bieten. Immerhin bezeichnet auch die amerikanische Unabhängigkeitserklärung den «Schöpfer» als die Instanz, die den Menschen jene «unveräußerlichen Rechte» – auf «Leben, Freiheit und das Streben nach Glück» – verliehen hat, die das Fundament der säkularen amerikanischen Staatsreligion bilden. Kein Geringerer als Gott hat kraft seiner höchsten Autorität diese Rechte über die Befugnisse der Regierung und der Gerichte gestellt. Deren heiligste Mission besteht vor allem darin, für die Unverletzlichkeit der Grundrechte zu sorgen. Selbst der demokratische Staat erhebt also die Religion zur Garantiemacht für den Grundstock dessen, was seine innersten freiheitlichen Überzeugungen ausmacht, auch wenn er die Kirche als Institution auf Distanz zu sich hält.

Selbst wenn Religion im großen und ganzen also kein permanentes Hindernis für eine Demokratisierung ist, stellen fundamentalistische Religionen, vor allem in ihren islamistischen Varianten, doch ganz offenbar ein Problem dar. Deutlich geworden ist das in den Nachwehen des Irak-Krieges, als die Versuche einer Demokratisierung frontal mit dem schiitischen Islam kollidierten. Das Konfliktpotential ist umso größer, wenn die zu demokratisierende Gesellschaft nicht bloß von einem tyrannischen Regime befreit worden ist, sondern von einer Tyrannis mit säkularer Staatsideologie, wie Nasser sie im Ägypten der 1950er Jahre aufzog, das modernistische Schah-Regime im Iran der 60er und 70er Jahre oder die Baath-Partei im Irak (wie auch in Syrien, wo sie nach wie vor dominiert). Wo ein tyrannisches Regime in theokratischem Gewand auftrat, wie in Afghanistan unter den Taliban oder im Iran unter den Ajatollahs, kann die Demokratisierung sich mit Modernität und Säkularisierung verbinden, doch dort, wo die Tyrannei eine säkulare Maske trägt, kann der Eindruck entstehen, der Krieg gegen die Tyrannei und der Krieg gegen den Säkularismus seien ein und dasselbe.

Wenn sich der aggressive Materialismus der USA unter diesen Vorzeichen mit einem autoritären säkularen Regime verbündet, wie es zum Beispiel in Ägypten oder Pakistan herrscht, kann es leicht zu Verwischungen und Übergängen zwischen Widerstand gegen autoritäre Herrschaft und Opposition gegen den Säkularismus kommen, und in einem weiteren Schritt kann letztere, wenn die USA als Förderer der Demokratie in Erscheinung treten, zur Opposition gegen die Demokratie mutieren. Da der Fundamentalismus die Tendenz hat, die gleichsam naturgegebene Spannung zwischen Religion und säkularem Staat zu einer unversöhnlichen Opposition zu verschärfen, schafft der Islamismus innerhalb solcher Konstellationen offenbar ganz spezifische Probleme. Den meisten Religionen bleibt ein fundamentalistischer Zug anhaften, auch wenn sie weltlicher geworden sind. Der Staat befasst sich mit dem lebenden weltlichen Volkskörper und dessen materiellen Bedürfnissen, wogegen die Religion eine transzendentale Dimension aufweist und sich auch um die Seele und ihre jenseitigen Ursprünge und Bestimmungen kümmert. Der Islam hat darauf keineswegs ein Monopol. Auch das Christentum war in seiner frühen, «puristischen» Phase so jenseitig orientiert, dass es sich hartnäckig weigerte, sich weltlichen Autoritäten zu beugen; die damaligen weltlichen Mächte sahen denn auch im Christentum nicht zu unrecht eine Bedrohung ihrer Legitimität. Heute noch gibt es fundamentalistische Juden, die dem Staat Israel die Legitimität absprechen. In der indischen Gesellschaft dominieren heute, wie an anderer Stelle schon bemerkt, fundamentalistische Hindus, und in den USA treten protestantische Fundamentalisten auf, die, wie Franklin Graham (der Sohn von Billy Graham), nicht nur den Islam als eine «sehr schlimme und bösartige Religion» verteufeln, sondern auch die sexualisierte und seelenlose US-Gesellschaft anprangern, wobei sie an kämpferischem Eifer den von ihnen so verabscheuten Ajatollahs in nichts nachstehen.[17]

Eine weitaus größere Zahl christlicher Amerikaner (nicht durchweg Fundamentalisten) beschwört in dem Versuch, ihre politischen Ansichten über Abtreibung oder embryonale Stammzellenforschung zu unterfüttern, religiöse Werte.

Oft sehen sich solche Fundamentalisten als eine bedrängte Minderheit, für die die sich als liberal ausgebende Gesellschaft, in deren Mitte sie leben, wenig wirkliche Toleranz übrig hat. Ihre Pendants in anderen Weltteilen, die sich von einer globalisierten Kommerzkultur umzingelt sehen, die sie einerseits mit Amerika, andererseits mit Demokratie identifizieren, sehen in der Demokratisierung einen Fall von verdeckter Säkularisierung, ein trojanisches Pferd, in dessen Bauch ein Heer konsumverdorbener Kaufleute lauert. Ganz von der Hand zu weisen ist das nicht. Während in früheren Zeiten die Religion die Oberhirtin der Kultur und der Gesellschaft war und diejenigen, die alternativen oder konkurrierenden Religionen (oder gar keiner Religion) anhingen, in der Minderheit waren und sich als diskriminierte Gruppen sahen, die den Schutz des Staates brauchten, sind in der heutigen Welt des globalen Kommerzes und der kulturellen Hegemonie von McWorld zunehmend die Gläubigen diejenigen, die sich bedroht fühlen. Auf einem Meer der Säkularität treibend und mit einem Zeitgeist konfrontiert, der ihre stolzen religiösen Überzeugungen als abwegig oder reaktionär hinstellt, können sie kaum anders, als in Modernität und Verwestlichung – und somit manchmal auch in der Demokratie – die Vorhut einer drohenden Säkularisierung – und in der Folge davon der Zerstörung ihrer Kultur – zu erblicken.

Kritiker des religiösen Fundamentalismus werden einwenden, der Islamismus sei eine intolerante, auf Missionierung versessene Heilslehre, die «Ungläubige» nicht akzeptiere. Der Fundamentalismus ist freilich Produkt einer «belagerten» Kultur; seine Wortführer und Vorkämpfer fühlen sich von einer vereinnahmenden und intoleranten materialistischen Kultur verfolgt, die für die «religiöse Vielfalt», die sie im Rahmen ihrer liberalen Ideologie predigt, realiter wenig Raum lässt. Der Westen schreibt die Sprache des Pluralismus, aber seine Alltagssprache klingt für viele eher nach Hollywood-Einheitsbrei und weckt verständlicherweise die Befürchtung, es gehe in Wirklichkeit um Homogenisierung – namentlich bei denen, die Demokratisierung mit der Installierung der Marktwirtschaft gleichsetzen.

Religion besitzt, auch in ihren fundamentalistischen Verkörperungen, die Fähigkeit zur Versöhnung mit der Demokratie. Doch der Pluralismus, der eine Facette der Demokratie ist, konfrontiert überzeugte Fundamentalisten mit schwerwiegenden Problemen, die sich nicht übertünchen lassen. Mit Demokratie als Herrschaft der Mehrheit über die Minderheit können Fundamentalisten ohne weiteres leben. Religiöse Mehrheiten, seien es die Protestanten im Amerika des 19. Jahrhunderts, die Katholiken im Irland des 20. Jahrhunderts oder die Hindus im Indien des 21. Jahrhunderts, können legitime politische Herrschaft ausüben. Mehrheitsherrschaft ist ein wesentlicher Bestandteil der Demokratie (wenn auch nicht ihr alleiniges Definitionsmerkmal). Wenn die 60 Prozent der irakischen Bevölkerung, die Schiiten sind, sich politisch organisieren und eine demokratische Wahl gewinnen, wird die Herrschaft der Schia sowohl Demokratie verkörpern als auch Freiheit bedrohen. Nicht die Demokratie an sich, sondern der liberale Pluralismus steht in einem besonderen Spannungsverhältnis zur politische Macht ausübenden Religion. Das ist aber nur ein Sonderfall eines grundsätzlichen Problems der Demokratie: des notwendigen Ausgleichs zwischen Mehrheitsherrschaft und Minderheitenrechten, um eine Tyrannei der Mehrheit zu verhindern. Demokratie, das ist vor allem Selbstregierung und Mehrheitsherrschaft, aber eben auch Freiheit, Grenzen staatlicher Macht und garantierte Rechte für Minderheiten. Während die ersteren beiden durch politische Teilhabe und freie Wahlen erreicht werden, lassen sich letztere durch grundgesetzlich festgelegte Beschränkungen staatlicher Macht, Gewaltentrennung und andere strukturelle Vorgaben bewerkstelligen. Wenn zwischen Religion (oder gar Theokratie) und Demokratie ein Konflikt besteht, dann weil Demokratie mehr ist als nur die Herrschaft der Mehrheit und Volkssouveränität mehr als nur Demokratie. Rechtsstaatliche Garantien müssen hinzukommen. Daraus lässt sich aber, wie gesagt, nicht mehr ableiten, als dass eine Demokratisierung in islamischen Ländern Fragen aufwirft, die aus allen Demokratien vertraut sind – jedenfalls ganz bestimmt aus denen, in denen der Religion kulturelle Bedeutung zukommt.

Paul Bermans Behauptung (aufgestellt in seinem Buch *Terror and Liberalism*), der radikale Islam sei eine Spielart des Totalitarismus, ist eine gefährliche Verzerrung, die dem islamischen Fundamentalismus Probleme anheftet, die in Wirklichkeit allen Religionen innewohnen, und religiöse Mehrheitsherrschaft mit anderen Maßstäben misst als Mehrheitsherrschaft im allgemeinen. Wie anderen Religionen, fällt es auch dem Islam schwer, die Trennung zwischen Moral und Politik, zwischen individueller Erlösung und öffentlichem Recht anzuerkennen. Islamische Verhaltens- und Bekleidungskodizes, die die säkulare westliche Mentalität empören, sind tatsächlich nur eine zeitgenössische Inkarnation von Vorschriften zur asketischen Lebensführung, wie sie in fast allen Gesellschaften und Geschichtsepochen bestanden haben oder noch bestehen, auch im Westen (man denke nur an die gesetzlich geregelten Ausschankzeiten in England oder Deutschland). Solche Vorschriften stehen in einem Spannungsverhältnis zu säkularen Werten, sind aber weder per se undemokratisch noch zwangsläufig illiberal. Viele säkularen Rationalisten schätzen das sonntägliche Verkaufsverbot als eine segensreiche Einrichtung, die garantiert, dass die Menschen zumindest an einem Tag in der Woche vom um sich greifenden Kommerzdruck verschont bleiben. Wie immer geht es auch hier um die Frage des richtigen Maßes, das in jeder Kultur immer wieder neu austariert werden muss, was mit zunehmendem Grad der Ausdifferenzierung einer Gesellschaft schwieriger wird. Extreme Ausprägungen schiitischer Rechtsprechung, die die Steinigung von Ehebrecherinnen vorsehen, vertragen sich offenkundig nicht mit einem demokratischen Rechtsempfinden; gleiches gilt aber auch für die Bestrafung von Ehebrecherinnen im puritanischen Massachusetts des 17. Jahrhunderts und für Lynchmorde unter dem brennenden Kreuz des «christlichen» Ku Klux Klan.

Religion ist also für säkulare demokratische Staaten immer ein Problemthema und wird in Ländern wie Afghanistan und dem Irak, die dabei sind, sich von einer überkommenen Tyrannei – im einen Fall einer theokratischen, im anderen einer säkularen – zu emanzipieren, sicherlich ein bedeutsames Thema bleiben. Sie ist jedoch keine unüberwindliche Hürde für die Demokratisierung einer Gesellschaft, die sich schrittweise einer zivileren, freiheitlicheren, demokratischen Ordnung nähert. Paradoxerweise ist dieselbe US-Administration, die sich über den Einfluss der Religion in der islamischen Welt beklagt, gegenwärtig dabei, im eigenen Land einige der unnatürlich erscheinenden Konsequenzen, die sich aus der in der US-Verfassung verankerten Trennung von Kirche und Staat ergeben, zu überwinden, indem sie etwa eine neue Wohlfahrtspolitik entwickelt, die sich auf «glaubensbasierte bürgerliche Institutionen» stützt. Schon Tocqueville stellte fest, dass die Religion bei der Demokratisierung einer Gesellschaft, wie die USA der 1830er Jahre sie verkörperten, eine besonders wichtige Rolle spielt, indem sie mithilft, eine Kultur von innen heraus zu stabilisieren, die unter Spannung steht und an den Belastungen, die die moderne Freiheit mit sich bringt, zu zerbrechen droht. Eine gesunde liberale Gesellschaft ist eine, die von gemeinsamen Überzeugungen zusammengehalten wird und dabei doch in der Lage und willens ist, Meinungsvielfalt und den Wettbewerb gegensätzlicher Ideologien zuzulassen. Sie erklärt der Religion nicht den Krieg, sondern macht sie fruchtbar.

Wenn die Vereinigten Staaten im Rahmen einer Strategie der präventiven Demokratie, die auf die Austrocknung des Terrorismus abzielt, die Demokratisierung islamischer Gesellschaften fördern wollen, werden sie mehr Geduld als bisher an den Tag legen müssen. Sie werden auch mehr Verständnis dafür aufbringen müssen, dass die der Demokratie eigenen Qualitäten der Toleranz und Pluralität nicht nur den Staat vor der Religion, sondern gleichfalls die Religion vor dem Staat schützen sollen. Die Neigung liberaler Geister, den Schutz der Religion durch ihre konsequente Trennung vom Staat zu gewähren, geht oft über in die Haltung, Religion nicht als öffentliche, sondern als private Angelegenheit zu betrachten. Das kann zu einer Trivialisierung ihrer Glaubenssätze und zu einer Verneinung ihres im Grunde doch gesellschaftlichen Charakters führen. Gesellschaften, die noch von religiöser Inbrunst geprägt sind, liefert eine solche etwas herablassende Attitüde zusätzliche Argumente in ihrem Misstrauen gegen freiheitliche Ideen. Liberale fürchten die Religion, weil sie in ihr eine Bedrohung der Freiheitsrechte sehen; ebenso fragen sich aber religiöse Bewegungen, ob sie von denen, die sich liberal nennen, Toleranz erwarten können. Man versuche einmal, in einem der kommerziellen Fernsehkanäle der USA oder in zumeist zynisch säkularistischen Filmen Hollywoods eine Darstellung eines religiösen Themas zu finden, die frei wäre von Herablassung oder Hohn, ein Porträt frommer Menschen, das religiöse Inbrunst ohne Fanatismus zeigen würde, oder eine Studie über transzendentalen Glauben, die ohne milden Spott auskäme. Das Kabelfernsehen bietet den christlichen Missionspredigern zwar ein Forum, doch die Popkultur von McWorld macht sich über diese Form der christlichen Mission zumindest unterschwellig ebenso lustig wie etwa über die religiösen Überzeugungen von Präsident Bush. Das Misstrauen, das Amerika gegenüber allem Religiösen anderswo in der Welt an den Tag legt, lässt sich nur schwer in Einklang mit der Tatsache bringen, dass die amerikanische Nation ein Kind aus der Wiege des Protestantismus war und dass die Amerikaner bis heute eifrigere Gottesdienstbesucher sind als die Menschen in allen demokratischen Ländern Europas. Präsident Jimmy Carter war ein evangelikaler Christ, Präsident Franklin D. Roosevelt benutzte religiöse Begriffe, um die Nazis anzuklagen, und ein halbes Dutzend US-Präsidenten der Kalte-Kriegs-Ära brandmarkte die «Gottlosigkeit» der Sowjetunion als deren schlimmste Sünde. Bis heute eröffnet der US-Kongress seine Sitzungen mit einem gemeinsam gesprochenen Gebet, und US-Präsidenten jeglicher Couleur beenden seit jeher ihre Ansprachen mit der Formel: «Gott segne Amerika.» Dessen ungeachtet zieht Präsident Bush den Argwohn vieler Kritiker allein dadurch auf sich, dass er ein ernsthafter Methodist ist mit der Glut eines «neugeborenen» ehemaligen Sünders. Der politische Pluralismus täte besser daran, die Achtung vor der religiösen Vielfalt zu stärken, als die Religiosität unter Generalverdacht zu stellen.

Vor einem pauschalen Export der institutionellen demokratischen Eigengewächse der USA und ihrer aggressiv-säkularistischen Wertvorstellungen zu warnen, heißt keineswegs zu verneinen, dass die demokratische Erfahrung Amerikas und seine geschichtlich gewachsenen demokratischen Praktiken anderen ein nützliches Beispiel geben oder dass die Vereinigten Staaten durch Rat und materielle Hilfe Beiträge zum Aufbau demokratischer Strukturen leisten können. Es soll damit nur zum Ausdruck gebracht werden, dass es Amerika nicht gelingen wird, anderen Nationen die Demokratie beizubringen, nur weil eine US-Regierung dies so beschlossen hat. Der Versuch der zwanghaften Demokratisierung wird in der Regel eine Situation hervorrufen, in der das, was aus amerikanischer Sicht ein Ringen um die Verbreitung der Demokratie und der Freiheit auf Erden ist, anderen als tyrannisierende Arroganz erscheint – als kaum verhüllter Vorwand für die Festigung des amerikanischen Imperiums. Wenn in der freundschaftlich ausgestreckten Hand, welche die Bill of Rights schwenkt, von anderen nur eine nackte Faust gesehen wird, mit der Amerika aufmüpfige Schurkenstaaten zerschmettert, wird «Befreiung» zu einem Synonym für *Pax Americana*.

Präsident Bush zeigte ein gewisses Verständnis für die Gefahren solcher Hybris, als er im zweiten TV-Duell seines

Präsidentschaftswahlkampfs in Erwiderung auf eine Aussage Al Gores erklärte: «Unser Land steht auf der Welt gegenwärtig einzig da, was Macht angeht. Aus diesem Grund müssen wir demütig sein und dabei doch gleichzeitig Stärke ausstrahlen auf eine Weise, die der Freiheit dient ... Wenn wir als arrogante Nation auftreten, werden uns die anderen so wahrnehmen, doch wenn wir als bescheidene Nation auftreten, werden sie uns respektieren.» Vielleicht fanden in dieser Aussage die christlichen Überzeugungen Bushs einen erfreulichen Niederschlag. Die Ereignisse vom 11. September 2001, welche die Besinnung auf Demut und Bescheidenheit hätten verstärken können, bewirkten offenbar das Gegenteil. Von den terroristischen Anschlägen bis ins Mark gekränkt (eine Kränkung, die fast alles erklärt, was dieser Präsident seither getan und entschieden hat), entdeckte Bush plötzlich «die moralische Sendung Amerikas». Zwar hatte er erkannt, dass die USA, falls ihr Krieg gegen den Terrorismus aus anderer Warte als «Religionskrieg» wahrgenommen würde, nicht sosehr als «Befreier» denn als «Eroberer» dastehen würden. Doch er konnte offenbar nicht der Versuchung widerstehen, die kriegerische Mission seines Landes fortan in jener Sprache der Selbstgerechtigkeit und des moralischen Pathos anzupreisen, die vielleicht mehr als seine Politik an sich dazu geführt hat, bisherige Freunde und Verbündete Amerikas vor den Kopf zu stoßen.

Der Präsident befand sich damit in einem Dilemma, das allerdings ein Problem des Westens insgesamt reflektierte: Er wollte der Welt mitteilen, dass Amerika als Teil seiner moralischen Mission eine Lanze für Freiheit, Demokratie und die Menschenrechte brechen würde. Gleichzeitig gab er zu verstehen, dass diese Ziele Teile eines Wertesystems seien, von dem keine Abstriche gemacht werden könnten, da es «gottgegeben» sei. Es wirkte auf die Welt paradox, von einem amerikanischen Missionar der Freiheit die Botschaft zu hören: «Dabei handelt es sich nicht um Werte, die sich die

USA ausgedacht haben. Es sind die Werte der Freiheit und der menschlichen Bedingungen und der Mütter, die ihre Kinder lieben. Es ist sehr wichtig, dass wir, wenn wir die Außenpolitik mit Hilfe diplomatischer und militärischer Handlungen zum Ausdruck bringen, niemals den Eindruck erwecken, als ob wir dies erfunden hätten – dass wir die Urheber dieser Werte sind.»[18] Das wirkte so, als poche der Präsident einerseits auf die Demut und Bescheidenheit, die er im Präsidentschaftswahlkampf angemahnt hatte, und lege andererseits zugleich genau die Hybris an den Tag, die seit dem 11. September die Politik seiner Regierung charakterisierte. Denn einerseits sagte er, es handele sich nicht «um *unsere* Werte» allein, andererseits machte er deutlich, dass es die Mission der Vereinigten Staaten sei, diese Werte der Welt notfalls mit Waffengewalt aufzuzwingen. In der Konfrontation mit einer Staatengemeinschaft, die zunehmend weniger Gefallen an den amerikanischen Kriegsplänen fand, sprühten die Mitglieder einer Administration, die «auf Teufel komm raus zum Krieg gegen den Irak» entschlossen war, geradezu vor Selbstüberhebung.[19] Verteidigungsminister Rumsfeld eiferte jenen rechtslastigen Journalisten nach, die die Franzosen als «kapitulierende Affen» beschimpft hatten, indem er das von ihm so genannte «alte Europa» abschrieb und durchblicken ließ, dass Deutschland in seinen Augen zur selben Kategorie unkooperativer Länder gehörte wie Libyen und Kuba. Robert Kagan führte in seinem Pro-Kriegs-Buch, das sofort zum Bestseller wurde, aus, die Europäer mit ihrer Mimosen- und Launenhaftigkeit seien «Wesen von der Venus», während die Amerikaner «vom Mars» stammten und das Rüstzeug für die «wirkliche Welt» besäßen, die eine Welt der Gewalt und der Anarchie sei und die man nur beherrschen könne, wenn man mannhaft genug sei, Krieg zu führen.[20] Der Kommentator Morton Kondracke schwadronierte mit der unbekümmerten Rabaukenhaftigkeit, die das Kabelfernsehen seinen Angestellten abverlangt, die Vereinigten Staaten seien «mit Abstand das mächtigste Land auf der Welt, und eine Menge von Schreihälsen und Gernegroße wie Frankreich macht das rasend».[21] Angesichts solcher Töne kann ein Präventivkrieg, auch wenn er sich gegen angemessene terroristische Ziele richtet, selbst in den Augen von Freunden und Verbündeten sehr schnell großspurige Züge bekommen. Selbst die friedfertige Agenda der präventiven Demokratie könnte, wenn sie ohne die nötige Bescheidenheit vorgetragen wird, arrogant erscheinen. Gerade weil Amerika ein Riese ist, muss es stets bedenken, dass seine Kritiker selbst seine guten Taten als eigensüchtig, wenn nicht gar hinterhältig empfinden werden. Schon vor hundert Jahren, als die USA im Pazifik erste Ansätze einer imperialen Ausdehnung zeigten, wurden Stimmen laut, die vor einer «Amerikanisierung der Welt» warnten.[22]

Ein Weg zur Demut lässt sich weisen, indem man die Erkenntnis vertieft, dass der Aufbau einer demokratischen Gesellschaft nur gelingen kann, wenn es in dieser Gesellschaft genügend mündige Bürger gibt. Eine freie Gesellschaft bringt freie Männer und Frauen hervor, aber geschaffen und getragen werden kann eine freie Gesellschaft nur von Männern und Frauen, die wissen, was Freiheit ist, und die bereit sind, für sie zu kämpfen. Jefferson legte zwar in der Unabhängigkeitserklärung zugrunde, alle Menschen seien frei geboren, doch er gründete die Universität von Virginia, weil er wusste, dass Freiheit auf erworbenem Bewusstsein beruht und insofern ein Produkt von Erziehung, Bildung, Erfahrung und delegierter Verantwortung ist. Die Gründer der Vereinigten Staaten wussten sehr genau, dass es galt, mündige Bürger heranzuziehen, wenn die neue Verfassung mehr sein sollte als ein pergamentener Talisman gegen die Tyrannei. Madison wies gerne darauf hin, dass die Bill of Rights ein Stück Papier sei und dass nur fähige und engagierte Bürger die in ihr niedergelegten Rechte sicherstellen konnten. John Adams in Massachusetts forderte ebenso wie Thomas

Jefferson in Virginia Schulfreiheit für die künftigen Bürger des neuen Staates als eine unverzichtbare Voraussetzung für das Funktionieren der Demokratie. Tocqueville relativierte das Dogma von den «frei geborenen» Menschen, indem er von der Notwendigkeit einer langen «Ausbildung zur Demokratie» sprach und dies als die «mühsamste aller Lehrzeiten» bezeichnete. Auch der bedeutendste Prophet der Demokratie, Jean-Jacques Rousseau, erfasste die zentrale Bedeutung des mündigen Bürgers. Denen, die den Patriotismus schürten, entgegnete er: «Das Vaterland kann nicht ohne Freiheit, noch die Freiheit ohne Tugend, noch die Tugend ohne den Bürger Bestand haben; ihr werdet alles haben, wenn ihr Bürger bildet; tut ihr es nicht, werdet ihr nur elende Sklaven haben, angefangen bei den Staatsoberhäuptern.»[23]

Rousseau ging davon aus, dass Bürger (im Sinne von mündigen Mitgliedern einer demokratischen Gesellschaft) nicht geboren, sondern «gemacht» werden. Aus diesem Grund bergen seine Schriften über Erziehung (*Emil oder über die Erziehung, Julie oder die neue Heloïse*) den Schlüssel für sein Demokratieverständnis. «Die Freiheit», schrieb er in seinen *Betrachtungen über die Regierung Polens*, «ist eine Nahrung aus gutem Saft, doch schwer zu verdauen.» Menschen von tyrannischer Herrschaft zu befreien, sei eine Sache, ihnen die Fähigkeit zum richtigen Umgang mit ihrer neu gewonnenen Autonomie zu vermitteln, eine ganz andere. Präsident Bush glaubte wohl, es genüge, die Irakis von der brutalen Tyrannei Saddams zu befreien, und sie würden sich dann umgehend in mündige Bürger verwandeln. Allein, aus der Entmündigung durch ein Tyrannenregime befreit zu werden, verleiht Menschen nicht automatisch die Fähigkeit, eine freie Gesellschaft zu organisieren. Die Ermordung eines Sklavenhalters bedeutet nicht automatisch das Ende der Sklaverei. Hätte Präsident Bush den bedeutendsten Philosophen der Demokratie, den die USA hervorgebracht haben, John Dewey, zu Rate gezogen, so hätte er sich daran erinnert, dass eine vernünftige demokratische Praxis nur auf einer soliden Erziehungsphilosophie aufbauen kann. Und womöglich hätte er seine Truppen in Bagdad dazu angehalten, Plünderer nicht nur vom Ölministerium fern zu halten, sondern ebenso auch von den Schulen, Museen und Bibliotheken.

Welche Lehre daraus für die nationale Sicherheitspolitik der USA zu ziehen ist, liegt auf der Hand: Ein Amerika, das sich vor dem Terror schützen möchte, indem es eine Welt voller freiheitlicher Nationen schafft, muss mindestens ebenso viel daran setzen, intelligente Bürger hervorzubringen, wie intelligente Bomben zu bauen. Wann immer aber Amerika Entwicklungsgelder ins Ausland geschickt hat, war sein erster Impuls bislang dabei, die Ausbildung von Soldaten und nicht die von mündigen Bürgern zu finanzieren. Letzteres kostet zwar unter Umständen mehr, doch trägt das darin investierte Geld auch sehr viel mehr Zinsen für die Demokratie.

Während die USA noch gemeinsame Sache mit ihnen wohlgesonnenen militärischen Machteliten in Pakistan, Ägypten und Saudi-Arabien machen und für deren Bewaffnung und militärische Schulung Milliarden Dollar ausgeben, finanziert Saudi-Arabien fundamentalistische Islamschulen («Madrasas»), die unter Leitung wahhabitischer Religionskrieger in Ländern wie Pakistan und Bosnien die Terroristen von morgen heranziehen, in Ländern also, die aus dem Westen nicht genügend Geldmittel für den Aufbau und Betrieb eigener staatlicher Schulen erhielten und erhalten. In Bosnien zum Beispiel «ist eine Menge Zeit und Geld für schlecht koordinierte Projekte verschleudert worden», wie ein einheimischer Kritiker schreibt. Saudi-Arabien hat unterdessen das Land mit über 500 Millionen Dollar unterstützt, vor allem «um seine eigene strenge Auslegung des Islam unter die Leute zu bringen, und dies in einem Land, in dem die meisten Moslems nicht ausgesprochen fromm sind».[24] Die Saudis wissen, dass ein beherrschender Einfluss auf das

Schulwesen eines Landes ein viel wirksameres Mittel ist, dessen künftige Entwicklung zu kontrollieren, als es mit Waffen auszustatten oder seine militärischen Eliten zu trainieren. Das Desinteresse des Westens am Bildungswesen lässt ein Vakuum entstehen, das die Fundamentalisten nur zu gerne füllen. Die wahhabitische Pädagogik mit ihrer Orientierung an islamischer Orthodoxie, Theokratie, der Lehre von der Ungleichheit der Geschlechter und am unversöhnlichen Hass auf «Ungläubige» dient ganz offen dem Ziel, neue Generationen von Dschihad-Kriegern heranzubilden. Was müsste man tun, um sie zu leidenschaftlichen Verfechtern und künftigen Bürgern einer Demokratie zu machen? Amerika hat noch nicht einmal richtig begonnen, sich Gedanken darüber zu machen, welcher empfindliche pädagogische Balanceakt vollbracht werden muss, um in einer islamischen Gesellschaft Schulen zu fördern, die den jungen Leuten demokratischen Geist einhauchen, ohne ein Bekenntnis zum Säkularismus einzufordern, die islamische Werte vermitteln, ohne zu religiöser Intoleranz zu erziehen. Es gilt, das Schulwesen in der Türkei, in Bangladesch, Mosambik oder Sri Lanka nach möglichen Vorbildern abzusuchen, da sich dort ein islamisches Bildungswesen ohne antiwestlichen oder antimodernen Einschlag entwickelt hat. Warum es so wichtig ist, sich um die Erziehung zu kümmern, liegt auf der Hand: Der Präventivkrieg kann, selbst wenn er erfolgreich geführt wird, nicht mehr leisten, als die Terroristen von heute zu liquidieren. Die präventive Demokratie mit ihrem Schwergewicht auf staatsbürgerlicher Erziehung wendet sich an jene, die zu den Terroristen von morgen werden können.

Die Vereinigten Staaten werden sich bei dem Unterfangen, die Volksbildung in anderen Kulturen zu unterstützen, sicher schwierigen Widersprüchen gegenübersehen. Der notwendige Respekt vor Vielfalt und Abweichung und der ebenso notwendige Verzicht darauf, die amerikanische Pädagogik zum Maß aller Dinge zu machen, gebieten es, sich beim Export von Bildungsinhalten ebenso zurückzuhalten wie beim Export der Demokratie. Auf der anderen Seite muss alles getan werden, um Alternativen zu jenen vielerorts praktizierten doktrinären und orthodoxen Erziehungsmethoden zu fördern, die weniger mit Pädagogik als mit Gehirnwäsche gemein haben. Wie kann man vom pakistanischen Präsidenten Musharraf erwarten, dass er eine Alternative zu den mehr als 30000 wahhabitischen Islamschulen in seinem Land aufbietet, wenn er keine Geldmittel für den Aufbau eines funktionierenden öffentlichen Bildungssystems hat? Der pakistanische Geheimdienst hat sich als geschickt im Aufspüren und Festnehmen von Terroristen erwiesen, aber als unfähig, die Zunahme des Terrorismus zu verhindern. Es müsste den USA möglich sein, Gelder für das Bildungswesen und Forschungsergebnisse zur Verfügung zu stellen, ohne sich zum kolonialen Schulmeister aufzuschwingen, der das pakistanische Bildungswesen auf amerikanisch trimmt. Eine Zusammenarbeit mit der UNESCO und mit im Erziehungsbereich arbeitenden internationalen Nichtregierungsorganisationen sowie mit Fachleuten für vergleichende Pädagogik aus dem Fundus der ausgezeichneten pädagogischen Hochschulen der USA könnte die Glaubwürdigkeit des amerikanischen Engagements erhöhen, dem Vorwurf, mit Erziehung sei eigentlich Amerikanisierung gemeint, von vornherein entgegenwirken und für größere Sensibilität gegenüber örtlichen kulturellen und geschichtlichen Gegebenheiten sorgen.[25]

Der US-Kongress legt verständlicherweise Wert darauf, auf allen humanitären und wirtschaftlichen Hilfsmaßnahmen den Stempel «Made in America» prangen zu sehen, doch möglicherweise ist anonym gewährte Hilfe den langfristigen Interessen der USA sehr viel dienlicher. Die Vereinigten Staaten haben für die militärische Intervention im Irak fast 100 Milliarden Dollar ausgegeben. Man stelle sich vor, wie viel mit einer solchen Geldsumme erreicht werden könnte, würde man sie Ländern in aller Welt zur Verfügung stellen, die zu arm sind, um ihren Kindern eine Schulbildung ermöglichen zu können. Wie ist es zu rechtfertigen, dass die USA bereit sind, bei (angeblicher) Gefahr im Verzug Hunderte von Milliarden für Kriege auszugeben, deren langfristiger Nutzen alles andere als sicher ist, sich aber spreizen, auch nur ein Prozent dieses Geldes für Strukturhilfen im Schulbereich locker zu machen. Eine solche Hilfe wäre ein wichtiger Beitrag für das große Ziel, künftige Kriege weit weniger wahrscheinlich zu machen. Erziehung und Ausbildung schaffen ein Fundament für die Demokratie, aber auch ein Fundament für wirtschaftliches Wachstum (indem sie technische Kompetenz und Fertigkeiten vermitteln), für die Volksgesundheit (indem sie ein Bewusstsein für Hygiene, Empfängnisverhütung und die mit ungeschützter Sexualität verbundenen Ansteckungsgefahren schaffen) und für kulturelle Stabilität (Bildung und Toleranz). Bildungsmängel erzeugen nicht per se Terrorismus, produzieren aber viele der gesellschaftlichen Pathologien, die dem Terrorismus Vorschub leisten, wie Armut, Arbeitslosigkeit, Aberglaube, dumpfen Hass auf alles «Fremde» und Rachedurst. Die Überzeugung, dass Bücher wirksamer sind als Gewehrkugeln, gehört zu den grundlegenden Axiomen der Demokratie. Sie sollte die bevorzugte Option sein, wenn es um den vorbeugenden Schutz der Demokratie vor dem Terrorismus geht.

In den Vereinigten Staaten ist es kein Geheimnis, dass Kriminalität, ansteckende Krankheiten und soziale Pathologie ganz eng mit fehlender oder unzureichender Schulbildung zusammenhängen. Schulabbrecher stellen die überwältigende Mehrheit der amerikanischen Gefängnisinsassen. Aus- und Weiterbildung während des Strafvollzugs sind mit Abstand am besten geeignet, die Wahrscheinlichkeit der Rückfälligkeit von entlassenen Strafgefangenen zu vermindern.[26] Auf die Gesamtbevölkerung bezogen, ist und bleibt ein niedriger schulischer Bildungsgrad der verlässlichste Frühindikator für Verarmung, gesundheitliche Probleme, geringe Lebenserwartung, uneheliche Nachkommen und fast alle anderen Misshelligkeiten eines verpfuschten Lebens. Wie im Innern fehlende Bildung die Kriminalität fördert, erscheint in der äußeren Sphäre der Terrorismus als die bislang schlimmste Ausgeburt schwerer Erziehungs- und Bildungsdefizite. Wie Revolutionäre, Anarchisten und andere Bannerträger der Gewalt sind die Terroristen selbst häufig gebildete Leute (worauf nicht zuletzt ihre Rolle als «Führerfiguren» beruht); manche von ihnen haben ihre Schul- und Hochschulbildung sogar in den Ländern absolviert, denen ihr besonderer Hass gilt. (Ihre Vertrautheit mit diesen Gesellschaften versetzt sie in die Lage, den Vorwurf der Korruptheit und moralischen Degeneriertheit, den sie gegen sie erheben, mit konkreten Beispielen zu untermauern.) Aber selbst wenn man einräumt, dass diese Leute in der westlichen Welt mehr als nur berufsbezogene und technische Kenntnisse erworben haben – ihre apokalyptischen Glaubenssätze wurzeln oftmals tief in theologischen oder philosophischen Lehren – könnten sie weit weniger Schaden anrichten, wenn sie nicht mit ihrer Hasspropaganda massenhaften Anklang bei marginalisierten, ungebildeten und abergläubischen Bevölkerungen fänden, die ganz und gar ohne die Segnungen eines Bildungswesens aufgewachsen sind.

Herkömmliche militärische Waffenarsenale sind gegen die Kräfte, die der Terrorismus gegen die Demokratie zu mobilisieren vermag, wenig wirksam, weil beide in unterschiedlichen Sphären operieren. Dagegen sind die Kräfte, welche die präventive Demokratie und die Erziehung zum mündigen Bürger mobilisieren können, bestens geeignet, als Gegengifte gegen den Terrorismus zu wirken. Ein kosmopolitischer Wissenshorizont zeigt Wirkung gegen Ignoranz, stellt Vorurteile in Frage und dämpft Hass und Zorn. Es ist überdies billiger, durch Bildungsinvestitionen das Wachstum der Demokratie von innen heraus zu fördern, als von außen her mit Geschützen oder Dollarbündeln ein bestimmtes ökonomisches oder politisches Modell aufzwingen zu wollen.

Der Einsatz von militärischen Machtmitteln erweckt ungute Erinnerungen an die alte Welt der souveränen Staaten. Die Macht der Bildung ins Spiel zu bringen, trägt hingegen der neuen Welt der globalen Interdependenz Rechnung. Die Nachteile des Präventivkriegs resultieren daraus, dass seine Kalküle sich auf überholte Vorstellungen davon stützen, wie machtpolitisches Handeln in einer Welt der Nationalstaaten funktioniert hat, einer Welt, die es in dieser Form nicht mehr gibt. Die Vorzüge der präventiven Demokratie resultieren daraus, dass sie in ihren Kalkülen eine Welt der Interdependenz voraussetzt. Präventive Demokratie würde einem Land, das an Hungersnot leidet, nicht in erster Linie Weizen liefern, sondern ihm helfen, seine eigenen Anbaumethoden zu verbessern, weniger darauf bedacht, Rohstoffe zu gewinnen als die Wirtschaft auf eine vielseitigere Basis zu stellen und Arbeitsplätze zu schaffen; sie vermeidet es nach Möglichkeit, «für andere etwas zu tun, das diese auch für sich selbst tun könnten». Wenn sie einem Land hilft, geht es ihr eher darum, es zu einer freiheitlicheren Version seiner selbst zu machen, als es nach dem Bild der Vereinigten Staaten zu formen. Dies erfordert eher Kooperation und Reziprozität als eine herkömmliche Bilateralität nach dem Motto «eine Hand wäscht die andere» oder eine paternalistische Hilfe.

Demokratie kann letzten Endes immer nur von unten her durchgesetzt und bewahrt werden. Sie einem Volk von außen und oben her verpassen zu wollen, ist und bleibt ein zum Scheitern verurteiltes Unterfangen, selbst wenn es in bester Absicht geschieht. Zugleich gilt, dass es nicht angeht, ein Land zu demokratisieren, in den Nachbarländern aber alles beim Alten zu belassen, oder sich damit zufrieden zu geben, dass die Nordhälfte des Globus demokratisch, die Südhälfte undemokratisch ist. Interdependenz heißt, dass die Demokratie überall und für alle funktionieren muss, weil sonst die Gefahr besteht, dass sie irgendwann nirgendwo mehr funktioniert. Demokratische Verhältnisse im Innern von Ländern zu fördern, kann auf Dauer nicht gelingen, wenn man nicht zugleich dafür sorgt, dass auch in den Beziehungen zwischen den Nationen Demokratie waltet. Wenn der Geist des Gesellschaftsvertrages sich nicht auf die globale Sphäre übertragen ließe, könnte man auch nicht damit rechnen, dass er die Freiheit und Sicherheit im Innern der Nationen auf Dauer gewährleisten kann. Das Ziel, auf das die präventive Demokratie letzten Endes ausgeht, kann in diesem Sinn weder McWorld heißen noch AmericaWorld, sondern es muss «CivWorld» heißen – eine Welt von Staatsbürgern, für die ein auf die Erde als ganze ausgedehnter Gesellschaftsvertrag zu einem Überlebenspakt für die Menschheit geworden ist.

9
CivWorld

«... Es ist lebenswichtig festzustellen, dass die Unabhängigkeit der Staaten nicht länger abgesehen vom Begriff der Interdependenz verstanden werden kann. Alle Staaten sind im Guten und im Bösen miteinander verbunden.»
Papst Johannes Paul II.[1]

«Der Terrorismus ist ein multilaterales Problem. Er lässt sich nicht in einem Land besiegen. Es bedarf internationaler Polizeiarbeit, Teamarbeit, einer internationalen Harmonierung der Gesetze ... Wenn man unilateral vorgeht ..., kommt man im Krieg gegen den Terrorismus um.»
General Wesley Clark[2]

Das Vertrackte am Terrorismus ist, dass er die konventionelle militärische Vormachtstellung der Vereinigten Staaten zu seinem eigenen Vorteil ausspielen kann, weil seine Kader gegen konventionelle Waffen weitgehend immun sind. Man kann ihnen weder durch Eindämmung noch durch Präventivkriege gegen Staaten das Handwerk legen. Die präventive Demokratie hat gegenüber dem Terrorismus sehr viel bessere Karten, denn sie beseitigt die Bedingungen, die den Terrorismus gedeihen lassen, indem sie den «Sumpf austrocknet», in dem die todbringenden Stechmücken sich vermehren. Anders als Präventivkriege gegen Staaten, geht sie dem Terrorismus direkt an die Wurzel und lässt sich nicht vor seinen Karren spannen. Wenn ein Präventivkrieg gegen wirkliche oder vermeintliche Helferstaaten des Terrorismus wie den Irak geführt wird, wirkt er nach außen auch und gerade im Erfolgsfall wie ein «Kreuzzug», wie ein Spiegelbild des Dschihad und seiner Militanz, und facht dessen Glut zusätzlich an. (Bevor die USA ihrem Irak-Feldzug den provozierenden Titel «Schock und Einschüchterung» verliehen, spielten sie mit dem Gedanken, ihn «Kreuzzug» zu nennen.) Die zivilen Todesopfer, welche die US-Militärs unter der euphemistischen Kategorie «Kollateralschäden» abhefteten, wurden von der übrigen Welt anders wahrgenommen.

Überhaupt barg der Irak-Krieg neben dem Text, den die amerikanische Regierung diktierte und den die meisten Menschen in den USA (wenn auch keineswegs alle) ihr von den Lippen ablasen, einen Subtext, der seine eigene Dramaturgie entfaltete und von vielen Menschen in aller Welt abweichend gedeutet wurde. Der amerikanische Text, geprägt vom Glauben an die eigene Sonderrolle, kreiste um den 11. September 2001 und das aus amerikanischer Sicht unvergleichliche Unheil, das verbrecherische Terroristen unschuldigen Amerikanern angetan hatten. Er rechtfertigte den Krieg als angemessenen Akt der Vergeltung und der aktiven Prävention gegen Saddam Hussein, einen Wiedergänger Hitlers, dessen Vorhaben, mit Massenvernichtungswaffen die Welt zu verwüsten, von einer tapferen amerikanischen Streitmacht an der Spitze einer Koalition der Willigen in letzter Minute verhindert werden konnte, gegen den Widerstand einer unschlüssigen und feigen UNO. Der Subtext hingegen erzählte von einem Amerika, welches das Unheil, das ihm selbst widerfahren war, über die Maßen dramatisierte und das der anderen verniedlichte, von einem Angriffskrieg der Vereinigten Staaten, in dem ein arrogantes Monster ein tapferes Eichhörnchen platt walzt, nachdem dieses unerwarteten Widerstand geleistet hat. In diesem Subtext spielen die von beiden Seiten vorgetragenen Begründungen und Rechtfertigungen keine Rolle, ebenso wenig wie die Frage, ob es den USA um Ehre und Vergeltung oder um Erdöl und imperiale Macht ging, ob Saddam ein verabscheuungswürdiger Tyrann war oder ein bewundernswerter Saladin des 21. Jahrhunderts. Aller dieser Attribute entkleidet, reduzierte sich das Aufeinandertreffen der beiden Militärapparate letztlich auf einen Krieg der Privilegierten gegen die Marginalisierten, der Wohlhabenden gegen die Verarmten. Das, was von diesem Krieg auf den Fernsehbildschirmen ankam, musste jedem, der nicht zur Kategorie der in ihre eigene Großartigkeit verliebten Amerikaner gehörte, als ein Pixelbild arroganter Soldaten in Hightech-Rüstungen erscheinen. In ihren schussfesten Kevlar-Anzügen waren die Menschen aus Fleisch und Blut, die sich darin verbargen, nicht mehr zu erkennen, zumal sie mit künstlichen Sinnesorganen wie Nachtsichtgeräten und mit Gasmasken und Schutzanzügen ausgestattet waren. Sie vermittelten den Eindruck von Kampfmaschinen, die mit der geballten Wucht ihrer Flugzeuge, Raketen und Panzer die sich ihnen entgegenstellenden, zusammengewürfelten, mit Waffen einer anderen Generation und Taktiken eines anderen Jahrhunderts kämpfenden Milizen niederwalzten. Trotz des radikalen Ungleichgewichts der militärischen Kräfte – ein irakischer Oberst sagte, als er sich ergab: «Wir sind keine Feiglinge, aber wo ist der Sinn? Ich habe ein Gewehr aus dem Zweiten Weltkrieg. Was kann ich gegen amerikanische Kampfflugzeuge ausrichten?»[3] – lieferten sie den Invasionstruppen einen zähen Kampf und schafften es sogar, sie einige Male zu überraschen und in Verlegenheit zu bringen. Dabei hatte man geglaubt, die Alliierten würden mit offenen Armen empfangen werden. Der überhebliche Ton, mit dem die Amerikaner auf ihre überwältigende militärische Überlegenheit hinwiesen, wurde von anderen als prahlerische Selbstüberhöhung und halbstarkes imperiales Gehabe empfunden, mit dem die Amerikaner den eigenen Überlegenheitsanspruch Lügen straften.[4]

In den Vereinigten Staaten selbst wurde diese skeptische Sichtweise in der Phase, in der sich die Nation hinter der Kriegsfahne zusammenscharte, kaum wahrgenommen. Doch weil Politik weitgehend aus Wahrnehmung besteht, deutete dieser außeramerikanische Subtext, unabhängig von seiner

Richtigkeit oder Falschheit, darauf hin, dass der Krieg gegen den Irak das Ansehen der Vereinigten Staaten in der Welt sehr wahrscheinlich nicht verbessern und erst recht nicht die Gefahr verringern würde, die dem Land von Seiten des globalen Terrorismus drohte. Trotz aller Anstrengungen der Geheimdienste und trotz intensivierter Zusammenarbeit zwischen nationalen Sicherheitspolizeien und der militärischen Aufklärung verübten Terroristen in der Phase zwischen dem Afghanistan- und dem Irak-Krieg tödliche Anschläge auf eine Synagoge auf der tunesischen Insel Djerba (April 2002), das Sheraton-Hotel in Karatschi (Juni 2002), das US-Konsulat in Karatschi (Juni 2002), eine Diskothek auf Bali (Oktober 2002) und ein Hotel in Kenia (November 2002), töteten dabei insgesamt 236 Menschen, verletzten viele andere und verbreiteten überall in der nicht eingrenzbaren Sphäre der «weichen Ziele» Angst und Schrecken. Nach Beginn des Irak-Feldzugs wurden Anschläge in Riad, Casablanca und wiederum Tunesien verübt. In der Tat hat der «präventive» Irak-Krieg das Bild der USA als eines überheblichen Eroberers, der seine wahren Absichten hinter einem rhetorischen Dunstschleier aus hehren Moralansprüchen und demokratischem Idealismus versteckt, ohne dem Terrorismus wirklich Einhalt gebieten zu können, weiter verfestigt.

Dagegen würde die präventive Demokratie dem besagten Subtext seine Grundlage entziehen, indem sie den Sumpf, in dem der Terrorismus gedeiht, austrocknen und in fruchtbaren Boden, angereichert mit allen für die Demokratie gedeihlichen Nährstoffen – Freiheit, Selbstverwaltung, Bildung, Lebenschancen und Sicherheit –, verwandeln würde. Die präventive Demokratie würde den Terrorismus seiner Fähigkeit berauben, aus der vermeintlichen Heuchelei, Doppelmoral und Überheblichkeit des Westens Legitimität zu saugen. Echte Demokratie bietet den Machtlosen, weil sie sie mit Rechten und Mitwirkungschancen ausstattet, genau das, was den Menschen, die sich heute von der Destruktivität des

Terrorismus angezogen fühlen, fehlt: die Chance, Kontrolle über ihre eigene Zukunft zu gewinnen. Alfred Lord Tennyson malte sich einmal ein «Parlament der Menschen» aus, eine Verkörperung kosmopolitischer Toleranz und emanzipierender Selbstverwaltung. Aus dem Hinterhalt zuschlagende Terroristen konnten mit westlicher Technik und westlichen Waffen Aufsehen erregende Taten vollbringen, aber die genannten demokratischen Ideen und Ideale können sie kaum für ihre Zwecke missbrauchen. Die Freiheit lässt sich nicht als Geisel nehmen, ebenso wenig wie Gleichheit sich simulieren lässt.

Die Demokratie hat natürlich auch ihre Sollseite, und auf dieser schlägt vor allem ihr Bedarf an Zeit und Geduld zu Buche. Wie Joseph Nye geschrieben hat, bedarf es unter Umständen «Jahre geduldiger, unspektakulärer Arbeit, die auch eine enge zivile Kooperation mit anderen Ländern einschließt», um eine zivilisierte Kooperation im Zeichen der sanften Macht von Kultur, Zivilgesellschaft und Ideologie – dies scheint mir eine brauchbare Konkretisierung von präventiver Demokratie zu sein – zu institutionalisieren.[5] In den Augen derer, die nach Freiheit dürsten, mag die Aufforderung, Geduld zu haben, wie ein Alibiargument derer erscheinen, die im Grunde nicht helfen wollen. Geduld steht hier aber nicht für passives Warten, sondern für ein langfristig angelegtes, hartnäckiges Sich-Engagieren. Wie ein sprunghafter Teenager, verliert die konzentrationsschwache US-Gesellschaft allzu oft das Interesse an voraufgegangenen Eroberungen, sobald eine neue ins Haus steht. 2002 gaben die USA den überwiegenden Teil ihrer Afghanistan-Hilfe noch für humanitäre Projekte aus. Im laufenden Jahr werden die USA nach Recherchen von Marie Kaufmann von der *Washington Post* den Löwenanteil der für Afghanistan bestimmten Geldmittel für «den Aufbau der Streitkräfte ausgeben, die von derzeit 3000 auf 70000 Mann aufgestockt werden sollen», und dies trotz der Tatsache, dass «praktisch alle wichtigen Infrastrukturen in dem Land darniederliegen». Von den Summen, die die Regierung Bush ursprünglich in Aussicht gestellt hatte, ist die amerikanische Hilfe auf ein so niedriges Niveau gesunken, dass der afghanische Finanzminister Ashraf Ghani inzwischen die Befürchtung äußert, sein Land werde zu einer «Bastion des Narko-Terrorismus» und zu einem «permanenten Problem für die Welt» werden – falls es überhaupt noch einen afghanischen Staat gibt, wenn die Amerikaner ihre finanzielle Unterstützung für die «lokalen Milizen und Warlords [einstellen], von denen ihre Militärs glauben, sie bräuchten sie für den Kampf gegen islamische Extremisten».[6] Da die präventive Demokratie viel mehr auf Zivilisten mit der Fähigkeit zu geduldiger Zusammenarbeit angewiesen ist als auf Soldaten, die ständig für den Kampf mit unsichtbaren Feinden gewappnet sein müssen, erfordert sie die Zusammenarbeit nicht nur zwischen Staaten, sondern auch zwischen bürgerschaftlichen Vereinigungen und Nichtregierungsorganisationen in den einzelnen Ländern; ferner lebt sie davon, dass sich auch der Einzelne unter Nutzung sowohl alter als auch neuer Techniken auf unterster Ebene in den staatsbürgerlichen Diskurs einbringt. Das bedeutet, dass die präventive Demokratie vom Einzelnen die Bereitschaft zum Lernen als eine der Vorbedingungen von Freiheit verlangt. Afghanistan braucht 70 000 Lehrer. Hätte das Land diese, bräuchte es vielleicht keine 70 000 Soldaten.

Auf der globalen Ebene die Voraussetzungen für ein demokratisches Miteinander der Nationen zu schaffen, ist kaum weniger schwierig, als in Ländern, die sich noch mit dem Vermächtnis von Traditionalismus, Despotie oder Krieg herumschlagen, demokratische Verhältnisse zu etablieren. In der herkömmlichen Praxis der Außenpolitik, in der die internationalen Beziehungen im Zeichen der nationalen Souveränität und des «Konzerts der Nationen» standen, konnten sich die Bürger im besten Fall durch ihre jeweilige Regierung repräsentiert, im schlechtesten Fall als passive Verfügungsmasse fühlen. Im Rahmen der vielfältigen neuen Bürger-zu-Bürger-Interaktionen, welche die präventive Demokratie fordert und fördert, repräsentieren sich die Bürger und ihre Zusammenschlüsse selbst und streben globale Formen demokratischen Regierens an, gegründet auf Informationsaustausch und zivilgesellschaftlicher Zusammenarbeit. Das Ziel kann für den Anfang nicht gleich die Errichtung einer föderativen Welt oder gar einer «Weltregierung» sein; es geht vielmehr darum, in aller Bescheidenheit erst einmal die Grundlagen für eine systematische weltweite bürgerliche Zusammenarbeit zu legen – die Voraussetzungen für eine «CivWorld» zu schaffen, die staatsbürgerlich, zivil und zivilisiert ist und transnationale Formen des staatsbürgerlichen Engagements ermöglicht. Das ist keine leichte Aufgabe und erfordert mehr als rhetorische Appelle. In Europa hat man zwar schon gelernt, nationale Souveränitäten zu bündeln und traditionellen Modellen unabhängiger nationaler Souveränität abzuschwören, hat aber noch kein nachhaltiges regionales Bürgerbewusstsein entwickelt. Der Euro ist vorderhand ein überzeugenderes Symbol regionaler Identität als der Europäer.

Das Bürgerrecht ist traditionell eng verzahnt gewesen mit Aktivitäten und Erfahrungen des Einzelnen in seiner unmittelbaren Lebensumwelt. («Die Freiheit ist kommunal!», lautete die bedeutendste Einsicht von Alexis de Tocqueville.) Daraus folgt, dass es überaus schwer fällt, sich vorzustellen, wie ein globales Bürgerrecht konkret aussehen könnte. Andererseits ist seine Durchsetzung absolut unverzichtbar, denn während die demokratische Teilhabe lokal ausgeübt wird, agiert die Macht global; solange die lokal engagierten Bürger nicht zu globalen Akteuren werden, bleiben die wahren Schalthebel der Macht außerhalb ihrer Reichweite.

Eine Ahnung davon, was ein transnationales Bürgerrecht verändern kann, vermittelt die im Entstehen begriffene öffentliche Weltmeinung. Noch vor einer Generation kaum hörbar, äußern sich heute Staatsbürger in kollektiven und gleichwohl übernationalen Formen spontan und vernehmbar zu Themen, die weit über den lokalen Rahmen der Einzelnen hinausreichen, ein Phänomen, das darauf hoffen lässt, dass die Vorstellung vom «globalen Dorf» vielleicht doch nicht das Oxymoron ist, als das man sie lange abgetan hat. Als der greise chilenische Diktator General Augusto Pinochet im Oktober 1998 auf Grundlage eines spanischen Haftbefehls in England wegen Mordverdacht verhaftet wurde und Spanien seine Auslieferung beantragte, erkannten zuerst das britische Unterhaus und dann Außenminister Jack Straw die Rechtmäßigkeit der Festnahme und des Auslieferungsersuchens an. Das treibende Motiv hinter den ungewöhnlichen Vorgängen war dabei nicht etwa ein Rachebedürfnis der Spanier oder eine Bekehrung der britischen Regierung zum internationalen Strafrecht, sondern die weltweite Entrüstung über den einstigen Chef der chilenischen Militärjunta. Auch wenn Pinochet infolge seines fragilen Gesundheitszustandes zwei Jahre später als freier Mann nach Chile zurückkehren durfte, bewirkte die Episode, dass «pensionierte» Diktatoren sich in Zukunft nirgendwo mehr vor der Macht der internationalen öffentlichen Meinung sicher fühlen werden.[7]

Als die internationale Kampagne für ein Verbot von Landminen 1997 zur Verabschiedung der Konvention von Ottawa führte, der bis heute fast 140 Länder beigetreten sind (nicht allerdings die Vereinigten Staaten), standen als treibende Kräfte dahinter nicht etwa Regierungen, sondern eine politische Aktivistin aus Neu-England namens Jody Williams und zahlreiche Persönlichkeiten und nichtstaatliche Gruppen aus aller Welt, darunter viele Opfer von Landminen, Prinzessin Diana, die Organisation Human Rights Watch, die Vereinigung Ärzte für Menschenrechte und viele andere. Williams erhielt 1997 für ihre bemerkenswerte Arbeit den Friedensnobelpreis, doch als eigentliche Siegerin ging aus der Kampagne, wie sie selbst immer wieder betonte, die sich zunehmend Respekt verschaffende Stimme der öffentlichen Weltmeinung hervor. «Erst als die Stimme der Zivilgesellschaft so laut wurde, dass die Regierungen auf sie zu hören begannen, bahnte sich eine Veränderung an, die die Welt mit unerwarteter und blitzartiger Geschwindigkeit bewegte», erklärte Jody Williams in ihrer Ansprache an die Delegierten, die sich zur Unterzeichnung der Konvention in Kanada versammelt hatten.[8]

Die öffentliche Weltmeinung ist in den zurückliegenden Jahren auf der Straße zu hören gewesen und hat sich dort nicht nur vernehmbar, sondern auch fühlbar gemacht. In der so genannten Anti-Globalisierungsbewegung, die man treffender als Bewegung für eine «demokratische Globalisierung» bezeichnen sollte, gelang es internationalen Gruppierungen wie Attac (deren Gründer der einstige Quälgeist von McDonalds, der französische Landwirt José Bove, war) und einer Reihe anderer, älterer Nichtregierungsorganisationen, die Aufmerksamkeit zunächst der Medien und alsdann auch internationaler Institutionen wie der Weltbank, des Internationalen Währungsfonds und der Welthandelsorganisation WTO zu erringen. Mit ihren Protestaktionen während diverser Weltwirtschaftsgipfel – Seattle, Prag, Washington, Genua, Davos – haben diese Bewegungen Politiker und Regierungen dazu genötigt, sich kritischer als bisher mit der Frage zu befassen, welche Auswirkungen internationale Handelsabkommen, spekulative Kapitalströme und Entscheidungen von Banken auf die Wirtschaft marginalisierter Menschen haben, die bis heute in den Machtzirkeln der Welt über keine Stimme verfügen. Ein wichtiges Forum, das diese Bewegungen für sich geschaffen haben, ist eine Gegenveranstaltung zum alljährlichen Weltwirtschaftsforum in Davos, die ebenfalls im jährlichen Turnus im brasilianischen Porto Allegre stattfindet und von der wichtige Impulse für wissenschaftliche Arbeiten und Lehrmeinungen sowie für die öffentliche

Debatte zu Fragen der weltwirtschaftlichen Entwicklung ausgehen. Dieses «Gegen-Davos» hat sein Gegenstück, das Treffen der Hochfinanz im schweizerischen Davos, immerhin dazu gezwungen, auch den Interessen der Zivilgesellschaft und den Anliegen der Nichtregierungsorganisationen Beachtung zu schenken und sich nicht ausschließlich auf die Interessen des global operierenden Kapitals zu konzentrieren.

Spontane Protestbewegungen, die sich über das World Wide Web und über die Netzwerke von Nichtregierungsorganisationen organisierten, beeinflussten in tiefgreifender Weise auch die Debatte über die Entscheidung der US-Regierung, ohne Mandat der Vereinten Nationen im Irak einzumarschieren. Zwar gelang es nicht, den Einmarsch zu verhindern, aber die breite internationale Opposition gegen den amerikanischen Unilateralismus und seine Präferenz für militärische und präventiv-kriegerische Lösungen konnte sich auf diese Weise artikulieren und manifestieren. Eine Gruppierung, die sich *Move On* nannte, half mit, eine Koalition von Gruppen wie *True Majority* und *Win Without War* zu koordinieren. Diese brachte Hunderttausende amerikanischer Bürger zu Demonstrationen auf die Straße, die enttäuscht waren von der ängstlich kuschenden Haltung, die im US-Kongress in der Phase der Vorbereitung des Krieges vorherrschte, und von der Scheu selbst «oppositioneller» Abgeordneten, klare Kritik am Regierungskurs zu üben.[9] Diese demokratische Bewegung gegen den Krieg stand während der ganzen Dauer des Krieges und bis in die Periode des «Wiederaufbaus» im Irak hinein für die Vitalität und Gewichtigkeit der globalen öffentlichen Meinung.

Eine umstrittenere Rolle bei der Beeinflussung der öffentlichen Meinung spielten Vertreter der amerikanischen Popkultur aus Nashville und Hollywood – umstritten nicht zuletzt deshalb, weil Sänger und Schauspieler unter Umständen ebenso uninformierte und demagogische Ansichten vertreten können wie die berüchtigten Talk-Show-Moderatoren im Hörfunk. Es gab in der Vergangenheit aber auch Beispiele für Künstler, die dank einer beeindruckenden Mischung aus Klugheit, Hingabe und Tatkraft die Politik und die öffentliche Meinung auf messbare Weise beeinflusst haben. Adam Yauch und Adam Horowitz von den *Beastie Boys* haben mit Disziplin und ohne Demagogie für ein freies Tibet agitiert, und der Frontmann der Popgruppe U2, Bono, schaffte es, durch sein öffentliches Auftreten und Engagement hinsichtlich der AIDS-Krise in Afrika die US-Regierung zu einem offiziellen Hilfsprogramm zu bewegen. Bono überredete den damaligen Finanzminister Paul O'Neill 2002 dazu, ihn auf eine «AIDS-Safari» nach Afrika zu begleiten, eine Reise, die wirkliche Veränderungen in der Politik der Regierung Bush gegenüber der HIV-Krise nach sich zog, nicht zuletzt eine erhebliche Aufstockung der bereit gestellten Geldmittel. Musikgruppen wie die *Dixie Chicks* und einige Filmschauspieler, die schon seit langem für widerborstige liberale Ansichten bekannt sind, wurden von der traditionellen Rechten an den Pranger gestellt und von parteiischen Rundfunksendern aus dem Äther verbannt, doch im Großen und Ganzen haben die kritischen Stimmen aus dem Lager der Popkultur vielen, die andernfalls in der Debatte über Krieg und Frieden vielleicht stumm geblieben wären, Mut gemacht, ihre Opposition zu artikulieren.[10]

Die präventive Demokratie beginnt mit dem Staatsbürger und der praktizierten Meinungsfreiheit, aber ihr erweiterter Aktionsradius schließt auch Aktivitäten ein, die über den bloßen Protest gegen die offizielle Regierungspolitik (oder das bloße Einverständnis mit ihr) hinausgehen. So ging die Bewegung *Move On* mit einer «Staatsbürgerlichen Erklärung» an die Öffentlichkeit, die der eigenen Regierung die Loyalität aufkündigte: «Während eine von den USA angeführte Invasion im Irak anläuft, bekräftigen wir, Staatsbürger vieler Länder, mit unserer Unterschrift unser Eintreten dafür, dass internationale Konflikte durch das

Völkerrecht und die Vereinten Nationen geregelt werden müssen.»[11] Es gibt weitere Beispiele: Auf der Suche nach einem Manifest, das dieses einfache, tief empfundene Bekenntnis ausformuliert und die Wirklichkeit einer interdependenten Welt treffend charakterisiert, stößt man auf eine «Abhängigkeits-Erklärung» («Declaration of Interdependence»). Es steht zu hoffen, dass diese Gründungserklärung für eine CivWorld einmal als ein Manifest für die kommende Epoche dastehen wird, so wie die Unabhängigkeitserklärung es für die Gründungsphase der Vereinigten Staaten von Amerika war. Der Text von Jefferson transponierte die Thesen und Prinzipien eines Hobbes und eines Locke auf die nationale Ebene, machte sie zum Gemeingut eines Volkes, das diese Prinzipien als Grundregeln seiner staatlichen Existenz anerkannte, weil es begriffen hatte, dass die Macht des Gesetzes die Freiheit wirksamer sichert als das Recht des Stärkeren und dass Anarchie und «Naturzustand» niemals Sicherheit gewährleisten können. Allein, indem der damalige demokratische Zeitgeist eine Welt unabhängiger, souveräner Staaten hervorbrachte, mündete er in eine Logik des nationalstaatlichen Egoismus, die eine neue Art von Anarchie hervorbrachte, einen angsterfüllten Hobbes'schen Naturzustand zwischen den Nationen. Dieses Defizit versucht das neue Manifest der Interdependenz zu beheben, indem es die Logik des Gesellschaftsvertrages auf die globale Ebene überträgt:

Manifest der Interdependenz
(Abhängigkeits-Erklärung)

Wir, die Bürger der Welt, erklären hiermit unsere Interdependenz sowohl als Individuen und als juristische Personen wie als Völker – als Mitglieder bestimmter Gemeinschaften und Nationen. Wir erklären uns feierlich zu Bürgern der einen und einzigen CivWorld, einer auf Bürgerrechten aufgebauten, zivilen und zivilisierten Welt. Unbeschadet der Errungenschaften und Interessen, die wir mit unserer nationalen und regionalen Identität verbinden, erkennen wir unsere Verant-

wortung gegenüber dem gemeinsamen Erbe und den gemeinsamen Rechten und Freiheiten der Menschheit als ganzer an.

Wir geloben daher, uns künftig sowohl unmittelbar als auch durch die Nationen und Gemeinschaften, denen wir angehören, für die folgenden Ziele einzusetzen:

Errichtung demokratischer Formen eines zivilen und legalen Regierers, die in der Lage sind, unsere gemeinsamen Rechte zu gewährleisten und unsere gemeinsamen Ziele zu verwirklichen;

Gewährleistung von Gerechtigkeit und Gleichberechtigung für alle, indem wir auf einer festen Grundlage die jeder einzelnen Person auf unserem Planeten zustehenden Menschenrechte garantieren und sicherstellen, dass den Geringsten unter uns dieselben Freiheiten zustehen wie den Prominenten und Mächtigen;

Sicherung einer gesunden und nachhaltigen globalen Umwelt für alle – als Grundvoraussetzung für das Überleben der Menschheit – zu Kosten, die nach dem derzeitigen Anteil der einzelnen Völker am Wohlstand der Welt bemessen werden;

Sicherung eines besonders pfleglichen Umgangs mit Kindern, unserer gemeinsamen Zukunft als Menschen, und deren besonderer Berücksichtigung bei der Verteilung unserer gemeinsamen Ressourcen, vor allem derer, von denen ihre Gesundheit und Ausbildung abhängt;

Förderung demokratischer Politik und demokratischer Institutionen. die das, was uns als Menschen gemeinsam ist, zum Ausdruck bringen und bewahren;

zugleich aber auch:

Pflege von Freiräumen, in denen unsere je eigenen religiösen, ethnischen und kulturellen Identitäten gedeihen und in denen jeder von uns sein Leben würdig gestalten kann, geschützt vor politischer, wirtschaftlicher und kultureller Bevormundung jeglicher Art.

Dieses spezielle Manifest – man könnte sich viele andere Versionen davon vorstellen – hat den Vorteil, dass es bereits als Gründungsdokument einer aktiven internationalen Bürgerinitiative existiert, die eine Agenda für eine globale, demokratische Zivilgesellschaft vertritt.[12] Es gibt zahlreiche weitere national und international tätige Organisationen und Vereinigungen, Gruppierungen und zivilgesellschaftliche Institutionen, denen als Ziel eine Erde vorschwebt, auf der Friede und Freiheit aus Rechtsstaatlichkeit und Zusammenarbeit hervorgehen sollen anstatt aus Krieg und Unilateralismus. Darunter sind Gruppen wie Human Rights Watch und Amnesty International, die sich als Wächter und Anwälte von Menschenrechten verstehen, Organisationen wie Transparency International, die Korruptionsvorgänge aufdecken, sowie Bewegungen für die Linderung von Not und Armut wie das Rural Advancement Committee in Bangladesh, das ein ursprünglich von der Bangladesh Grameen Bank initiiertes Mikrokredit-Programm für arme Frauen aufgegriffen hat und weiterführt,[13] und internationale Boykott-Organisationen wie «Dolphin-Safe Tuna» und «Rugmark»; ferner gibt es Dachorganisationen wie Civicus, die als Nervenzentren für andere Nichtregierungsorganisationen dienen, und beruflich definierte Organisationen wie Ärzte ohne Grenzen (2001 mit dem Friedensnobelpreis geehrt), die gezeigt haben, dass eine grenzüberschreitende Zusammenarbeit eine reale Möglichkeit ist.

Eine Liste mit Adressen ist noch nicht dasselbe wie eine globale Zivilgesellschaft, doch wenn diese Liste nicht nur Dutzende oder Hunderte, sondern Tausende aus bürgerschaftlichem Engagement hervorgegangener transnationaler Vereinigungen und Organisationen erfasst, kann man wohl davon sprechen, dass ein Anfang gemacht ist. Geführt nicht von Regierungen, sondern von Bürgern, packen diese Organisationen schwierige politische Probleme an, um die sich die Staaten aus unterschiedlichen Gründen nicht kümmern. Zwar sind diese Organisationen nicht demokratisch konstituiert, aber in ihrer Vielzahl, Pluralität und Unterschiedlichkeit verkörpern sie den Reichtum der Zivilgesellschaft. Sie verfügen über keinerlei formell ausgewiesene Befugnisse, keine Macht, ihre Ideen durchzusetzen, und somit ist nicht damit zu rechnen, dass sie heute oder in absehbarer Zeit in der Lage sein werden, die ausbeuterischen Praktiken des global operierenden Kapitals einzudämmen oder die angstbestimmte Präventivkriegsstrategie der Vereinigten Staaten auszubremsen oder die Kinder der Welt vor Verbrechen,

Landminen und AIDS zu schützen – es sei denn, sie könnten den Schulterschluss mit gewählten Regierungen und transnationalen politischen Institutionen herstellen.

In einer Welt, in der es Krankheiten ohne Grenzen ebenso gibt wie Ärzte ohne Grenzen, Korruption und Prostitution ebenso wie Interpol-Beamte ohne Grenzen, Terroristen und Kriege gegen Terroristen ebenso wie friedensbewegte Nichtregierungsorganisationen ohne Grenzen, ist es sicherlich auch höchste Zeit für Bürger ohne Grenzen. Ohne sie würde die *Lex humana* ein bloßer Traum und mit globalen Kompetenzen ausgestattete internationale Institutionen (die man sich zumindest ausmalen kann) Gebilde ohne Substanz oder Wirksamkeit bleiben. Ohne sie wären globale Bildung, globale Zusammenarbeit, globales Recht und globale Demokratie leere Phrasen. Das Paradoxe ist, dass wohl nur globale Bürger jene globale Bildung, globale Zusammenarbeit, globale Justiz und globale Demokratie voranbringen können, von denen wir erwarten, dass sie ihrerseits den globalen Bürger hervorbringen.

In der langen Vorlaufphase zum amerikanischen Einmarsch im Irak wurde ständig die Frage gestellt, ob Präsident Bush die Schlüssel zu Krieg oder Frieden in Händen halte oder Präsident Hussein. Seltsamerweise erklärte der Mann, der so lauthals verkündet hatte, er werde den von anderen begonnenen Krieg zu einem Zeitpunkt und an einem Ort seiner Wahl beenden, bis zum Vorabend des Einmarsches amerikanischer Truppen im Irak, die Entscheidung über Krieg und Frieden hänge ganz allein von Saddam Hussein ab. Gäbe dieser alle seine Waffen ab, so könne er damit seine Haut, sein Land und den Frieden retten. Ob der Krieg, der gegen den Irak geführt worden ist, morgen in Nordkorea, im Iran, in Syrien, im Jemen, in Indonesien, Pakistan und auf den Philippinen eine Neuauflage erlebt, darf aus demokratischer Perspektive weder von einem amerikanischen Oberbefehlshaber, der einer *Pax Americana* vorsteht, noch von gegnerischen Regierungschefs abhängen, die dem Vormarsch des angstbestimmten amerikanischen Imperiums entgegenzutreten versuchen.

In der Demokratie hängt alles vom demokratischen Engagement und von der Bereitschaft der Bürger – oder derer, die Bürger werden wollen – ab, sich für ihre Belange einzusetzen. Das ist der Kern dessen, was den Staatsbürger ausmacht. Lautstarke Dissidenten wie Abou Jahjah in Belgien oder Michael Moore in den Vereinigten Staaten (der bei der Oscar-Verleihung 2003, seine Trophäe schwenkend, über einen «fingierten Krieg» und einen «falschen Präsidenten» herzog) sind nicht Verräter an der Demokratie, sondern die friedfertige, zivile Alternative zum Terrorismus. Wenn sie verlieren, siegt die Angst, und der Sieg der Angst ist gleichbedeutend mit dem Triumph des Terrorismus, selbst dann, wenn terroristische Zellen zerschlagen und terroristische Arsenale vernichtet werden, selbst dann, wenn Länder, die Terroristen beherbergen und unterstützen, mit der furchterregenden Macht des amerikanischen Kolosses konfrontiert werden und in sich zusammenfallen. Wenn die Bürger resignieren, können herrschsüchtige Führer im Duett mit ihren Widersachern eine Eskalation der Angst heraufbeschwören, und ehe man es sich versieht, gibt es keine Bürger mehr, sondern nur noch Herren und Untertanen. In der heißen Phase des amerikanischen Vormarsches auf Bagdad hatten viele den Eindruck, die Freiheit, abweichende Meinungen zu äußern, sei in den USA vorübergehend aufgehoben worden. Den Präsidenten dafür zu kritisieren, dass er das Leben amerikanischer Soldaten aufs Spiel setzte, wurde mit Verrat an den ihr Leben einsetzenden Truppen gleichgesetzt. Der Präventivkrieg bekämpfte eher die Demokratie als den Terror.

Auf den Terrorismus mit präventiver Demokratie zu antworten, birgt die latente Gefahr einer neuen Hybris in sich. Schon der Exzeptionalismus hat sich stets auf die Demokratie berufen. Skeptiker könnten die Vermutung äußern, die präventive Demokratie sei nur die neueste Verkleidung, in der der Imperialismus auftritt. Das kann, muss aber nicht so sein. Wenn die Vereinigten Staaten heute einzigartig unter den Nationen der Welt sind, dann nicht weil sie anders wären, sondern weil sie der Welt so sehr gleichen. Eine multikulturelle Nation, bei der die Minderheiten sich bald zur Bevölkerungsmehrheit auswachsen werden und die gesellschaftlich immer mehr der Welt ähnelt, der sie paradoxerweise nicht beitreten will, könnte ihre eigene Diversität, wenn sie es nur wollte, anderen als Vorbild offerieren; eine Gesellschaft, deren Städte so weltoffen sind, sollte zu einer Führungsrolle für die globale Demokratie berufen sein; Toleranz, Demut, Erfindergeist und der Glaube an Selbstbestimmung als Ergebnis lokaler Kreativität, all dies sind Qualitäten, denen andere nacheifern können, ohne sich deswegen als Objekte einer Kolonisierung fühlen zu müssen. Seinen weisesten Moment hatte Präsident Bush, als er den Amerikanern erklärte, Rechte und Freiheiten seien etwas, das Gott der Menschheit verliehen habe und das keiner Nation und keiner Regierung gehöre. Kofi Annan erinnerte die Amerikaner, als diese Kritik an den Vereinten Nationen übten, daran, dass die UNO «keine eigenständige oder gar fremde Instanz ist, die versucht, ihre Agenda anderen aufzuzwingen. Die Vereinten Nationen, das sind wir: Sie und ich.»[14] Auch die Vereinigten Staaten sind, so gesehen, untrennbar mit den Vereinten Nationen verwachsen: Amerika *ist* die Welt und muss sie nicht erobern, um ihr anzugehören.

Schlussbetrachtung

Bevor das Imperium der Angst seine weltliche Herrschaft errichtet, kolonisiert es Gedanken, Ideen und die Fantasie. Der Krieg ist ein notwendiges, aber unzureichendes Instrument gegen den Terror, selbst dann, wenn es ausschließlich gegen ausgewiesene terroristische Täter eingesetzt wird. Der Krieg nährt Angst bei allen, die in ihn einbezogen sind. Soldaten, die für die Demokratie in den Krieg ziehen, sind als «Bürger in Uniform» wenigstens in der Lage, ihre persönliche Angst durch angespannte Aktivität zu zügeln. Taten sind der Mantel, in den die soldatische Tapferkeit sich hüllt. An jenem unheilvollen Morgen des 11. September 2001 hatten diejenigen am wenigsten Angst, von denen am meisten abverlangt wurde – die Männer und Frauen, die zum Dienst am Ground Zero antreten mussten, erst um nach Überlebenden zu suchen, danach um sterbliche Überreste der Opfer dem Trümmerschutt und der Namenlosigkeit zu entreißen, damit sie würdig bestattet werden konnten, und schließlich die Trümmer des zum Schrein gewordenen Katastrophenorts wegzuräumen. Weil sie Arbeiter waren und keine Zuschauer, weil ihr Handeln es ihnen erlaubte, eine Rechnung mit dem Terrorismus zu begleichen, indem sie wenigstens dessen sichtbare Hinterlassenschaften beseitigten, waren sie, zumindest während der Stunden ihrer Tätigkeit, bis zu einem gewissen Grad gegen die Ängste und die Verzweiflung, die viele ihrer Landsleute quälten, immun.[1] Als New Yorker fühlte man sich in jenen Tagen vielleicht ein Stückchen betroffener, engagierter, aktiver und damit etwas weniger hilflos als alle übrigen Amerikaner, auch wenn die eigenen Mitbürger aus New York und Umgebung die Opfer des Anschlags gewesen waren und man als Bewohner dieser Region vermutlich erhöhte Gefahr lief, von möglichen nachfolgenden Anschlägen betroffen zu werden. Als die Passagiere des letzten von Terroristen gekaperten und Richtung Washington dirigierten Flugzeugs zur Tat schritten, um einen weiteren verheerenden Anschlag abzuwenden, emanzipierten sie sich von Opfern zu Akteuren, von Unterjochten zu Bürgern, auch wenn ihre mutige Tat sie das Leben kostete.

Das Imperium der Angst ist ein Reich ohne Bürger, ein Habitat von Zuschauern, Untertanen und Opfern, die ihre Passivität als Hilflosigkeit erleben, die sich in Angst umsetzt. Bürgerschaftliches Engagement errichtet Mauern der Aktivität um die Angst: Damit lassen sich zwar Terrorakte nicht verhindern, wohl aber die psychischen Kosten vermindern, die der Terrorismus fordert. Präsident Bush vergab nach dem 11. September eine einzigartige Chance, indem er in dem verständlichen Bemühen, einer erschütterten, aber gleichwohl nach Engagement dürstenden Nation ein Stück Alltagsnormalität zurückzugeben, die Amerikaner aufforderte, einkaufen zu gehen.[2] In einer Situation, in der viele das Bedürfnis hatten, etwas beizutragen, forderte ihre Regierung sie auf, zu konsumieren. Wo sie aus der Zuschauerrolle heraustreten und als Helfer anpacken wollten, versicherten ihnen ihre politischen Vertreter, das sei nicht nötig. Es wäre nötig gewesen. Um Angst überwinden zu können, muss man den Sprung aus der lähmenden Untätigkeit heraus wagen. Von ihrem Präsidenten bekamen sie den Rat, sich in die Kunstwelt der Einkaufszentren zurückzuziehen.

In der Zeit der Vorbereitung auf den Irak-Krieg wiederholte sich dieser Fehler. Nur die Gegner des Krieges hatten die Chance, ihre Opposition aktiv zu bekunden. Die Mehrheit verblieb in der Rolle unbeteiligter Zuschauer; sie waren sich nicht ganz klar darüber, was das Anliegen des Krieges war, aber dennoch willens, mitzuwirken, hatten aber keinen Ort, an dem sie ihr bürgerschaftliches Engagement hätten ausleben können; so blieb ihnen allenfalls übrig, Nationalfähnchen zu schwenken und bangend zuzuschauen. Sie hofften, ihren Teil zu den für den Krieg zu erbringenden Opfern beizutragen, aber man sagte ihnen, sie sollten sich darum keine Gedanken machen. Anstelle einer Möglichkeit, sich an den Kosten von Terror und Krieg zu beteiligen, bot man ihnen eine Steuerermäßigung an. Etliche hätten sich wohl gewünscht, als Soldaten einberufen zu werden, aber die US-Streitkräfte sind zu einer Truppe hochspezialisierter Technikprofis geworden, in der für «Bürger in Uniform» kein Platz mehr ist. (Unterhalb des Offizierskorps rekrutieren sie ihre Leute freilich aus den Reihen derer, die auf dem zivilen Arbeitsmarkt wenig Chancen haben, wodurch sich die Rede von der «Freiwilligenarmee» deutlich relativiert.) Verteidigungsminister Rumsfeld machte mehr als einmal deutlich, wie wenig er davon hält, die neuen, zur Gänze aus Profis bestehenden US-Streitkräfte durch Wehrpflichtige zu verwässern. Doch die Praxis, Bürger für den Kriegsdienst heranzuziehen, gründet im Selbstverständnis der Demokratie und lässt sich nicht mit technischen oder Effizienz-Überlegungen vom Tisch wischen. Der Krieg ist immer das letzte Mittel der Demokratie, und damit das so bleibt, ist es gut und richtig, wenn die Bürger dieses ultimative Opfer gemeinsam bringen. Mit einer reinen Berufsarmee stünden die Amerikaner vielleicht heute noch in Vietnam. Die Zustimmung im US-Kongress zu der von Bush gestarteten Runde von Präventivkriegen erfolgte mit einer Nonchalance, die fast schon erschreckend war – nur ein einziges Kongressmitglied hatte zu dem Zeitpunkt einen in den Streitkräften dienenden Sohn. Der Repräsentant Charley Rangel aus New York störte im Herbst 2002 die Eintracht, indem er die Wiedereinführung der Wehrpflicht forderte, was ihm jedoch als taktischer Winkelzug im Dienst seiner Antikriegspolitik ausgelegt wurde. «Bürger in Uniform» mögen in einer Ära intelligenter Waffen und computergesteuerter Kriegführung «störend» sein, aber sie gehören zur Kernsubstanz der Demokratie und würden ein wichtiges Bindeglied für den Übergang vom antiterroristischen Präventivkrieg zu einer Strategie der präventiven Demokratie darstellen.

Mit der Realität der globalen Interdependenz konfrontiert, hat die moderne Menschheit zwei Optionen: entweder den negativen Auswuchs der Interdependenz, den wir Terrorismus nennen, durch die gewaltsame Durchsetzung einer auf militärischer Macht beruhenden globalen Friedenssicherung zu besiegen oder durch die Demokratisierung der Welt einer positiven Interdependenz den Weg zu ebnen. Ohne Beteiligung der USA werden die anderen Länder auf dem Weg zur präventiven Demokratie nicht weiterkommen, gegen den Widerstand Amerikas schon gar nicht. Werden die USA ihrer Verantwortung gerecht werden? Schwer zu sagen.

Wenn die Amerikaner keinen Ausweg aus ihrem Imperium der Angst finden, werden sie sich hoffnungslos verirren. Kein wohlmeinender europäischer Verbündeter wird es dann schaffen, sie vom kriegerischen Weg abzubringen, kein amerikafeindlicher «Schurkenstaat» wird ihnen unbedeutend und schwach genug erscheinen, um ihn nicht mit Krieg zu überziehen. Da Angst die Wahrnehmung bestimmt und nicht die Wirklichkeit, gewinnen die Terroristen den Krieg, ohne dass sie einen Schuss abfeuern müssen. Sie brauchen nur die amerikanischen Angstfantasien zu schüren – genauer gesagt die Fantasien der Regierenden und der Medien, deren Geschäft es ist, die Fantasie des Publikums auf Trab zu halten. Der 11. September 2001 war ein Tag, der vielen amerikanischen Familien unermessliches Leid brachte, und man schärft uns ein, dass weitere Tage dieser Art kommen werden. Allein, Anschläge wie die vom 11. September sind angesichts der Größe des amerikanischen Gesellschaftskörpers vergleichbar mit dem Angriff einer Biene auf einen Grizzly – wenn es der Biene gelingt, den Bären zu stechen, wird ihm das zwar momentan sehr weh tun, aber er kann die Biene mit einem Hieb seiner mächtigen Pranken zerquetschen und zur Tagesordnung übergehen. Amerika kann nicht gleichzeitig so übermächtig sein, wie es sich zu sein rühmt, und so verwundbar, wie es zu sein fürchtet. Seine Übermacht straft seine Angst Lügen oder sollte es zumindest tun. Damit sollen nicht die privaten Tragödien, die sich an das Schicksal jedes einzelnen Terroropfers knüpfen, verharmlost oder der Eindruck erweckt werden, der Krieg gegen den Terrorismus brauche nicht geführt zu werden. Es ist nur eine Mahnung, das richtige Augenmaß zu wahren und sich zu vergegenwärtigen, dass der Terrorismus eine Funktion der Ohnmacht ist und die Sicherheit derer, die er attackiert, nur so weit gefährden kann, wie sie selbst es zulassen. Die Demokratie besiegt den Terrorismus, weil sie das Denken und Fühlen der Menschen zu einem Werkzeug der Solidarität und der Aktion machen kann. Die Herrschaft der Angst, die um sich greift, wird dann gebannt, wenn Menschen nicht in lähmender Untätigkeit verharren oder sich dem bösen Spiel der Furcht unterwerfen müssen.

Es ist *en vogue*, diejenigen, welche die Tugenden und Heilkräfte der Demokratie beschwören, als Romantiker, Idealisten oder sogar als Utopisten hinzustellen. Vielleicht ist dieser «Vorwurf» berechtigt. Yeats hat geschrieben, die Zivilisation werde durch ein Gespinst von Illusionen zusammengehalten, und die Demokratie ist sicherlich eine der verführerischsten dieser Illusionen. Doch in der Ära der Interdependenz, in der wir neuerdings leben und in der die Macht – wie Verbrecher und Terroristen sehr wohl erkannt haben – nicht mehr in den Händen souveräner Nationen liegt, sondern in den Nischen zwischen ihnen residiert, ist die Demokratie zu einem Forum für Realisten geworden. Als Francis Scott Key unter dem Eindruck des britischen Artillerieangriffs auf Washington 1812 *The Star-Spangled Banner* schrieb, schuf er damit ein Lied, das einem souveränen und unabhängigen Amerika lange Zeit als Kriegshymne diente. Dagegen wendet sich *America the Beautiful*, das Katherine Lee Bates 1893 beim Anblick der steil aufragenden östlichsten Gebirgskämme der Rocky Mountains dichtete, an ein Amerika, das heute keine andere Wahl hat, als die Welt zu umarmen. Bates, eine ausgewiesene Kritikerin der ersten Phase des amerikanischen Imperialismus, die Ende des 19. Jahrhunderts einsetzte, kannte das Geheimrezept für die Bewahrung der Freiheit:

> Amerika, Amerika
> Möge Gott jeden deiner Fehler beheben,
> Deine Seele in Selbstbeherrschung
> Und deine Freiheit mit Recht und Gesetz bestärken.

Um dasselbe in der prosaischeren Sprache der Sozialwissenschaft zu sagen: «Eine nach völkerrechtlichen Grundsätzen funktionierende internationale Ordnung, namentlich eine, in der die Vereinigten Staaten ihr politisches Gewicht dafür einsetzen, kongeniale Regeln des Zusammenlebens zu entwickeln, bietet die denkbar beste Gewähr dafür, dass Amerika seine Interessen wahren, seine Macht erhalten und seinen Einfluss ausweiten kann.»[3] Diesen Regeln müssen sich natürlich alle unterwerfen. In den 1950er Jahren ermahnte Präsident Eisenhower seine Landsleute, nicht zu vergessen, dass es «ohne Recht keinen Frieden geben kann. Und es kann kein Recht geben, wenn wir einen Verhaltenskodex für unsere Gegner aufstellen und einen anderen für unsere Freunde.»[4]

Die romantischen Idealisten von heute sind die Adler, die sich an die Hoffnung klammern, Amerika müsse nur an seinen altgewohnten Prärogativen und an seinem klassischen Souveränitätsanspruch festhalten, um die Interdependenz zu überwinden. Realisten – und Militärs wie Eisenhower waren und sind oft Realisten – sind heute fast zwangsläufig Eulen, die sich mit der Realität der Interdependenz arrangieren und nach Mitteln und Wegen suchen, die präventive Demokratie zu etablieren, sowohl als kurzfristige wirksame Vorkehrung gegen den Terrorismus als auch als langfristige Strategie mit dem Ziel, mündige Staatsbürger heranzuziehen und sie ins

Zentrum des nationalen und globalen Lebens zu stellen. In der Logik des Realismus schließen Macht und Angst einander aus. Reale Macht kann unter heutigen Bedingungen nur auf der Fähigkeit beruhen, ein für alle geltendes globales Rechtssystem aufzubauen, welches das Pochen auf individuelle nationale Souveränitäten obsolet macht. Die Logik der Freiheit und die Logik der Sicherheit lassen sich miteinander verknüpfen, ihr Knoten ist die Demokratie. Über die wahrhafte Demokratie, über die Frauen und Männer, die mit ihrem bürgerschaftlichen Engagement die Demokratie verwirklichen, hat das Imperium der Angst keine Macht.

Anmerkungen

Einleitung

1 Die «Mutter aller Bomben» ist eine neue, «konventionelle» 21-Kilotonnen-Bombe. Zu der Ankündigung des Pentagon, es könnten Umstände eintreten, unter denen ein «Ersteinsatz» taktischer Nuklearwaffen erwogen werden müsse, siehe beispielsweise die Titelgeschichte ‹Why America Scares the World›, Newsweek, 24. März 2003.
2 Die zitierte Charakterisierung von Präsident Bush stammt von dessen ehemaligem Redenschreiber David Frum, dem eine Teil-Urheberschaft an dem Ausdruck «Achse des Bösen» zugeschrieben wird. Seine ursprüngliche Formulierung «Achse des Hasses» wurde zur «Achse des Bösen», wahrscheinlich weil das besser zu Bushs evangelikalem Moralismus passte. Frum ist im Übrigen überzeugt, dass die guten Eigenschaften des Präsidenten − «Anstand, Ehrlichkeit, Aufrichtigkeit, Mut und Hartnäckigkeit» − seine Schwächen mehr als wettmachen. Siehe David Frum, *The Right Man: The Surprise Presidency of George W. Bush*, New York 2003, S. 272.
3 Tim Wiener, ‹Mexico's Influence in Security Council Decision May Help its Ties with U. S.›, *The New York Times*, 9. Nov. 2002, S. A 11.
4 Michael Ignatieff, ‹The Burden›, *The New York Times Magazine*, 5. Jan. 2002, S. 22.
5 Walter Russell Mead, *American Foreign Policy and How it Changed the World*, New York 2002, S. 10.
6 Zitiert nach Avishai Margalit, ‹The Suicide Bombers›, *The New York Review of Books*, 16. Jan. 2003.
7 Bob Woodward, *Bush at War. Amerika im Krieg*, Stuttgart/München 2003, S. 107. Da die Zitierweise Woodwards wenn nicht unseriös, so doch unergründlich ist − die Aussagen, die er seinen Protagonisten in den Mund legt, lassen sich ebenso wenig nachprüfen wie viele der wörtlichen Zitate −, muss ich es dem Leser überlassen, die Glaubwürdigkeit seiner Zuschreibungen zu beurteilen. Ich meine, in ihrer kumulierten Tendenz sind sie relevant, selbst wenn ich

jeder einzelnen misstraue. Viele der Zitate, die ich aus Woodwards Buch übernehme, stammen aus öffentlich gehaltenen oder nachträglich veröffentlichten Reden, bei den anderen bleibt es dem Leser überlassen, ihnen zu vertrauen oder auch nicht. Gute Gründe, Woodward nicht zu vertrauen, führt Eric Alterman in seiner Besprechung des Buches an: ‹War and Leaks›, *American Prospect*, 30. Dezember 2002, desgleichen, von der anderen Seite des politischen Spektrums her, Edward N. Luttwak, ‹Gossip from the War Rooms›, Los Angeles Times Book Review, 1. Dezember 2002.
8 Siehe Benjamin R. Barber, *Coca Cola und Heiliger Krieg. Der grundlegende Konflikt unserer Zeit*, Bern/München 2001.
9 Präsident Bush hatte eine instinktive Abneigung dagegen, den Terroristen diesen Triumph zu gönnen; noch am 11. September bemühte er sich, den kommerziellen Flugverkehr wieder in Gang zu bringen. «Wir lassen uns nicht zu Geiseln machen», erklärte er. «Wir werden ab morgen Mittag wieder fliegen.» In Wirklichkeit dauerte es noch drei Tage länger, bis die ersten Passagierflüge abhoben, und so hatte die amerikanische Flugaufsichtsbehörde praktisch das Geschäft der Terroristen besorgt.
10 Zitiert nach Jeanne Meserve, ‹Cities Respond Differently to Terror Alert›, CNN.com, 21. Mai 2003.
11 Es gibt einige nachvollziehbare Gründe für die amerikanische Zurückhaltung gegenüber diesem Abkommen, denn die USA, die mehr Truppen in aller Welt stationiert haben als irgend ein anderes Land, nutzen Landminen als preiswerte Schutzvorrichtung für kleine, zahlenmäßig unterlegene Garnisonen im Ausland; außerdem können die USA darauf verweisen, dass sie, wenn sie einen Standort räumen, ihre Minen in der Regel wieder einsammeln. Aber an dieser Stelle geht es darum, dass eine Waffe, die regelmäßig eingesetzt wird und erheblich mehr Todesopfer fordert als chemische oder biologische Waffen, ausdrücklich nicht als «Massenvernichtungswaffe» eingestuft wird, während andere, im bisherigen geschichtlichen Verlauf nicht annähernd so destruktive Waffen dazugezählt werden – wahrscheinlich weil die USA dies als Begründung für ihre Präventivkriegsstrategie gut nutzen können.
12 Nordkorea besitzt anscheinend bereits eine geringe Anzahl Atomwaffen. Es wird weitgehend vermutet, dass die Herstellung von spaltbarem Material für weitere Atomwaffen schon begonnen hat.
13 Entlang dieser Linie verläuft wenigstens die Logik mancher Apologeten des Präventivkriegs, so bei Tod Lindberg, der mit erstaunlicher Offenheit eingeräumt hat, dass der Präventivkrieg als Mittel der Abschreckung nur dann funktionieren könne, wenn man über

die Fähigkeit verfüge, der Gegenseite «die Lektion, die sie verabreicht bekommen soll, mit Sicherheit zu erteilen». Ein solches Vorgehen ist nur einem Hegemon mit Nuklearwaffenmonopol wie den USA möglich. Angesichts dessen könne man, so fügt Lindberg sehr einleuchtend hinzu, nicht sagen, der Präventivkrieg habe «die Strategie der Abschreckung abgelöst. Vielmehr ist der Präventivkrieg die gewaltsame Wiederherstellung der Voraussetzungen der Abschreckung.» Tod Lindberg, ‹Deterrence and Prevention›, *The Weekly Standard*, 3. Feb. 2003.

14 Henry Sokolski, ‹Two, Three, Many North Koreas›, *The Weekly Standard*, 3. Feb. 2003.

15 Die Londoner *Times* schrieb 1937: «Wer kann sich ohne Schrecken ausmalen, was ein weiterer ausufernder Krieg bedeuten würde, wenn er mit all den neuen Massenvernichtungswaffen geführt würde, wie es sicher der Fall sein wird?» *The Times*, London, 28. Dez. 1937. Die Truman-Attlee-King-Deklaration von 1945 forderte «die Entfernung atomarer Waffen und aller anderen großen Waffensysteme aus den nationalen Arsenalen».

16 Mark Juergensmeyer, *Terror in the Mind of God: The Global Rise of Religious Violence*, Berkeley 2002, S. 121.

17 Die American Dialect Society, gegründet 1889, kürt seit 1990 alljährlich ein «Wort des Jahres». Siehe usatoday.com, 6. Feb. 2003.

18 Nach der US-amerikanischen Invasion im Irak wurde jedoch nur wenig Beweismaterial dem zugrunde gelegt, was Präsident Bush in seiner Rede an die Nation 2003 beschrieben hatte, als er von einem gewaltigen irakischen Waffenprogramm sprach.

19 Die in Manassas (Virginia) ansässige amerikanische Firma The American Style Culture Collection lieferte den Irakis zahlreiche Ampullen mit insgesamt siebzehn Grundstoffen, aus denen sie mit Hilfe weiterer Lieferungen, die aus Frankreich kamen, biologische Waffen herstellen konnten. Philip Shenon, ‹Iraq Links Germs for Weapons to U. S. and France›, *The New York Times*, 16. März 2003, S. A 18.

20 Das US-Verteidigungsministerium führt in seiner Liste der bekannten Massenvernichtungswaffen auch Transportsysteme wie etwa Interkontinentalraketen auf, da ohne solche Systeme Massenvernichtungswaffen nicht besonders bedrohlich sind. Um das Pentagon zu zitieren: «Um wirklich effektiv zu sein, müssen chemische oder biologische Kampfstoffe als diffuse Wolke über ein ausgedehntes Gebiet verteilt werden.» ‹The Militarily Critical Technologies List›, Office of the Undersecretary of Defense for Acquisition and Technology, Washington D. C., Feb. 1998.

I
Adler und Eulen

1 Rede zur Lage der Nation, 29. Jan. 2003.
2 «Vor den Anschlägen [vom 11. Sept. 2001] hatte das Pentagon seit Monaten an der Entwicklung einer militärischen Option für den Irak gearbeitet», schreibt Bob Woodward. Schon wenige Tage nach dem 11. Sept. sprach Verteidigungsminister Rumsfeld in einer Kabinettssitzung die Möglichkeit an, «dass [die USA] die Gelegenheit, die die Terroranschläge geliefert hatten, nutzen könnten, um Saddam direkt anzugreifen». Woodward, S. 65.
3 In einer Ängste schürenden Reportage mit dem Titel «Secret, Scary Plans» berichtete Nicholas D. Kristof, Redakteur der New York Times, die Vereinigten Staaten hätten mit der Entwicklung eines Notfallplans begonnen, der «chirurgische Cruise-Missile-Schläge» oder sogar einen «Hammerschlag» mit taktischen Atomwaffen gegen nukleartechnische Anlagen in Nordkorea vorsehe. Kristof wies darauf hin, dass weder Südkorea noch Japan «den Ernst der Lage [begriffen hätten], ... zum Teil deshalb, weil sie nicht glauben, diese Regierung sei verrückt genug, einen Militärschlag gegen Nordkorea in Erwägung zu ziehen». «Sie täuschen sich», befand Kristof. The New York Times, 28. Feb. 2003.
4 Woodward, S. 83.
5 Präsident Bush verwendete diese Formulierung erstmals in seiner Rede zur Lage der Nation am 29. Jan. 2002: «Staaten wie diese», sagte er, nachdem er Irak, Iran und Nordkorea ausdrücklich genannt hatte, «und ihre terroristischen Verbündeten bilden eine Achse des Bösen. Sie bewaffnen sich, um den Frieden der Welt mit Massenvernichtungswaffen zu bedrohen.»
6 Zitiert nach Patrick E. Tyler, ‹A Signal Moment Ahead›, The New York Times, 8. Dez. 2002, S. A 30. Sich auf das Interview von Bob Woodward mit Bush berufend, aus dem der zitierte Satz stammt, merkt Tyler hellsichtig an: «Diese Äußerungen lassen den Schluss zu, dass es Mr. Bush nicht darum geht, opportunistischerweise eine Irak-Krise aus dem Boden zu stampfen, um [die Bevölkerung] von einer schwierigen Wirtschaftslage abzulenken, wie einige Kritiker es ihm unterstellen.»
7 Zitiert nach Woodward, S. 48.
8 Am 11. Feb. 2003 sagte CIA-Direktor Tenet vor dem Kongress aus, es gebe «beunruhigende Anzeichen dafür, dass Al Qaida sowohl im Iran als auch im Irak Fuß gefasst hat ... Der Iran bleibt wegen der

Entwicklung von Massenvernichtungswaffen und ihrer Träger, die er auf breiter Front betreibt, Anlass zu ernsthafter Sorge». Eine ähnliche Botschaft streute Staatssekretär John Bolton vom US-Außenministerium, als er gegenüber Vertretern Israels erklärte, nach der Niederwerfung des Irak würden die Vereinigten Staaten sich mit dem Iran, Syrien und Nordkorea «befassen». Siehe Paul Krugman, ‹Things to Come›, *The New York Times*, 18. März 2003, S. A 33.
9 Siehe Woodward, S. 82. Powell führte in den Tagen unmittelbar nach dem 11. Sept. 47 Telefonate mit Regierungschefs in aller Welt, während die Adler nach Krieg riefen.
10 Woodward, S. 77. Als im März 2003 der Krieg gegen den Irak begann, gebärdete sich Colin Powell selbst wie einer der «Kerle» und verurteilte unisono mit den Adlern die Machenschaften der Franzosen und ihrer Gefolgsleute bei den Vereinten Nationen. Man darf freilich vermuten, dass Powell, nachdem er in seinem Kampf gegen die Intervention im Irak den Kürzeren gezogen hatte, sein Pulver trocken hielt, in der Hoffnung, nach Ende des Krieges wieder die diplomatische Karte spielen zu können.
11 Woodward, S. 98.
12 Zitiert nach John F. Burns und David E. Sanger, ‹Iraq says Report on the U.N. Shows No Banned Arms›, *The New York Times*, 8. Dez. 2002, S. A 28.
13 Edmund Burke, *Betrachtungen über die Französische Revolution*, Zürich 1986, S. 161 f.
14 Woodward, S. 98.

2
Der Mythos der Unabhängigkeit

1 George W. Bush, Rede zur Lage der Nation, 29. Jan. 2003.
2 Ich lehne mich, was den Gebrauch des Wortes «Mythos» angeht, an Richard Slotkin an, der den Begriff an einer Stelle so definiert: «Der Mythos bringt eine Ideologie in Erzählform zum Ausdruck; seine Sprache ist eher metaphorisch und suggestiv als logisch und analytisch.» Slotkin spricht von «mythischen Ikonen» als «poetische Konstrukte, die sich durch ungeheure Sparsamkeit und Komprimiertheit auszeichnen», und ein «implizites Verständnis des gesamten geschichtlichen Szenarios» beschwören. *Gunfighter Nation: The Myth of the Frontier in Twentieth Century America*, Oklahoma University Press 1998, S. 6.

3 James Madison, Federalist Number 10, *The Federalist Papers*, New York 1961, S. 58 f.
4 Zitiert nach Walter LaFeber, *The American Age: U. S. Foreign Policy at Home and Abroad, 1750 to the Present*, New York 1994², S. 52. Montesquieus Schrift *Vom Geist der Gesetze* bildete einen *locus classicus* für die Theorie des Republikanismus ebenso wie für die These, Republiken könnten nicht in Freiheit gedeihen, wenn sie ihr Staatsgebiet vergrößerten und infolge davon zwangsläufig «imperial» würden.
5 Alexis de Tocqueville, *Über die Demokratie in Amerika*, München 1976, Bd. II, Teil I, Kap. 17, S. 559.
6 Für eine Beschreibung von Melvilles Rolle bei der Porträtierung des amerikanischen Unschuldsmythos siehe meinen Beitrag ‹Melville and the Myth of American Innocence›, in David Scribner (Hrsg.), *Aspects of Melville*, Berkshire County Historical Society at Arrowhead, Pittsfield (Mass.) 2001.
7 «The case and circumstances of America present themselves as in the beginning of the world ... we are brought at once to the point of seeing government begin, as if we had lived in the beginning of time», Thomas Paine, *The Rights of Man*, in: Complete Works, Bd. I, New York 1945, S. 376.
8 J. Hector St. John de Crèvecœur, *Letters from an American Farmer*, New York 1981, S. 68 f.
9 Als Billy, der vor ohnmächtiger Wut auf den hinterhältigen Bösewicht Claggart von Stummheit befallen worden ist, seinen Peiniger mit einem tödlichen Hieb niederstreckt, verurteilt ihn der Kapitän des Schiffes für das verständliche, aber nichtsdestoweniger verwerfliche Kapitalverbrechen widerstrebend zum Tod.
10 In *Benito Cereno* fängt Kapitän Delano ein spanisches Sklavenschiff ab, das sich auf dem Weg in die Neue Welt befindet und auf dem die «Ladung», um es kaufmännisch auszudrücken, die Gewalt über die Besatzung gewonnen hat. Nachdem Delano und seine Leute das Schiff geentert haben, unterstellt sich der Anführer der Meuterer, ein kühner und belesener Bursche, der zuvor praktisch die Befehlsgewalt übernommen hatte, zum Schein dem spanischen Kapitän. So unerschütterlich ist Delanos amerikanische Unschuld, dass er partout nicht durchschaut, was sich so klar vor seinen Augen entfaltet. Melville charakterisiert Delano als einen Menschen «von ungewöhnlich vertrauensseligem Charakter, und nur ganz besondere und wiederholte Anlässe – und selbst diese kaum – konnten ihn, sofern sie auf menschliche Niedertracht schließen ließen, aus der Ruhe bringen.» Wie Billy Budd, vermag auch Delano das Böse schlechter-

dings nicht zu begreifen, nicht einmal wenn er ihm tief in die Augen schaut.
11 In so starkem Maß war das amerikanische Eingreifen in die Kriege Europas von Provokationen abhängig, dass die absurde These, Roosevelt habe den japanischen Überfall auf Pearl Harbor durch absichtliches Ignorieren aller Warnungen gleichsam selbst inszeniert, unter den unbeirrbarsten Parteigängern des Isolationismus einen gewissen Anklang fand.
12 Robert Kagan, *Macht und Ohnmacht. Amerika und Europa in der neuen Weltordnung*, Berlin 2003.
13 Tom Friedman, ‹Ah, Those Principled Europeans›, *The New York Times*, 2. Feb. 2003, Sekt. 4, S. 15.
14 *Time Magazine* Europa, 6. Feb. 2003. Die Redaktion wies darauf hin, dass es sich um eine «unwissenschaftliche, informelle Umfrage» zur Information und Belustigung der Leser handle, die «nicht unbedingt repräsentativ für die öffentliche Meinung» sei. Andere Umfragen bestätigten jedoch die Erkenntnisse von *Time*.
15 Siehe zum Beispiel ‹Bush and God›, Titelgeschichte in *Newsweek*, 10. März 2003; desgleichen ‹God and American Diplomacy›, *The Economist*, 6. Feb. 2003. Der erste «wiedergeborene» Präsident war eigentlich Jimmy Carter.
16 William James, zitiert nach *The Nation*, 23. Dez. 2002. Zu denen, die aus realistischer Warte Kritik an moralistischen Ansprüchen in der Außenpolitik geübt haben, gehören Lord Palmerston («Eine Nation hat weder permanente Freunde noch permanente Feinde, nur permanente Interessen»), Henry Morgenthau, E. H. Carr und George Kennan.
17 «ein ständiges Vergehen ... ist vermutlich in Amerika, wie anderswo auch, die ultimative Forderung nach einer Intervention durch kultivierte Nationen, und in der westlichen Hemisphäre führt das Festhalten der Vereinigten Staaten an der Monroe-Doktrin diese, wenn auch noch so widerwillig, in entsetzliche Fälle von Missetaten oder Unvermögen, bis zur Ausübung der Funktionen einer internationalen Polizeimacht», Präsident Theodore Roosevelt, *The Roosevelt Corollary to the Monroe Doctrine*, 1904.
18 Zitiert nach David E. Sanger, *Bush Juggles the Roles of Leader and Cheerleader*, *The New York Times*, 28. Okt. 2002, S. A 15.
19 George W. Bush, Rede in West Point, 1. Juni 2002. Der Text wurde veröffentlicht als Nachschrift zur Sektion II der National Security Strategy.
20 «Ich war mir [der Anschuldigung] durchaus bewusst, dass dies ein Religionskrieg sei und dass die USA irgendwie als Eroberer daste-

hen würden», sagte Präsident Bush in seinem Interview mit Bob Woodward. «Ich wollte, dass wir als Befreier angesehen würden.» Woodward, S. 151.
21 Zitiert nach Simon Schama, ‹The Unloved American: Two Centuries of Alienating Europe›, *The New Yorker*, 10. März 2003.
22 Walter Russell Mead, *Special Providence: American Foreign Policy and How It Changed the World*, New York 2001, S. 11.
23 Ebd., S. 331–4.
24 Michael Ignatieff, ‹The Burden›, *New York Times Magazine*, 5. Jan. 2003. Dass Ignatieff zu dem alten Begriff «Imperium» greift, um Amerikas neue Vormachtstellung in einer Welt ohne gleichwertige Rivalen zu charakterisieren, finde ich wenig hilfreich, ja sogar irreführend, erst recht weil er durchaus erkannt hat, was ich hier auszuführen versuche, nämlich dass Amerika «trotz seiner überwältigenden militärischen Macht ... verwundbar bleibt», handelt es sich bei seinen Widersachern doch eben nicht um Staaten, auf deren Verhalten man durch «Abschreckung, Einflussnahme und Zwang» einwirken kann, sondern um Zellen «fanatischer Dunkelmänner, die bewiesen haben, dass sie gegen Abschreckung und Zwang unempfindlich sind ...»
25 Bei den bislang durchgeführten Tests wurde jeweils eine antiballistische Rakete gegen einen einzelnen anfliegenden Sprengkopf eingesetzt, der von höchstens einem Attrappenköder («decoy») begleitet war. Im Ernstfall würde ein Angreifer einen ganzen Schwarm von Sprengköpfen und dazu eine Vielzahl (kostengünstiger) «decoys» einsetzen; das Abfangen der Sprengköpfe wäre in diesem Fall um ein Vielfaches schwieriger. Vom möglichen Einsatz konventioneller Trägersysteme wie Flugzeuge oder Schiffe ganz zu schweigen. Solche technischen Argumente prallen freilich an Ideen weitgehend wirkungslos ab, die mehr mit theologischen Dogmen gemein haben als mit strategischen Verteidigungsdoktrinen. Wer sich für die Kontroverse um die Wirksamkeit von Raketenabwehrsystemen interessiert, sollte sich mit den im Fortgang begriffenen Arbeiten von Prof. Theodor A. Postol vom M.I.T. befassen, der eine Ein-Mann-Kampagne gegen die nach seiner Überzeugung grundlegenden technischen Schwächen des Raketenabwehrsystems und die dazu nicht zuletzt beim M.I.T. veranstalteten theoretischen Studien führt. Siehe zum Beispiel William J. Proad, ‹M.I.T. Studies Accusations of Lies and Cover-Up of Serious Flaw in Antimissile System›, *The New York Times*, 2. Jan. 2003, S. A 13.

3
Der Krieg aller gegen alle

1 Thomas Hobbes, *Leviathan*, Buch I, Kap. 13.
2 Zitiert nach John Mintz, ‹15 Freighters Believed to Be Linked to Al Qaeda›, *The Washington Post*, 31. Dez. 2002, S. A 1.
3 Kagan, S. 45.
4 Juergensmeyer, S. 119. Juergensmeyer bietet Erklärungen für den in religiöser Ideologie verwurzelten Terrorismus an und stellt Auffassungen zur Debatte, die auf aufschlussreiche Weise mit den Positionen (wie zum Beispiel meiner eigenen) kontrastieren, die die dialektische Komplizenschaft von McWorld und der westlichen Welt am Krieg der Terroristen gegen sie betonen. Dagegen stellt Amy Chua in ihrem Buch *World on Fire: How Exporting Free Market Democracy Breeds Ethnic Hatred and Global Instability*, New York 2003, die These auf, die «globale Ausbreitung von Marktwirtschaft und Demokratie» sei «eine maßgebliche, verschärfende Ursache für Gruppenhass und ethnische Gewalt überall in der nicht-westlichen Welt». *World on Fire*, S. 9.
5 Der verstorbene Michael P. Rogin liefert in einem Beitrag ‹The Sword Becomes a Flaming Vision: D. W. Griffith's *The Birth of a Nation*›, in: ders., *Ronald Reagan: The Movie and Other Episodes in Political Demonology*, Berkeley 1987, eine brillante und beunruhigende Analyse der Beziehung zwischen Thomas Dixon, D. W. Griffith und Woodrow Wilson. Siehe insbes. S. 194 f. Es ist eine unheimlich suggestive Arbeit über das Verhältnis zwischen Film, Bildern und dem US-Präsidenten als Führerfigur.

4
Die «neue» Doktrin des präventiven Krieges

1 Harry Truman, Memoiren, zitiert nach einem Brief von Mike Moore, Redakteur des *Bulletin of Atomic Scientists*, an *The New Republic*, 4. Nov. 2002.
2 ‹Remarks by the President at the 2002 Graduation Exercise of the United States Military Academy›, West Point, New York, 1. Juni 2002.
3 Mike Allen und Barton Gellman, ‹Strike First, and Use Nuclear Weapons if Necessary›, *The Washington Post Weekly Edition*, 16.–22. Nov. 2002.

262 Anmerkungen

4 Weißes Haus, The National Security Strategy of the United States of America, Sept. 2002.
5 Zitiert nach Albert Eisele, ‹Hill Profile: George F. Kennan›, The Hill, 25. Sept. 2002.
6 Joseph Lelyveld, ‹In Guantanamo›, The New York Review of Books, 7. Nov. 2002.
7 Leserbrief von Mike Moore, Redakteur des Bulletin of Atomic Scientists, an The New Republic, 4. Nov. 2002.
8 Zitiert nach Pat M. Holt, Secret Intelligence and Public Policy: A Dilemma of Democracy, Washington D.C. 1995, S. 239.
9 Beliebt und verbreitet war das Argument, da das Sowjetregime nicht nur autoritär, sondern totalitär sei, könne es nicht von innen heraus gestürzt werden, sondern müsse von außen niedergeworfen werden. Siehe zum Beispiel Jeanne Kirkpatrick, einstige UN-Botschafterin der USA, ‹Dictatorships and Double Standards›, Commentary, Bd. 68, Nr. 5, Nov. 1979.
10 Zu einer friedlichen Lösung des Konfliktes kam es nur, weil sowohl Präsident Kennedy als auch Premier Chruschtschow einander eine «zweite Chance» gaben, indem sie stillschweigend akzeptierten, dass ein in einem ersten Brief unterbreitetes Friedensangebot, das zunächst ausgeschlagen worden war, wieder aktiviert wurde, nachdem ein wesentlich aggressiverer zweiter Brief, der eine konkrete Kriegsdrohung enthielt, abgeschickt worden und angekommen war. Beide Seiten taten in der Folge so, als habe es diesen zweiten Brief nicht gegeben. Beide Regierungschefs mussten sich gegen Forderungen aus ihren eigenen Reihen nach einem Präventivschlag zur Wehr setzen. Für die vollständige Geschichte siehe Ernest R. May und Philip D. Zelikow (Hrsg.), The Kennedy Tapes: Inside the White House During the Cuban Missile Crisis, Cambridge (Mass.) 1997.
11 Rede des Präsidenten zum Thema Irak im Cincinnati Museum Center, 8. Okt. 2002, zitiert nach The New York Times, 9. Okt. 2002.
12 Woodward, S. 76.
13 Siehe Woodward, S. 118. Nicholas Kristof vertrat in einem Kommentar, in dem er die offenkundige Bereitschaft von Präsident Bush, Saddam Hussein gezielt töten zu lassen, erörterte, die Auffassung, ungeachtet des von Präsident Reagan unterschriebenen Verbots politischer Mordanschläge hätten die Vereinigten Staaten in mehr als nur ein paar Fällen an verdeckten Mordplänen gegen ausgewählte Kontrahenten mitgewirkt. Das von Reagan ausgesprochene Verbot besitze keine Rechtskraft, und auch wenn es zwischenzeitlich erneuert worden sei, könne es «ohne weiteres annulliert werden». Kristof verweist darauf, dass es sehr danach aussehe, als

habe die US-Regierung mehrere Mordversuche unternommen: gegen Libyens Ghaddafi 1986, gegen Mohammed Faraj Aidid in Somalia 1993, gegen Saddam Hussein 1991. Das eigentliche Problem bestehe darin, «Saddam zu finden», um ihn dann umbringen zu können. Nicholas D. Kristof, ‹The Osirak Option›, *The New York Times*, 15. Nov. 2002, S. A 31. Ironischerweise bleibt, obwohl das Baath-Regime im Irak beseitigt ist, Saddam Hussein, wie auch Osama bin Laden, auf freiem Fuß (zumindest bis August 2003).
14 Ari Fleischer, Pressebesprechung im James S. Brady Raum des Weißen Hauses, 1. Okt. 2002.
15 Mike Allen und Barton Gellman, ‹Preemptive Strikes Part of U.S. Strategic Doktrine›, *The Washington Post*, 11. Dez. 2002.
16 Woodward, S. 67 f. und 121.
17 Nationale Sicherheitsstrategie.
18 Erst nach Protesten von sowohl demokratischer als auch republikanischer Seite wurden in den Monaten vor Beginn des Irak-Kriegs wieder Mittel für das Programm bereitgestellt.
19 Bill Keller, ‹At the Other End of the Axis: Some F.A.Q.s›, *The New York Times*, 11. Jan. 2003. Wie Keller durchaus einräumt, waren es die Nordkoreaner, die als erste gegen die 1994 geschlossene Rahmenvereinbarung verstießen, in der sie sich verpflichtet hatten, als Gegenleistung für amerikanische Hilfe, zwei Leichtwasserreaktoren (aus denen waffentaugliches Plutonium wesentlich schwerer zu gewinnen ist) und eine Nichtangriffsgarantie der USA ihr Nuklearprogramm einzustellen. Diese Vereinbarung, ausgehandelt von Ex-Präsident Carter im Auftrag von Präsident Clinton, beendete eine Krise, die der gegenwärtig schwelenden sehr ähnlich war und in deren Verlauf Clinton ernsthaft mit dem Gedanken an einen Vernichtungsschlag gegen die betreffende Atomanlage spielte, bevor das Abkommen zustande kam. Nordkorea brach seinen Teil des Abkommens 2002, ohne dass es allerdings bis dahin die versprochenen Leichtwasserreaktoren erhalten hatte.
20 Dies geht eindeutig aus Bushs Rede vom 14. Sept. 2001, der «National Cathedral Address» hervor, als der Präsident erklärte, «dieser Konflikt wurde zu einem Zeitpunkt und zu Bedingungen begonnen, welche die anderen bestimmt haben. Er wird auf eine Art und Weise und zu einer Stunde beendet werden, die wir entscheiden werden.»
21 Dana Priest, *The Mission: Waging War and Keeping Peace with America's Military*, New York 2003.
22 Thomas Powers, ‹War and its Consequences›, *The New York Review of Books*, 27. März 2003.
23 Zitiert nach Mansour Farhang, ‹A Triangle of Realpolitik: Iran, Iraq

and the United States», *The Nation*, 17. März 2003. Wie Farhang schreibt, habe Sharon Präsident Bush gedrängt, sich «einen Tag nachdem er mit Saddam Hussein fertig ist», den Iran vorzuknöpfen.

24 David E. Sanger unter Berufung auf den früheren CIA-Direktor B. James Woolsey, ‹Viewing the War as a Lesson to the World›, *The New York Times*, 6. April 2003. Wie Sanger schreibt, wurde Präsident Bush in der ersten Aprilwoche 2003 von einem seiner Adjutanten darüber unterrichtet, dass «sein unberechenbarer Verteidigungsminister soeben das Gespenst einer ausufernden Konfrontation [mit Syrien und Iran] heraufbeschworen» hatte, worauf Bush «nur ein Wort sagte – ‹Gut› – und sich wieder an die Arbeit machte».

25 Joseph Lelyveld, ‹In Guantanamo›, *The New York Review of Books*, 7. Nov. 2002.

26 Ebd.

27 Alan Dershowitz, *Why Terrorism Works: Understanding the Threat, Responding to the Challenge*, New Haven 2002. Siehe insbes. Kap. 4, «Should the Ticking Bomb Terrorist be Tortured?» Dershowitz plädiert dafür, die Anwendung der Folter nur dann zu legalisieren, wenn man davon ausgehen muss, dass sie ansonsten illegal angewendet würde; in solchen Fällen könnte seiner Meinung nach «die vorgeschriebene Beantragung einer richterlichen Anordnung» zumindest gewährleisten, dass «nicht-tödliche Foltermethoden» praktiziert werden (S. 158). Wenn schon Folter, dann besser unter der Kontrolle von Legislative und Justiz als in irgendwelchen dunklen Verliesen im Ausland, wie dem in der Bucht von Guantanamo.

28 Allen und Gellman, ‹Preemptive Strike›, *The Washington Post*, 11. Dez. 2002.

29 Norman Dicks, Kongressabgeordneter der Demokratischen Partei für den Staat Washington, Rede auf dem zweiten Plenum des 43. Parteitages der Demokraten am 15. Aug. 2002 in Los Angeles, zitiert nach *The New Republic*, 23. Sept. 2002.

30 Jonathan Chait, ‹False Alarm: Why Liberals Should Support the War›, *The New Republic*, 21. Okt. 2002.

31 Michael R. Gordon, ‹Serving Notice of a New U.S., Poised to Hit First and Alone›, *The New York Times*, 27. Jan. 2003, S. A 1.

32 Einen hervorragenden philosophischen Überblick über die Debatten zum gerechten Krieg bietet Michael Walzer, *Gibt es den gerechten Krieg?*, Stuttgart 1982 (1977).

5
Die «alte» Doktrin der Abschreckung

1 Präsident Eisenhower, der gegen die europäische und israelische Invasion in Ägypten 1956 Stellung bezogen hatte, hat hier Israels fortgesetzte (Teil-)Okkupation von Ägypten kritisiert, nachdem sich Frankreich und Großbritannien auf amerikanischen Druck zurückgezogen hatten.
2 George Bush in einer gemeinsamen Pressekonferenz mit dem britischen Premierminister Blair, 31. Jan. 2003.
3 Paul Wolfowitz, ‹What Does Disarmament Look Like?› Rede vor dem Council on Foreign Relations, New York, 23. Jan. 2003.
4 George W. Bush, zitiert nach Woodward, S. 232.
5 Präsident Bush gebrauchte den Ausdruck «terroristischer Staat» mit Bezug auf den Irak bei seinem gemeinsamen Auftritt mit Colin Powell am Tag nach der Rede Powells vor dem Sicherheitsrat der Vereinten Nationen im Februar 2003. Über die Äußerung Rumsfelds berichte James Dao in seinem Beitrag ‹Nuclear Standoff›, *The New York Times*, 7. Feb. 2003, S. A 13.
6 Der frühere CIA-Analytiker Kenneth Pollack vertrat die These, die Strategie der Abschreckung, die 45 Jahre lang im Umgang mit der Sowjetunion so gute Dienste geleistet habe, könne gegenüber dem Irak nicht funktionieren, weil Saddam Hussein «unbewusst selbstmörderische» Neigungen habe. Vergegenwärtige man sich, dass «seine Berechnungen auf Ideen basieren, die nicht notwendigerweise mit der Wirklichkeit übereinstimmen und oft resistent gegen äußere Einflüsse» seien, und berücksichtige man seine «Geschichte katastrophaler Fehlkalkulationen», laute die einzige Alternative, vor der die US-Regierung stehe: «Krieg jetzt oder Krieg später – Krieg ohne oder Krieg mit Nuklearwaffen». ‹Why Iraq Can't be Deterred›, *The New York Times Magazine*, 26. Sept. 2002. Vgl. auch sein Buch *The Threatening Storm*. Man kann allerdings die gegenteilige Position vertreten: Dass Saddam sich 31 Jahre an der Macht halten konnte, lag nicht so sehr an seinem «Glück» (das Pollack immer wieder als Erklärungsfaktor bemüht) als daran, dass er auf äußere Einflüsse, sei es Zuckerbrot oder Peitsche, sehr geschickt reagierte. Der irakische Einmarsch in Kuwait – seine größte «Fehlkalkulation» – resultierte nicht nur aus illusionärem Denken, sondern ebenso sehr aus Unklarheiten in der amerikanischen Position. Für diese Einschätzung spricht auch seine anschließende Empfänglichkeit für die amerikanische Drohung mit atomarer Vergeltung

für den Fall, dass der Irak biologische und chemische Waffen einsetzen sollte. Pollack versucht die Schlüssigkeit seiner Unterscheidung zwischen Staaten mit Interessen auf der einen und Terroristen auf der anderen Seite zu retten, indem er Hussein als die Ausnahme hinstellt, die die ansonsten logisch überzeugende Regel bestätigt.
7 Woodward, S. 196.
8 Ebd., S. 107.
9 Ebd., S. 59.
10 Tod Lindberg, ‹Deterrence and Prevention›, *The Weekly Standard*, 3. Feb. 2003, S. 25.
11 Michael R. Gordon, ‹Serving Notice›, *The New York Times*, 27. Jan. 2003, S. A 1/A 12.
12 David E. Sanger, ‹U. S. Eases Threat on Nuclear Arms for North Korea›, *The New York Times*, 30. Dez. 2002. Leon Fuerth, außenpolitischer Berater des früheren Vizepräsidenten Gore, wies in einem Zeitungsbeitrag darauf hin, dass eine US-Regierung, die angesichts der nordkoreanischen Provokationen nichts unternehme, die Gefahr heraufbeschwöre, dass die Präventivkriegs-Rhetorik ihres Präsidenten als Bluff entlarvt würde. «Wir rüsten uns für einen Krieg gegen ein Land, das vielleicht einmal Atomwaffen besitzen wird, während zugleich ein anderes Land kurz davor steht, sie massenhaft produzieren zu können.» Leon Fuerth, ‹Outfoxed by North Korea›, *The New York Times*, 1. Jan. 2003.
13 Zitiert nach Thom Shanker, ‹Lessons From Iraq Include How to Scare Korean Leader›, *The New York Times*, 12. Mai 2003, S. A 17.
14 Charles Krauthammer, ‹The Obsolescence of Deterrence›, *The Weekly Standard*, 9. Dez. 2002, S. 24.
15 Dieser israelische Präventivschlag wurde damals nicht nur von den traditionellen Kritikern Israels, wie etwa Frankreich, rundheraus verurteilt, sondern auch von Großbritannien (das von einem «schweren Verstoß gegen das Völkerrecht» sprach) und der Regierung Reagan.
16 John J. Mearsheimer und Stephen M. Walt, ‹Keeping Saddam Hussein in a Box›, *The New York Times*, Dritte Seite, 2. Febr. 2003. In der Zeitschrift *Foreign Policy*, Ausgabe Januar 2003, legen dieselben Autoren eine «realistische» Kritik an der Strategie des Irak-Krieges vor, indem sie nachweisen, dass die Strategie der Abschreckung im Irak funktioniert hat und auch in Zukunft funktionieren wird.
17 Tony Judt, ‹The Wrong War at the Wrong Time›, *The New York Times*, 20. Okt. 2002, Dritte Seite.

18 Zitiert nach Richard W. Stevenson, North Korea ‹Begins to Reopen Plant for Processing Uranium›, *The New York Times*, 24. Dez. 2002, S. A 1.
19 David E. Sanger, ‹President Makes Case that North Korea is no Iraq›, *The New York Times*, 1. Jan. 2003, S. 1.
20 Ebd.
21 Zitiert nach Howard French, ‹Nuclear Fear as a Wedge›, *The New York Times*, 24. Dez. 2002, S. A 1.
22 Zitiert nach Mike Allen, ‹Bush Pledges Diplomatic Approach to North Korea›, *The Washington Post*, 22. Okt. 2002, S. A 24.
23 Nicht einmal die Behauptung, Saddam habe chemische Waffen gegen die eigene Bevölkerung eingesetzt – die vielleicht gewichtigste und am wenigsten bestrittene unter den diversen Anschuldigungen, mit denen die US-Regierung die Notwendigkeit rechtfertigt, gegen das einen gefährlichen und brutalen «Schurkenstaat» verkörpernde irakische Regime vorzugehen –, ist über jeden Zweifel erhaben. Das schreckliche Giftgasmassaker an den Kurden des Ortes Halabdscha wurde im Verlauf einer Schlacht während des irakisch-iranischen Krieges verübt, in der möglicherweise beide Seiten Giftgas einsetzten. Die Frage ist gestellt worden, ob die Irakis es gegen die Kurden oder gegen feindliche, d. h. iranische Truppen einsetzten; es gibt sogar Leute, die die Frage stellen, welche Seite das Giftgas von Halabdscha einsetzte. Siehe Stephen C. Pelletiere, ‹A War Crime or an Act of War?›, *The New York Times*, 31. Jan. 2003, Dritte Seite. Die von Pelletiere angeführten Argumente sind kontrovers und wurden von glaubwürdigen Kritikern wie Kenneth Roth von der Organisation Human Rights Watch bestritten, für den feststeht, dass für die Tötung kurdischer Zivilisten in Halabdscha durch Gas irakische Truppen verantwortlich waren. Siehe den Leserbrief Roths an die *New York Times*, 5. Feb. 2003. Nicht außer Acht lassen sollte man aber auch, dass es die Vereinigten Staaten selbst waren, die den Irak mit großen Teilen seines Arsenals chemischer und biologischer Waffen versorgten, zu einer Zeit, als Washington den Irak im Krieg gegen den Iran unterstützte.
24 So erklärte Präsident Bush in seiner jüngsten Rede zur Lage der Nation, die alten Sprengköpfe, die die UN-Inspekteure am 16. Jan. 2003 entdeckt hatten, seien ein Beweis für die Absicht Saddams, chemische und biologische Kampfstoffe einzusetzen; Blix hatte dagegen berichtet, dass sich in den Sprengköpfen «keine Spur» von chemischen oder biologischen Substanzen habe finden lassen (ebenso wenig wie irgendwo anders).

25 Vgl. die Berichte des Southern Poverty Law Center (www.splcenter.org).

26 Die Unterscheidung zwischen nationalen und internationalen Terroristen ist sicher schwammig und ein Problem für diejenigen, die dem «internationalen» Terrorismus mit präventiven Maßnahmen begegnen wollen. So ist klar, dass auch ein präventiver Anti-Terror-Krieg mit äußerster Umsicht geführt werden muss.

27 Colin Powell, Rede vor dem Weltwirtschaftsforum in Davos, zitiert nach ‹Powell on Iraq: 'We Reserve Our Right to Take Military Action'›, *The New York Times*, 27. Jan. 2003, S. A 8.

28 ‹Lighting the Fuse in Iraq›, *The New York Times*, Leitartikel, 22. Jan. 2003, S. A 20.

29 Max Boot, ‹Look Who Likes Deterrence Now›, *The Weekly Standard*, 1. Nov. 2002, S. 27. Wie Boot nicht ohne Häme, aber zutreffend schreibt: «Der Enthusiasmus der Linken für Eindämmung und Abschreckung war in den Zeiten des Kalten Krieges, gelinde gesagt, sehr viel schwerer zu entdecken.»

30 Zitiert nach Warren Hoge, ‹Blair, Despite a Dubious Public, Sticks to a Firm Stance on Iraq›, *The New York Times*, 4. Febr. 2003, S. A 12.

31 Die Katholische Bischofskonferenz der USA verurteilte die Strategie mit der Begründung, es sei «moralisch nicht akzeptierbar, dass im Rahmen einer Strategie der Verhinderung eines Atomkriegs durch Abschreckung die Tötung Unschuldiger geplant wird». Dies sei ein Verstoß gegen die Grundsätze des «gerechten Krieges», ‹The Challenge of Peace: God's Promise and Our Response›, Pastoral Letter, 3. Mai 1983, S. 178.

32 Zitiert nach Chris Hedges, ‹A Skeptic About Wars Intended to Stamp Out Evil›, *The New York Times*, 14. Jan. 2003, S. B 3.

33 Charles Krauthammer, ‹The Obsolescence of Deterrence›, *The Weekly Standard*, 9. Sept. 2002, S. 24.

34 Woodward, S. 217.

35 Siehe Jeremy Bentham, *Prinzipien der Gesetzgebung*, Köln 1833, Anfangspassage des 1. Kapitels: «Die Natur hat den Menschen unter die Herrschaft des Vergnügens und des Schmerzes gestellt. Ihnen verdanken wir alle unsere Ideen, auf sie beziehen wir alle unsere Urteile, alle Bestimmungen unseres Lebens.»

36 In seinen *Prinzipien der Gesetzgebung* hatte Bentham den Gedanken dargelegt, menschliches Verhalten beruhe auf vom Einzelnen jeweils angestellten Berechnungen über die wahrscheinliche Summe an Schmerz und/oder Lust, die von einer bestimmten Verhaltensweise, abhängig von ihrer Dauer, Relevanz, Intensität, Zweckmäßigkeit usw., zu erwarten war.

37 John Stuart Mill, Bentham, in: ders., Gesammelte Werke, hrsg. von Theodor Gomperz, Band 10/1, Leipzig 1875 [Nachdr. Aalen 1968], S. 159f.
38 Zitiert nach Richard W. Stevenson, ‹Loss of the Shuttle: The President›, The New York Times, 3. Feb. 2003, S. A 1.
39 Woodward, S. 157.
40 Patrick E. Tyler, ‹After the War: U.S. Juggling Iraq Policy›, The New York Times, 13. April 1991, Sekt. 1, S. 5.
41 Siehe beispielsweise Dore Gold's Hatred's Kingdom: How Saudi Arabia Supports the New Global Terrorism, Washington D.C. 2003.
42 David Rohde, ‹A Dead End for Afghan Children Adrift in Pakistan›, The New York Times, 7. März 2003, S. A 3.
43 Zitiert nach ‹Excerpts from News Conference: Imagine 'Hussein and Nuclear Weapons'›, The New York Times, 8. Nov. 2002, S. A 24.
44 Das United States Strategic Command erstellte ein «nukleares Planungsdokument für den Kriegsschauplatz», in dem mögliche Ziele für Atomschläge im Irak aufgelistet waren. Gleichzeitig erklärte Verteidigungsminister Rumsfeld: «Wir werden, sollten wir angegriffen werden, den möglichen Einsatz von Atomwaffen nicht ausschließen.» Dieser Satz fiel im Kontext einer zur Beruhigung der US-Öffentlichkeit gedachten Stellungnahme, deren zentrale Aussage lautete: «Wir können das, was getan werden muss, mit unseren konventionellen Fähigkeiten erledigen.» Zu einer kritischen Erörterung dieses Aspekts siehe Nicholas D. Kristof, ‹Flirting with Disaster›, The New York Times, 14. Feb. 2003, S. A 31.

6
Präventive Demokratie

1 Jimmy Carter, Rede bei der Entgegennahme des Friedensnobelpreises, Oslo, 10. Dez. 2002.
2 Elizabeth Becker, ‹U.S. Business Will Get Role in Rebuilding Occupied Iraq›, The New York Times, 18. März 2003, S. A 18. Neil King, Jr. schreibt im Wall Street Journal: «Der kühne Plan der Regierung Bush, den Irak neu aufzubauen, sieht eine Generalüberholung der irakischen Gesellschaft binnen eines Jahres nach Kriegsende vor, wobei jedoch ein großer Teil der Arbeit an private US-Firmen delegiert wird. In die Tat umgesetzt, würden die Bush-Pläne, deren Einzelheiten in jeweils über 100 Seiten umfassenden geheimen Vergabeverträgen niedergelegt sind, die Hilfsorganisationen der UN und andere multilaterale Institutionen, die in Afghanistan, im Kosovo

und anderswo seit Jahren mit der Leitung und Betreuung von Wiederaufbauprogrammen befasst sind, zu Statisten degradieren.» ‹Bush Has an Audacious Plan to Rebuild Iraq›, *The Wall Street Journal*, 17. März 2003, S. 1.
3 Summers, damals in Diensten der Regierung Clinton, wollte mit dieser Äußerung nicht etwa Kritik üben, sondern im Kongress um Unterstützung für die Weltbank werben. Siehe William Finnegan, ‹After Seattle›, *The New Yorker*, 17. April 2000.
4 Ein Beispiel: Richard Perle, bis vor kurzem Vorsitzender eines wichtigen politischen Expertengremiums, das den US-Verteidigungsminister berät, stand zugleich in den Diensten der (mittlerweile in Konkurs gegangenen) Telekommunikations-Firma Global Crossing. Dem Vernehmen nach betrug sein Honorar 725 000 Dollar, wovon 600 000 Dollar aber nur gezahlt werden sollten, wenn es Perle gelänge, vom Pentagon die Genehmigung für den Verkauf des Unternehmens an ein Konsortium aus Hongkong zu erwirken. Siehe Maureen Dowd, ‹Perle's Plunder Blunder›, *The New York Times*, 23. März 2003, Sekt. 4, S. 13.
5 Unglücklicherweise ist es auch eine Geschichte der allzu schnellen Vorzeichen des Kalten Krieges sowie eine Geschichte der allzu schnellen Begnadigung und Wiederintegration zehntausender ehemals überzeugter Nazis aus Wirtschaft, Offizierskorps, Justiz und Verwaltung unter den Vorzeichen des Kalten Krieges, die über Nacht zu Repräsentanten des neuen «demokratischen» Deutschlands wurden. Siehe dazu Norbert Frei, *Vergangenheitspolitik. Die Anfänge der Bundesrepublik und die NS-Vergangenheit*, München 1996.
6 Die Titelseite, *The New Republic*, 26. Mai 2003.

7
Man kann nicht McWorld exportieren und es Demokratie nennen

1 Papst Johannes Paul II., Apostolisches Lehrschreiben, zitiert nach Alessandra Stanley, ‹Pope Urges Bishops to Minister to the Rich›, *The New York Times*, 24. Januar 1999, Sekt. 1, S. 10.
2 George Soros, *Die offene Gesellschaft. Für eine Reform des globalen Kapitalismus*, Berlin 2001.
3 Amy Chua, *World on Fire*, New York 2003, S. 9, 13.
4 Fareed Zakaria, *The Future of Freedom: Illiberal Democracy at Home and Abroad*, New York 2003, S. 245.
5 Ebd., S. 248.

Anmerkungen 271

6 G. John Ikenberry, ‹America's Imperial Ambition›, *Foreign Affairs*, Bd. 81, Nr. 5, Sept./Okt. 2002.
7 Joseph E. Stiglitz, ‹The Insider: What I Learned at the World Economic Crisis›, *The New Republic*, 17. April 2000. Des Weiteren schrieb Stiglitz: «Drängten die USA und der IWF auf eine bestimmte Politik, weil wir glaubten, damit würden wir Ostasien helfen, oder weil wir glaubten, damit den finanziellen Interessengruppen in den USA und in der industrialisierten Welt einen Gefallen zu tun? ... Als Teilnehmer an diesen Debatten hatte ich Einblick in die Entscheidungsgrundlagen. Es gab keine.»
8 Milton Friedman, *Kapitalismus und Freiheit*, München 1976, S. 54. Durch den Gebrauch des Ausdrucks «Nachbarschaft» trivialisiert Friedman den Gedanken des Gemeinwohls oder der gesellschaftlichen Folgen und verneint anschließend, dass sich aus der Existenz solcher Folgen individuellen Handelns eine Rechtfertigung für den demokratischen Staat ableiten lasse. Seine schlitzohrige Begründung hierfür lautet: «Wenn sich die Regierung an der Behebung von Folgewirkungen [*neighborhood effects*] beteiligt, wird sie teilweise zusätzliche Nebenwirkungen hervorrufen» (S. 56) – Friedman meint hier vor allem Vorschriften, die auf eine Einengung der persönlichen Freiheit hinauslaufen. Damit ist der Zirkelschluss komplett.
9 Papst Johannes Paul II., ‹Incarnationis Mysterium›, Bull of Interdiction of the Great Jubilee of the Year 2000, Rom, 29. November 1998.

8
Man kann nicht Amerika exportieren und es Freiheit nennen

1 Rede zur Lage der Nation, 25. Januar 1994.
2 Zitiert nach George Packer, ‹Dreaming of Democracy›, *The New York Times Magazine*, 2. März 2003.
3 Zitiert nach Susan B. Glasser, ‹A Model for Democracy?› *The Washington Post*, Wochenausgabe 3.–9. März 2003. Der Einschätzung der Autorin zufolge entwickelt sich in Kuwait zwar «eine robuste Zivilgesellschaft», doch stellt sie andererseits fest, dass es in dem Land bis heute «keine einzige formell anerkannte Menschenrechtsorganisation gibt».
4 Paul Krugman, ‹Conquest And Neglect›, *The New York Times*, 11. April 2003.

Anmerkungen

5 Georg Packer, ‹Dreaming of Democracy›, *The New York Times Magazine*, 2. März 2003.
6 Wie Howard J. Wirda darlegt, sind die US-amerikanischen Ausprägungen der Zivilgesellschaft nur schwer exportierbar und stoßen häufig auf das Misstrauen anderer Regierungen, die die Erosion ihrer eigenen Macht fürchten. Howard J. Wirda, ‹Is Civil Society Exportable? The American Model and Third World Development›, Arbeitspapier für den Nonprofit Sector Research Fund des Aspen Instituts, 2003.
7 Marlise Simons, ‹An Outspoken Arab in Europe: Demon or Hero?›, *The New York Times*, 1. März 2003.
8 Alexis de Tocqueville, *Der alte Staat und die Revolution*, München 1989. Tocqueville selbst assoziierte die *parlements* mit einer gleichsam mittelalterlichen Freiheit und ihre Abschaffung mit einem Verlust an Freiheit, all dies aus der Warte eines Mannes, der dem modernen zentralisierten Egalitarismus kritisch gegenüberstand. Simon Schama greift dieses Motiv in seinem konservativen Porträt der Französischen Revolution, *Der zaudernde Citoyen. Rückschritt und Fortschritt in der Französischen Revolution*, München 1989, auf.
9 Siehe Oscar und Mary Handlin, *Liberty and Power, 1600–1760*, New York 1986. Dieses Werk zeichnet ein lebendiges Bild dieser allmählichen und wohlerwogenen Heranzüchtung demokratischer Institutionen im vorrevolutionären kolonialen Amerika.
10 Bei Beginn des Krieges herrschten innerhalb der Bush-Administration erhebliche Meinungsverschiedenheiten über die Rolle des Militärs in einem Nachkriegs-Irak, wobei das Pentagon der Perspektive einer langjährigen Militärverwaltung weitaus weniger abgewinnen konnte als das State Department. Siehe hierzu etwa Lawrence F. Kaplan, ‹Federal Reserve: The State Department's Anti-Democracy Plan for Iraq›, *The New Republic*, 17. März 2003.
11 Amartya Sen, *Ökonomie für den Menschen*, München 2002, S. 295.
12 In einem meiner Bücher habe ich versucht, diese verblüffenden Kontraste zu analysieren: *The Death of Communal Liberty: The History of Freedom in a Swiss Mountain Canton*, Princeton 1974.
13 Sen, S. 295. Er bemerkt etwa, dass «die Interpretation des Konfuzianismus, die heutzutage unter den autoritären Vertretern der asiatischen Werte *en vogue* ist, der Differenziertheit der konfuzianischen Schriften selbst in keiner Weise gerecht wird» (S. 281).
14 Das erste Zitat stammt aus dem *Federalist Nr. 10*, das zweite aus dem *Federalist Nr. 9*.
15 Samuel Huntington, *Der Kampf der Kulturen. Die Neugestaltung der Weltpolitik im 21. Jahrhundert*, Frankfurt/M. 1997. Siehe auch

meine Rezension ‹Fantasy of Fear: Huntington and the West versus the Rest›, *Harvard International Review*, Winter 1997–8, Bd. XX, Nr. 1. Eine ähnliche These in leicht abgeschwächter Form lässt sich in den Schriften von Bernard Lewis finden.

16 Zitiert nach Pamela Constable, ‹Pakistan's Mullahs Speak Softly›, *The Washington Post*, 22. März 2003, S. A 12. Um einen Überblick über den Übergang Tatarstans vom sowjetischen Totalitarismus zur islamisch-autoritären Demokratie unter den beobachtenden Augen Russlands zu bekommen, siehe Bill Keller, ‹Learning from Russia: Here's a Model for How to Shape a Muslim State›, *The New York Times*, 4. Mai 2003, Sekt. 4, S. 1.

17 Ungeachtet der verächtlichen Äußerungen Grahams über den Islam (zum Beispiel im November 2001 in den NBC Nightly News) ist seine Organisation, Samaritan's Purse, von der US-Regierung eingeladen worden, sich im Irak an Wohltätigkeitsprojekten zu beteiligen. Siehe Michelle Cottle, ‹Bible Brigade›, *New Republic*, 21. April 2003. Von anderen amerikanischen Fundamentalisten war zu hören, der 11. September 2001 sei eine Strafaktion Gottes gegen ein gottloses Volk gewesen. Während die USA von der Außenwelt als Schrittmacher eines materialistischen Säkularismus wahrgenommen werden, werden sie im Innern von fanatischen religiösen Fundamentalisten bedrängt, die auf ihre Weise ebenso antimodern eingestellt sind wie die Islamisten, die Amerika fürchtet.

18 Woodward, S. 151.

19 ‹Hellbent on War› betitelte die Zeitschrift *Newsweek* in ihrer Ausgabe vom 20. Februar 2003 ihre Titelgeschichte über den Irak.

20 Siehe Robert Kagan, *Macht und Ohnmacht*.

21 Zitiert nach Joseph S. Nye, *Das Paradox der amerikanischen Macht. Warum die einzige Supermacht der Welt Verbündete braucht*, Hamburg 2003, S. 230.

22 William T. Stead, *The Americanization of the World*, London 1902.

23 Jean-Jacques Rousseau, *Abhandlung über die politische Ökonomie*, in: ders., *Sozialphilosophie und Politische Schriften*, München 1981, S. 245.

24 Der einheimische (bosnische) Kritiker ist Zarko Papic, und beide Zitate stammen aus Daniel Simpson, ‹A Nation Unbuilt: Where Did All That Money in Bosnia Go?› *The New York Times*, 16. Feb. 2003, Sekt. 4, S. 12.

25 Die Pädagogische Fakultät der University of Maryland hat vergleichende Studien durchgeführt, die von besonderer Relevanz für islamische Gesellschaften sind. Siehe Jo-Ann Amadeo u. a., *Civic Knowledge and Engagement: An IEA Study of Upper Secondary*

Students in Sixteen Countries, The International Association for the Evaluation of Educational Achievements, Amsterdam 1999, sowie Judith Torney-Purta u. a., *Citizenship and Education in Twenty-eight Countries. Civic Knowledge and Engagement at Age Fourteen*, The International Association for the Evaluation of Educational Achievements, Amsterdam 2001, siehe ferner die World Education Reports der UNESCO und die Studie der Weltbank, *Education Sector Strategy*, Washington D.C. 1999. In den USA erhebt und veröffentlicht das Council on Islamic Education Daten zur Unterrichtsqualität an den islamischen Schulen des Landes.

26 Ausführliche statistische Daten hierzu referiert James Gilligan, *Preventing Violence*, London 2001.

9
CivWorld

1 Neujahrsansprache von Papst Johannes Paul II. vor dem Diplomatischen Corps, Rom, 13. Jan. 2003, zitiert nach http://www.st-georgen.uni-frankfurt.de/bibliogr/JPII13012003.htm.
2 Zitiert nach Michael Tomasky, ‹Meet Mr. Credibility›, *The American Prospect*, Bd. 14, Nr. 3, März 2003.
3 Oberst Achmed Ghobashi, zitiert nach Dexter Filkins, ‹As Many Iraqis Give Up, Some Fight Fiercely›, *The New York Times*, 23. März 2003, S. B 1.
4 Ken Adelman, ein ehemaliger Verwaltungsbeamter der Nationalen Sicherheit unter der Regierung Reagan, hatte einen derartigen Artikel geschrieben. ‹Cakewalk in Iraq›, *The Washington Post*, 13. Feb. 2003, S. A 27.
5 Joseph S. Nye, *Das Paradox der amerikanischen Macht*, S. 15.
6 Marie Kaufman, ‹Embracing Nation Building›, *The Washington Post*, Wochenausgabe, 21.–27. April 2001, S. 16.
7 Ironischerweise ist es dadurch schwieriger geworden, amtierende Diktatoren zum Abtreten und zum Rückzug ins Exil zu bewegen – auf die bloße Zusage einer Regierung, sie von jeglicher Strafverfolgung freizustellen, ist in Zeiten einer globalen öffentlichen Meinung kein unbedingter Verlass mehr. Selbst Henry Kissinger läuft Gefahr, wegen gegen ihn angestrengter Klagen, die sich auf Operationen in Kambodscha während des Vietnam-Krieges beziehen, verhaftet und vor Gericht gestellt zu werden, wenn er den Boden Frankreichs oder einiger anderer Länder, in denen gegen ihn ermittelt wird, betreten sollte. Siehe dazu Christopher Hitchens, *Die Akte*

Kissinger, Stuttgart/München 2001, sowie die BBC-Dokumentation *The Trial of Henry Kissinger* von Eugen Janecki.
8 Jody Williams, Rede vor der Versammlung zur Vertragsunterzeichnung, Ottawa, 3. Dez. 1997. Die Organisation Human Rights Watch berichtet in ihren *Landmine Monitor Reports* regelmäßig über die Fortschritte bei der Umsetzung der Konvention.
9 Es gab einige wenige Ausnahmen, darunter Senator Byrd von West-Virginia, der sich leidenschaftlich gegen den Krieg aussprach; doch die meisten Amerikaner, die auf eine scharfe und anhaltende Debatte gehofft hatten, gewannen den Eindruck, ihre Meinung habe im Parlament keine Stimme mehr.
10 Hasserfüllte Beschwerden strömten auf linksgerichtete berühmte Persönlichkeiten nieder, wie Warren St. John bemerkte: «Während politisch aktive Stars seit jeher heftige Gegenreaktionen von Seiten derer, die ihre Ansichten nicht teilten, provoziert haben – man denke an Jane Fonda, Edward Asner oder Charlton Heston –, war die negative Resonanz auf die Äußerungen und Aktivitäten von Prominenten noch nie so lautstark und gut organisiert wie heute. Websites mit Namen wie boycott.hollywood.us oder famousidol.com organisieren E-Mail- und Telefonkampagnen gegen Stars sowie, wenn es sich um Fernsehstars handelt, gegen die Firmen, die in ihren Sendungen werben.» ‹The Backlash Grows Against Celebrity Activists›, *The New York Times*, 23. März 2003. Paul Krugman machte sich Gedanken über die Rolle großer Rundfunkkonzerne wie Clear Channel Communications, die «enge Beziehungen zur Bush-Administration» pflegen. Paul Krugman, ‹Channels of Influence›, *The New York Times*, 25. März 2003.
11 Zitiert nach der Website www.MoveOn.org.
12 Zu den Aktivitäten der Globalen Bürgerinitiative CivWorld gehörte eine Unterschriftensammlung für das zitierte Manifest der Interdependenz und für die Etablierung eines «Tages der Interdependenz», der erstmals am 12. Sept. 2003 in Philadelphia und einer Reihe von Landeshauptstädten in aller Welt sowie an Universitäten und Schulen begangen werden sollte. Zudem engagiert sie sich für die Entwicklung von Lehrplänen für die Ausbildung zum «Weltstaatsbürger» an Schulen und Bildungseinrichtungen für Erwachsene, die Einführung einer «Weltstaatsbürgerschaft» mit eigenem Pass und die Organisierung künstlerischer und musikalischer Aktivitäten in Anerkennung der Tatsache, dass die Kunst ein natürlicher gemeinsamer Spielplatz für den menschlichen Geist ist. Siehe die Websites «CivWorld.org», «DeclarationofInterdependence.org» und «InterdependenceDay.org».

13 Bangladesh ist ein Labor innovativer bürgerschaftlicher Bewegungen; mehr als 20 000 Nichtregierungsorganisationen sind dort staatlich registriert. Das Bangladesh Rural Advancement Committee (BRAC) betreibt Tausende von Krankenhäusern und beaufsichtigt 34 000 Schulen mit über einer Million Schülern; seine umfangreiche Geschäftstätigkeit im Bereich der Vergabe von Firmen- und Mikrokrediten macht es zu «einer der größten Nichtregierungsorganisationen der Welt». Siehe Amy Waldman, ‹Helping Hand for Bangladesh's Poor›, *The New York Times*, 25. März 2003, S. A 8.
14 Kofi Annan, Rede am College of William and Mary, Williamsburg, Va., 8. Feb. 2003; zitiert nach Julia Preston, ‹Annan Appeals to U.S. for More Talks Before the War›, *The New York Times*, 9. Feb. 2003, Sekt. 1, S. 15.

Schlussbetrachtung

1 Im Pentagon, das ebenfalls Anschlagsziel war, waren die Betroffenen Soldaten und zivile Militärbeamte; die emotionale Dynamik war dort infolgedessen ein wenig anders, wenngleich die Tragödie und die Schwere des Verlusts nicht geringer waren.
2 Die verpasste Gelegenheit war umso überraschender als sie sich ein Präsident entgehen ließ, der bei allen Gegensätzen Clintons *National Service Programs* durchaus etwas abgewinnen konnte.
3 G. John Ikenberry, ‹America's Imperial Ambition›, *Foreign Affairs*, Sept./Okt. 2002.
4 Präsident Dwight D. Eisenhower, Rundfunkansprache des Präsidenten, 31. Okt. 1956.